全国中等职业技术学校汽车类专业教材

汽 车 维 护

人力资源社会保障部教材办公室组织编写

中国劳动社会保障出版社

简介

本书的主要内容有：汽车维护制度、汽车 5 000 km 维护、汽车 10 000 km 维护、汽车 20 000 km 维护、汽车 30 000 km 维护、汽车 60 000 km 维护、新车 PDI 检查等。

本书由陈锡良任主编，张志海、时铀、殷永刚、陆伟参加编写，羌春晓任主审。

图书在版编目（CIP）数据

汽车维护 / 人力资源社会保障部教材办公室组织编写. -- 北京：中国劳动社会保障出版社，2020

全国中等职业技术学校汽车类专业教材

ISBN 978-7-5167-4450-5

Ⅰ.①汽… Ⅱ.①人… Ⅲ.①汽车 – 车辆修理 – 中等专业学校 – 教材 Ⅳ.①U472.4

中国版本图书馆 CIP 数据核字（2020）第 096003 号

中国劳动社会保障出版社出版发行

（北京市惠新东街 1 号 邮政编码：100029）

*

三河市华骏印务包装有限公司印刷装订 新华书店经销

787 毫米 × 1092 毫米 16 开本 14.5 印张 309 千字

2020 年 7 月第 1 版 2025 年 6 月第 9 次印刷

定价：37.00 元

营销中心电话：400-606-6496

出版社网址：http://www.class.com.cn

http://jg.class.com.cn

前　言

为了更好地适应中等职业技术学校汽车类专业教学要求，全面提升教学质量，人力资源社会保障部教材办公室组织有关学校的骨干教师和行业、企业专家，在充分调研企业生产和学校教学情况、广泛听取教材用户反馈意见的基础上，对全国中等职业技术学校汽车类专业教材进行了修订和补充开发。

本次教材修订和补充开发工作的重点主要体现在以下几个方面：

第一，完善教材体系，更好地满足教学需求。

结合职业院校汽车类专业设置和办学特点，调整并完善了教材体系，与专业通用基础教材相衔接，开发了汽车维修、汽车电器维修、汽车钣金与美容、汽车检测、汽车营销等专业方向教材，构建了“通用基础平台+不同专业方向平台”的教材体系。此外，还针对学校对电控技术、车载网络技术、新能源汽车等高新技术的教学需求，开发了相应的教材。

第二，反映技术发展，适应岗位职业能力需求变化。

随着汽车制造水平的不断提高，汽车维修的内容和工艺发生了相应变化；伴随着私家车保有量的不断增长，汽车营销、汽车美容等相关从业人员的职业能力要求也在发生相应变化。因此，本次修订工作注重在教材中增加新知识、新技术、新材料、新工艺等方面的内容，体现教材的先进性。同时，根据中级工从事相关岗位工作的实际需要，合理确定学习目标，对教材内容的深度、难度做了适当调整，同时注重综合职业能力的培养。

第三，融入先进教学理念，创新教材表现形式。

专业通用基础教材的编写以汽车及其零部件为载体，充分体现专业特色；专业方向教材的编写根据学校教学实际，充分体现一体化教学思路，增加了实训内容在教材中的比重。为了增强教材的表现效果，提高学生的学习兴趣，教材中使用了大量高质量的实物图片，部分教材采用双色或彩色印刷。

第四，开发辅助产品，提供教学服务。

为了方便教学，配套开发了习题册、教学参考书和电子课件。电子课件可通过技工教育网（http://jg.class.com.cn）免费下载。

本次教材修订工作得到了河北、江苏、浙江、山东、山西、广东、广西、陕西等省、自治区人力资源社会保障厅及有关学校的大力支持，在此表示诚挚的谢意。

人力资源社会保障部教材办公室

2019 年 7 月

目　录

项目一　汽车维护制度

汽车在使用过程中会受工作条件以及自然条件的影响，必然使各总成、机构及零件逐渐产生不同程度的自然松动、磨损和机械损伤。因此，随着行驶里程的增加，汽车技术状况会逐渐变坏，使用性能也随之变差。若不采取必要的措施，必然使汽车的动力性、经济性、可靠性下降，严重时甚至会发生事故。

汽车维护是指维持汽车完好技术状况或工作能力而进行的作业。为保证汽车维护规范实施，国家相关部门制定了《汽车维护、检测、诊断技术规范》。

本项目重点进行汽车维护、检测、诊断技术规范，汽车维修作业安全操作基本知识，汽车维护常用设备的使用和汽车 4S 店售后服务工作流程的学习。

任务 1　汽车维护、检测、诊断技术规范

学习目标

1．掌握汽车维护的定义。

2．了解我国现行汽车维护制度。

3．熟悉汽车维护的分级。

4．掌握各级维护的作业项目和技术要求。

任务描述

汽车生产企业对维护的规定各不相同，国家相关部门如何进行技术规范，才能使汽车维护既能有统一的标准，又能满足汽车生产企业的不同规定？本任务通过对《汽车维护、检测、诊断技术规范》（GB/T 18344—2016）的学习和解读，了解我国现行的汽车维护制度，掌握各级维护的定义、周期、作业内容及竣工检验标准，从而全面了解汽车维护相关规定。

知识准备

当前，我国的汽车维护制度遵从国家标准 GB/T 18344—2016。该标准由中华人民共和国国家质量监督检验检疫总局和中国国家标准化管理委员会联合发布，替代 GB/T 18344—2001，于 2017 年 7 月 1 日开始实施。该标准的制定是为了规范在用汽车维护、检测、诊断作业，使汽车保持良好的技术状况，减少故障，保证行车安全，延长车辆使用寿命，有效控制汽车排放污染物。

各汽车生产厂商根据国家标准、汽车运行的周期和生产差异等制定了各自的维护规定，在汽车使用中执行。

实践证明，对汽车进行可靠的维护作业，是延长其使用寿命、防止机件早期损坏、减少运行故障的最佳措施。汽车维护的意义就是针对上述客观情况，在以预防为主的思想指导下，结合汽车各总成、机构及零件发生自然松动和磨损的规律，通过合理维护而使汽车技术状况或工作能力得以维持，使用寿命得以充分延长。汽车维护的目的在于保持车辆外观整洁，使机件的磨损速度减缓，减少不应有的损坏，而且可以及时查明并消除故障隐患，同时实现下述功能：

（1）确保汽车经常处于良好的技术状况，随时可以出车，提高车辆完好率。

（2）在正常的使用条件下，汽车在运行中不至于因中途损坏而停歇，同时不至于因机件事故而影响行车安全。

（3）确保汽车各总成的技术状况保持均衡状态，从而延长大修间隔里程。

（4）确保汽车运行中燃料、润滑材料、零配件及轮胎的消耗达到最低。

（5）减少车辆的噪声与排放污染物对环境的污染。

我国现行的汽车维护制度贯彻“预防为主，强制维护”的原则。只有事前做好预防性工作，才能使设备保持良好的技术状况，减少故障频率，降低消耗，延长使用寿命。现行的汽车维护制度，将过去的“定期维护”改为“强制维护”，这是为了进一步强调维护的重要性和必要性，使运输单位和个人更加重视车辆维护，防止因追求眼前利益而不及时维护，导致车况严重下降，影响行车安全。

一、汽车维护的定义

汽车维护（一般也称为汽车保养）是为维持汽车完好技术状况或工作能力而进行的作业，包括清洗、检查、补给、润滑、紧固、调整等内容。一般除主要总成发生故障必须解体外，不得对车辆总成进行解体，这就明确了维护和修理的界限。

二、汽车维护分级

我国现行汽车维护分级如图 1-1-1 所示。

1. 日常维护

以清洁、补给和安全性能检视为中心内容的维护作业。

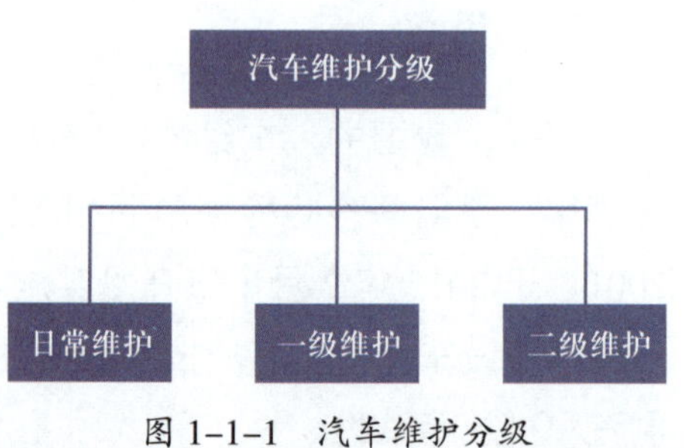

图 1-1-1 汽车维护分级

2. 一级维护

除日常维护作业外，以润滑、紧固为作业中心内容，并检查有关制动、操纵等系统中的安全部件的维护作业。

3. 二级维护

除一级维护作业外，以检查、调整制动系、转向操纵系、悬架等安全部件，并拆检轮胎，进行轮胎换位，检查调整发动机工作状况和汽车排放相关系统等为主的维护作业。

三、汽车维护周期

1. 日常维护周期

日常维护周期分为出车前、行车中、收车后。

2. 一级维护、二级维护周期

汽车一级维护、二级维护周期的确定，应以汽车行驶里程为基本依据，行驶里程间隔执行车辆维修资料等有关技术文件的规定。

对于不便用行驶里程统计、考核的汽车，可用行驶时间间隔确定一级维护、二级维护周期。其时间（日）间隔可依据汽车使用强度和条件的不同，参照汽车一级维护、二级维护里程间隔确定。

道路运输车辆一级维护、二级维护推荐周期见表 1-1-1。

表 1-1-1　　道路运输车辆一级维护、二级维护推荐周期

适用车型		维护周期	
		一级维护行驶里程间隔上限值或行驶时间间隔上限值	二级维护行驶里程间隔上限值或行驶时间间隔上限值
客车	小型客车（含乘用车）（车长≤ 6 m）	10 000 km 或 30 日	40 000 km 或 120 日
	中型及以上客车（车长 >6 m）	15 000 km 或 30 日	50 000 km 或 120 日
货车	轻型货车（最大设计总质量≤ 3 500 kg）	10 000 km 或 30 日	40 000 km 或 120 日
	轻型以上货车（最大设计总质量 >3 500 kg）	15 000 km 或 30 日	50 000 km 或 120 日
挂车		15 000 km 或 30 日	50 000 km 或 120 日
注：对于以山区、沙漠、炎热、寒冷等特殊运行环境为主的道路运输车辆，可适当缩短维护周期			

任务实施

一、了解日常维护作业项目及技术要求

日常维护作业项目及技术要求见表 1-1-2。

表 1–1–2　日常维护作业项目及技术要求

序号	作业项目	作业内容	技术要求	维护周期
1	车辆外观及附属设施	检查、清洁车身	车身外观及客车车厢内部整洁，车窗玻璃齐全、完好	出车前或收车后
		检查后视镜，调整后视镜角度	后视镜完好、无损毁，视野良好	出车前
		检查灭火器、客车安全锤	灭火器配备数量及放置位置符合规定，且在有效期内。客车安全锤配备数量及放置位置符合规定	出车前或收车后
		检查安全带	安全带固定可靠、功能有效	出车前或收车后
		检查风窗玻璃刮水器	刮水器各挡位工作正常	出车前
2	发动机	检查发动机润滑油、冷却液液面高度，视情补给	油（液）面高度符合规定	出车前
3	制动	制动系统自检	自检正常，无制动报警灯闪亮	出车前
		检查制动液液面高度，视情补给	液面高度符合规定	出车前
		检查行车制动、驻车制动	行车制动、驻车制动功能正常	出车前
4	车轮及轮胎	检查轮胎外观、气压	轮胎表面无破裂、凸起、异物刺入及异常磨损，轮胎气压符合规定	出车前、行车中
		检查车轮螺栓、螺母	齐全完好，无松动	
5	照明、信号指示装置及仪表	检查前照灯	前照灯完好、有效，表面清洁，远近光变换正常	出车前
		检查信号指示装置	转向灯、制动灯、示廓灯、危险报警灯、雾灯、喇叭、标志灯及反射器等信号指示装置完好有效，表面清洁	
		检查仪表	工作正常	出车前、行车中

注：“符合规定”指符合车辆维修资料等有关技术文件的规定，以下同

二、了解一级维护作业项目及技术要求

一级维护作业项目及技术要求见表 1–1–3，同时包含日常维护的作业项目及技术要求。

表 1-1-3　　一级维护作业项目及技术要求

序号	作业项目		作业内容	技术要求
1	发动机	空气滤清器、机油滤清器和燃油滤清器	清洁或更换	按规定的里程或时间清洁或更换滤清器。滤清器应清洁，衬垫无残缺，滤芯无破损。滤清器安装牢固，密封良好
2		发动机润滑油及冷却液	检查油（液）面高度，视情更换	按规定的里程或时间更换润滑油、冷却液，油（液）面高度符合规定
3	转向系	部件连接	检查、校紧万向节、横直拉杆、球头销和转向节等部位连接螺栓、螺母	各部件连接可靠
4		转向器润滑油及转向助力油	检查油面高度，视情更换	按规定的里程或时间更换转向器润滑油及转向助力油，油面高度符合规定
5	制动系	制动管路、制动阀及接头	检查制动管路、制动阀及接头，校紧接头	制动管路、制动阀固定可靠，接头紧固，无漏气（油）现象
6		缓速器	检查、校紧缓速器连接螺栓、螺母，检查定子与转子间隙，清洁缓速器	缓速器连接紧固，定子与转子间隙符合规定，缓速器外表、定子与转子间清洁，各插接件与接头连接可靠
7		储气筒	检查储气筒	无积水及油污
8		制动液	检查液面高度，视情更换	按规定的里程或时间更换制动液，液面高度符合规定
9	传动系	各连接部位	检查、校紧变速器、传动轴、驱动桥壳、传动轴支撑等部位连接螺栓、螺母	各部位连接可靠，密封良好
10		变速器、主减速器和差速器	清洁通气孔	通气孔通畅
11	车轮	车轮及半轴的螺栓、螺母	校紧车轮及半轴的螺栓、螺母	扭紧力矩符合规定
12		轮辋及压条挡圈	检查轮辋及压条挡圈	轮辋及压条挡圈无裂损及变形
13	其他	蓄电池	检查蓄电池	液面高度符合规定，通气孔畅通，电桩、夹头清洁、牢固，免维护蓄电池电量状况指示正常
14		防护装置	检查侧防护装置及后防护装置，校紧螺栓、螺母	完好有效，安装牢固
15		全车润滑	检查、润滑各润滑点	润滑嘴齐全有效，润滑良好。各润滑点防尘罩齐全完好。集中润滑装置工作正常，密封良好
16		整车密封	检查泄漏情况	全车不漏油、不漏液、不漏气

三、了解二级维护作业项目及技术要求

1. 二级维护的作业流程

汽车二级维护作业流程如图 1–1–2 所示。

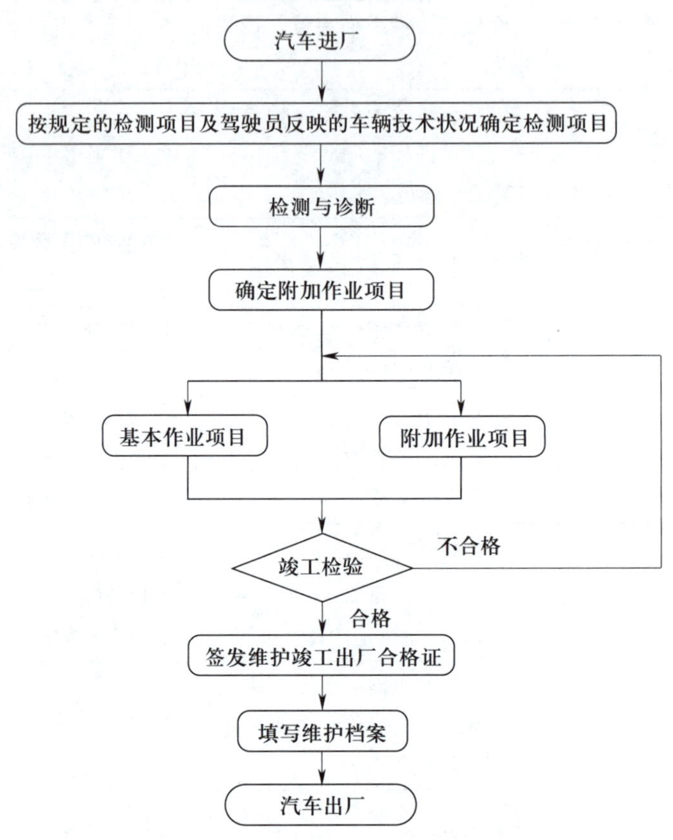

图 1–1–2 汽车二级维护作业流程图

二级维护作业项目包括基本作业项目和附加作业项目，二级维护作业时一并进行。

二级维护前应进行进厂检测，依据进厂检测结果进行故障诊断并确定附加作业项目。二级维护作业过程中发现的维修项目也应作为附加作业项目。

二级维护过程中应进行过程检验。

二级维护作业完成后应进行竣工检验，竣工检验合格的车辆，由维护企业签发维护竣工出厂合格证。

二级维护检测使用的仪器设备应符合相关国家标准和行业标准的规定，计量器具及设备应计量检定或校准合格并在有效期内。

2. 二级维护进厂检测

进厂检测包括规定的检测项目以及根据驾驶员反映的车辆技术状况确定的检测项目。二级维护规定的进厂检测项目见表 1–1–4。

表 1-1-4　　二级维护规定的进厂检测项目

序号	检测项目	检测内容	技术要求
1	故障诊断	车载诊断系统（OBD）的故障信息	装有车载诊断系统（OBD）的车辆，不应有故障信息
2	行车制动性能	检查行车制动性能	采用台架检验或路试检验，应符合 GB 7258 相关规定
3	排放	排气污染物	汽油车采用双怠速法，应符合 GB 18285 相关规定。柴油车采用自由加速法，应符合 GB 3847 相关规定

检测项目的技术要求应符合国家有关技术标准和车辆维修资料等相关规定。

进厂检测时应记录检测数据或结果，并据此进行车辆故障诊断。

3. 二级维护基本作业项目及技术要求

二级维护基本作业项目及技术要求见表 1-1-5。

表 1-1-5　　二级维护基本作业项目及技术要求

序号	作业项目		作业内容	技术要求
1	发动机	发动机工作状况	检查发动机起动性能和柴油发动机停机装置	起动性能良好，停机装置功能有效
			检查发动机运转情况	低、中、高速运转稳定，无异响
2		发动机排放机外净化装置	检查发动机排放机外净化装置	外观无损坏、安装牢固
3		燃油蒸发控制装置	检查外观，检查装置是否畅通，视情更换	碳罐及管路外观无损坏、密封良好、连接可靠，装置畅通无堵塞
4		曲轴箱通风装置	检查外观，检查装置是否畅通，视情更换	管路及阀体外观无损坏、密封良好、连接可靠，装置畅通无堵塞
5		增压器、中冷器	检查、清洁中冷器和增压器	中冷器散热片清洁，管路无老化，连接可靠，密封良好。增压器运转正常，无异响，无渗漏
6		发电机、起动机	检查、清洁发电机和起动机	发电机和起动机外表清洁，导线接头无松动，运转无异响，工作正常
7		发动机传动带（链）	检查空压机、水泵、发电机、空调机组和正时传动带（链）磨损及老化程度，视情调整传动带（链）松紧度	按规定里程或时间更换传动带（链）。传动带（链）无裂痕和过量磨损，表面无油污，松紧度符合规定

续表

序号	作业项目		作业内容	技术要求
8	发动机	冷却装置	检查散热器、水箱及管路密封	散热器、水箱及管路固定可靠，无变形、堵塞、破损及渗漏。箱盖接合表面良好，胶垫不老化
			检查水泵和节温器工作状况	水泵不漏水、无异响，节温器工作正常
9		火花塞、高压线	检查火花塞间隙、积碳和烧蚀情况，按规定里程或时间更换火花塞	无积碳，无严重烧蚀现象，电极间隙符合规定
			检查高压线外观及连接情况，按规定里程或时间更换高压线	高压线外观无破损、连接可靠
10		进气歧管、排气歧管、消声器、排气管	检查进气歧管、排气歧管、消声器、排气管	外观无破损，无裂痕，消声器功能良好
11		发动机总成	清洁发动机外部，检查隔热层	无油污、无灰尘，隔热层密封良好
			检查、校紧连接螺栓、螺母	油底壳、发动机支撑、水泵、空压机、涡轮增压器、进气歧管、排气歧管、消声器、排气管、输油泵和喷油泵等部位连接可靠
12	制动系	储气筒、干燥器	检查、紧固储气筒，检查干燥器功能，按规定里程或时间更换干燥剂	储气筒安装牢固，密封良好。干燥器功能正常，排水阀通畅
13		制动踏板	检查、调整制动踏板自由行程	制动踏板自由行程符合规定
14		驻车制动	检查驻车制动性能，调整操纵机构	功能正常，操纵机构齐全完好、灵活有效
15		防抱死制动装置	检查连接线路，清洁轮速传感器	各连接线及插接件无松动，轮速传感器清洁
16		鼓式制动器	检查制动间隙调整装置	功能正常
			拆卸制动鼓、轮毂、制动蹄，清洁轴承座、轴承、支承销和制动底板等零件	清洁，无油污，轮毂通气孔畅通
			检查制动底板、制动凸轮轴	制动底板安装牢固、无变形、无裂损。凸轮轴转动灵活，无卡滞和松旷现象
			检查轮毂内外轴承	滚柱保持架无断裂，滚柱无缺损、脱落，轴承内外圈无裂损和烧蚀

续表

序号	作业项目		作业内容	技术要求
16	制动系	鼓式制动器	检查制动摩擦片、制动蹄及支承销	摩擦片表面无油污、裂损，厚度符合规定。制动蹄无裂纹及明显变形，铆接可靠，铆钉沉入深度符合规定。支承销无过量磨损，与制动蹄轴承孔衬套配合无明显松旷
			检查制动蹄复位弹簧	复位弹簧不得有扭曲、钩环损坏、弹性损失和自由长度改变等现象
			检查轮毂、制动鼓	轮毂无裂损，制动鼓无裂痕、沟槽、油污及明显变形
			装复制动鼓、轮毂、制动蹄，调整轴承松紧度、调整制动间隙	润滑轴承，轴承位涂抹润滑脂后再装轴承。装复制动蹄时，轴承孔均应涂抹润滑脂，开口销或卡簧固定可靠。制动摩擦片与制动鼓摩擦面应清洁，无油污。制动摩擦片与制动鼓配合间隙符合规定。轮毂转动灵活且无辅向间隙。锁紧螺母、半轴螺母及车轮螺母齐全，扭紧力矩符合规定
17		盘式制动器	检查制动摩擦片和制动盘磨损量	制动摩擦片和制动盘磨损量应在标记规定或制造商要求的范围内，其摩擦工作面不得有油污、裂纹、失圆和沟槽等损伤
			检查制动摩擦片与制动盘间的间隙	制动摩擦片与制动盘之间的转动间隙符合规定
			检查密封件	密封件无裂纹或损坏
			检查制动钳	制动钳安装牢固、无油液泄漏。制动钳导向销无裂纹或损坏
18	转向系	转向器和转向传动机构	检查转向器和转向传动机构	转向轻便、灵活，转向无卡滞现象，锁止、限位功能正常
			检查部件技术状况	转向节臂、转向器摇臂及横直拉杆无变形、裂纹和拼焊现象，球销无裂纹、不松旷，转向器无裂损、无漏油现象
19		转向盘最大自由转动量	检查、调整转向盘最大自由转动量	最高设计车速不小于 100 km/h 的车辆，其转向盘的最大自由转动量不大于 15°，其他车辆不大于 25°

续表

序号	作业项目		作业内容	技术要求
20	行驶系	车轮及轮胎	检查轮胎规格型号	轮胎规格型号符合规定，同轴轮胎的规格和花纹应相同，公路客车（客运班车）、旅游客车、校车和危险货物运输车的所有车轮及其他车辆的转向轮不得装用翻新的轮胎
			检查轮胎外观	轮胎的胎冠、胎壁不得有长度超过25 mm或深度足以暴露出帘布层的破裂和割伤以及凸起、异物刺入等影响使用的缺陷。具有磨损标志的轮胎，胎冠的磨损不得触及磨损标志；无磨损标志或标志不清的轮胎，乘用车和挂车胎冠花纹深度应不小于1.6 mm；其他车辆的转向轮的胎冠花纹深度应不小于3.2 mm，其余轮胎胎冠花纹深度应不小于1.6 mm
			轮胎换位	根据轮胎磨损情况或相关规定，视情进行轮胎换位
			检查、调整车轮前束	车轮前束值符合规定
21		悬架	检查悬架弹性元件，校紧连接螺栓、螺母	空气弹簧无泄漏、外观无损伤。钢板弹簧无断片、缺片、移位和变形，各部件连接可靠，U形螺栓、螺母扭紧力矩符合规定
			减振器	减振器稳固有效，无漏油现象，橡胶垫无松动、变形及分层
22		车桥	检查车桥、车桥与悬架之间的拉杆和导杆	车桥无变形、表面无裂痕、油脂无泄漏，车桥与悬架之间的拉杆和导杆无松旷、移位和变形
23	传动系	离合器	检查离合器工作状况	离合器接合平稳，分离彻底，操作轻便，无异响、打滑、抖动及沉重等现象
			检查、调整离合器踏板自由行程	离合器踏板自由行程符合规定
24		变速器、主减速器、差速器	检查、调整变速器	变速器操纵轻便、挡位准确，无异响、打滑及乱挡等异常现象，主减速器、差速器工作无异响
			检查变速器、主减速器、差速器润滑油液面高度，视情更换	按规定的里程或时间更换润滑油，液面高度符合规定

续表

<table>
<tr><th>序号</th><th colspan="2">作业项目</th><th>作业内容</th><th>技术要求</th></tr>
<tr><td rowspan="3">25</td><td rowspan="3">传动系</td><td rowspan="3">传动轴</td><td>检查防尘罩</td><td>防尘罩无裂痕、损坏，卡箍连接可靠，支架无松动</td></tr>
<tr><td>检查传动轴及万向节</td><td>传动轴无弯曲，运转无异响。传动轴及万向节无裂损、不松旷</td></tr>
<tr><td>检查传动轴承及支架</td><td>轴承无松旷，支架无缺损和变形</td></tr>
<tr><td>26</td><td rowspan="2">灯光导线</td><td>前照灯</td><td>检查远光灯发光强度，检查、调整前照灯光束照射位置</td><td>符合 GB 7258 规定</td></tr>
<tr><td>27</td><td>线束及导线</td><td>检查发动机舱及其他可视的线束及导线</td><td>插接件无松动、接触良好。导线布置整齐、固定牢靠，绝缘层无老化、破损，导线无外露。导线与蓄电池桩头连接牢固，并有绝缘套</td></tr>
<tr><td rowspan="2">28</td><td rowspan="7">车架车身</td><td rowspan="2">车架和车身</td><td>检查车架和车身</td><td>车架和车身无变形、断裂及开焊现象，连接可靠，车身周正。发动机舱盖锁扣锁紧有效。车厢铰链完好，锁扣锁紧可靠，固定集装箱箱体、货物的锁止机构工作正常</td></tr>
<tr><td>检查车门、车窗启闭和锁止</td><td>车门和车窗应启闭正常，锁止可靠。客车动力启闭车门的车内应急开关及安全顶窗机件齐全、完好有效</td></tr>
<tr><td>29</td><td>支撑装置</td><td>检查、润滑支撑装置，校紧连接螺栓、螺母</td><td>完好有效，润滑良好，安装牢固</td></tr>
<tr><td rowspan="4">30</td><td rowspan="4">牵引车与挂车连接装置</td><td>检查牵引销及其连接装置</td><td>牵引销安装牢固，无损伤、裂纹等缺陷，牵引销颈部磨损量符合规定</td></tr>
<tr><td>检查、润滑牵引座及牵引销锁止、释放机构，校紧连接螺栓、螺母</td><td>牵引座表面油脂均匀，安装牢固，牵引销锁止、释放机构工作可靠</td></tr>
<tr><td>检查转盘与转盘架</td><td>转盘与转盘架贴合面无松旷、偏歪。转盘与牵引连接部件连接牢靠，转盘连接螺栓应紧固，定位销无松旷、无磨损，转盘润滑</td></tr>
<tr><td>检查牵引钩</td><td>牵引钩无裂纹及损伤，锁止、释放机构工作可靠</td></tr>
</table>

车辆维修资料中与本标准规定的二级维护基本作业项目相同的部分，依据本标准中相对应的条款执行；车辆维修资料中与本标准规定的二级维护作业项目不同的部分，依据车辆维修资料的有关条款执行。车辆维修资料中有特殊维护要求的系统、总成和装置（如免维护蓄电池、免维护轮毂等），其维护作业项目执行车辆维修资料规定。

4. 二级维护过程检验

二级维护过程中应始终贯穿过程检验，并记录二级维护作业过程或检验结果，维护项目的技术要求应符合技术标准和车辆维修资料等相关技术文件规定。

5. 二级维护竣工检验

二级维护竣工检验项目及技术要求见表 1-1-6。

表 1-1-6 二级维护竣工检验项目及技术要求

序号	检验部位	检验项目	技术要求	检验方法
1	整车	清洁	全车外部、车厢内部及各总成外部清洁	检视
2		紧固	各总成外部螺栓、螺母紧固，锁销齐全有效	检查
3		润滑	全车各个润滑部位的润滑装置齐全，润滑良好	检视
4		密封	全车密封良好，无漏油、漏液和漏气现象	检视
5		故障诊断	装有车载诊断系统（OBD）的车辆，无故障信息	检测
6		附属设施	后视镜、灭火器、客车安全锤、安全带、刮水器等齐全完好、功能正常	检视
7	发动机及其附件	发动机工作状况	在正常工作温度状态下，发动机启动三次，成功启动次数不少于两次，柴油机三次停机均应有效，发动机低、中、高速运转稳定、无异响	路试或检视
8		发动机装备	齐全有效	检视
9	制动系	行车制动性能	符合 GB 7258 规定，道路运输车辆符合 GB 18565 规定	路试或检测
10		驻车制动性能	符合 GB 7258 规定	路试或检测
11	转向系	转向机构	转向机构各部件连接可靠，锁止、限位功能正常，转向时无运动干涉，转向轻便、灵活，转向无卡滞现象	检视
			转向节臂、转向器摇臂及横直拉杆无变形、裂纹和拼焊现象，球节无裂纹、不松旷，转向器无裂损、无漏油现象	
12		转向盘最大自由转动量	最高设计车速不小于 100 km/h 的车辆，其转向盘的最大自由转动量不大于 15°，其他车辆不大于 25°	检测

续表

序号	检验部位	检验项目	技术要求	检验方法
13	行驶系	轮胎	同轴轮胎应为相同的规格和花纹，公路客车（客运班车）、旅游客车、校车和危险品运输车的所有车轮及其他机动车的转向轮不得装用翻新的轮胎，轮胎花纹深度及气压符合规定，轮胎的胎冠、胎壁不得有长度超过25 mm或深度足以暴露出帘布层的破裂和割伤以及凸起、异物刺入等影响使用的缺陷	检查、检测
14		转向轮横向侧滑量	符合GB 7258规定，道路运输车辆符合GB 18565规定	检测
15		悬架	空气弹簧无泄漏、外观无损伤。钢板弹簧无断片、缺片、移位和变形，各部件连接可靠，U形螺栓螺母扭紧力矩符合规定	检查
16		减振器	减振器稳固有效，无漏油现象，橡胶垫无松动、变形及分层	检查
17		车桥	无变形、表面无裂痕，密封良好	检视
18	传动系	离合器	离合器接合平稳，分离彻底，操作轻便，无异响、打滑、抖动和沉重等现象	路试
19		变速器、传动轴、主减速器	变速器操纵轻便、挡位准确，无异响、打滑及乱挡等异常现象，传动轴、主减速器工作无异响	路试
20	牵引连接装置	牵引连接装置和锁止机构	汽车与挂车牵引连接装置连接可靠，锁止、释放机构工作可靠	检查
21	照明、信号指示装置和仪表	前照灯	完好有效，工作正常，性能符合GB 7258规定	检视、检测
22		信号指示装置	转向灯、制动灯、示廓灯、危险报警灯、雾灯、喇叭、标志灯及反射器等信号指示装置完好有效	检视
23		仪表	各类仪表工作正常	检视
24	排放	排气污染物	汽油车采用双怠速法，应符合GB 18285规定。柴油车采用自由加速法，应符合GB 3847规定	检测

二级维护竣工检验应填写二级维护竣工检验记录单，见表 1–1–7。

表 1–1–7　　二级维护竣工检验记录单

托修方			车牌号		车型	
外观状况	项目	评价	项目	评价	项目	评价
	清洁		发动机装备		离合器	
	紧固		转向机构		变速器、传动轴、主减速器	
	润滑		轮胎		牵引连接装置和锁止机构	
	密封		悬架		前照灯	
	附属设施		减振器		信号指示装置	
	发动机工作状况		车桥		仪表	
故障诊断	车载诊断系统（OBD）故障信息	口无　口有　故障信息描述：________				评价：
性能检测	转向盘最大自由转动量/（°）		评价：	转向轮横向侧滑量/（m/km）	第一转向轴：	评价：
					第二转向轴：	评价：

制动性能		车轴		一轴	二轴	三轴	四轴	五轴	六轴
	台架	轴制动率/%	结果						
			评价						
		制动不平衡率/%	结果						
			评价						

制动性能					
台架	整车参数	项目	整车制动率/%	驻车制动率/%	
		结果			
		评价			
路试	初速度/（km/h）______	参数	制动距离/m	MFDD/（m/s^2）	制动稳定性
		结果			
		评价			

前照灯性能	参数	灯高/mm	远光光强/cd		远光偏移/（mm/10 m）				近光偏移/（mm/10 m）			
			结果/cd	评价	垂直	评价	水平	评价	垂直	评价	水平	评价
	左外											
	左内											
	右外											
	右内											

排气污染物	汽油车	怠速	CO/%：	HC/$\times10^{-6}$：	评价：
		高怠速	CO/%：	HC/$\times10^{-6}$：	评价：
	柴油车	自由加速	光吸收系数/m^{-1}：①　②　③	平均/m^{-1}：	评价：
			烟度值/BSU：①　②　③	平均/BSU：	评价：

检验结论：

检验员签字：　　年　月　日

注 1：检验数据在“结果”栏填写。合格在“评价”栏划“○”，不合格在“评价”栏划“×”，无此项目填“——”

注 2：制动性能检验选择“台架”或“路试”。路试制动性能采用“制动距离”或“充分发出的平均减速度 MFDD”评价

6. 质量保证

汽车维护企业对竣工检验合格的汽车签发维护竣工出厂合格证。

汽车维护质量保证期，自维护竣工出厂之日起计算，一级维护质量保证期为车辆行驶不少于2 000 km或者10日，二级维护质量保证期为车辆行驶不少于5 000 km或者30日，以先达到者为准。

任务2　汽车维修作业安全操作基本知识

学习目标

1．了解汽车维修作业防护用品的使用。

2．熟悉正确处理火灾、触电险情的方法。

3．掌握“7S”理念，能根据“7S”规范作业。

任务描述

在实际生产中，大部分事故是由于从业者安全意识淡薄、防护措施不当所造成的。本任务的目的是让学生在从事生产活动前，对人员和车辆做好安全防护措施，树立安全生产理念，掌握必要的险情处置方法，从而使安全事故发生的概率降到最低，即使发生事故，也能处理得当，保护人身和财产安全。

知识准备

一、防护用品

1. 工作服

为了安全和方便工作，工作服必须合身；为了保护车辆外观，不要将皮带、纽扣、手表等坚硬物体暴露在外，同时应保持工作服整洁；为了防止受伤或烫伤，应规范穿着工作服，如图1–2–1所示，尽量不要裸露皮肤。

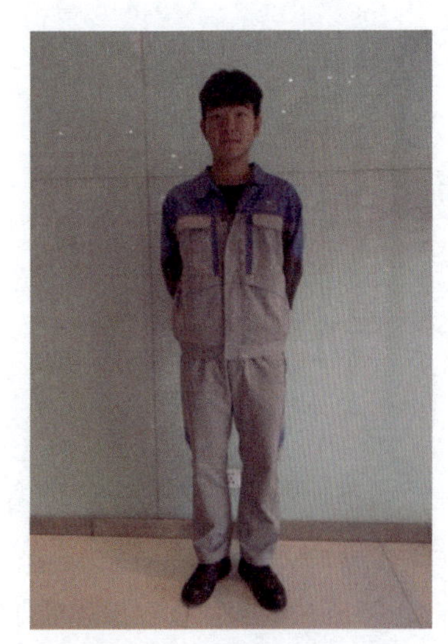

图1–2–1　规范穿着工作服

2. 工作鞋

工作鞋前部有保护钢板，底部可以防滑并且绝缘，可以对脚起到很好的保护作用。如因重物坠落砸伤脚趾或因工作区域有油污而摔倒，在工作时应穿戴符合要求的工作鞋。

3. 工作手套

应根据作业内容来决定是否戴手套、戴什么类型的手套。如提升重物或拆检排气管等炽热物体时，必须佩戴手套，以免受伤；在操作旋转性设备时，禁止戴手套。

二、防火、防触电知识

1. 防火知识

（1）不得在工作场所吸烟；在吸烟区吸烟后，应确认烟头熄灭在烟灰缸内。

（2）不要在充电的蓄电池旁使用明火或产生火花的设备，因为蓄电池在充电时会产生可燃性气体——氢气。

（3）在机油存储地或可燃性零件清洗剂附近，不要使用明火。

（4）在必要时才能将燃油或清洗剂带到车间，携带时还应使用密封的容器。

（5）吸满机油和汽油的碎布在特定条件下可能发生自燃，所以应将其放入带盖的金属容器内。

（6）不要将具有可燃性的废机油或燃油倒入污水管道，这不仅会造成环境污染，还可能会造成污水管道火灾，应将这些废油倒入指定的回收容器内。

2. 防触电知识

（1）拔电缆插头时，不要拉电线，而应拉插头本体。

（2）对于标有故障的电气开关，千万不要触碰。

（3）不要靠近断裂或摇晃的电线。

（4）不要用湿手接触电气设备。

（5）不要让电线通过尖角、潮湿、有油污或高温的地方。

（6）不要在电气设备附近使用易燃物。

（7）如发现电气设备不正常，应立即关闭电源开关，并加以警示和上报。

3. 险情报告

无论何时，在车间发现险情和灾情，都应立即向上级汇报。

三、“7S”理念

1. “7S”理念的概念

“7S”理念是在“5S”理念的基础上发展起来的。“5S”是现代企业普遍推行的一种管理方法，是保持车间环境，实现快速可靠、安全工作的管理措施。

“5S”管理起源于日本，通过规范现场、现物，营造一目了然的工作环境，培养员工良好的工作习惯，其最终目的是提升人的品质，养成良好习惯。“5S”来自日文整理（SEIRI）、整顿（SEITON）、清扫（SEISO）、清洁（SEIKETSU）和素养（SHITSUKE），简称“5S”，“7S”在此基础上又增加了安全（SAFE）和节约（SAVE），形成了“7S”。

2. 实训车间“7S”检查项目表（见表 1-2-1）

表 1-2-1　实训车间“7S”检查项目表

序号	检查项目
1. 整理（SEIRI）	
1.1	工作区域无与工作无关的个人物品
1.2	工作区域无与工作无关的公用物品、物料等
1.3	物品摆放整齐有序、有固定存放区域和标识
1.4	工位上没有无用的设备、工夹具等
1.5	工作区域张贴物整齐有序、无污损
2. 整顿（SEITON）	
2.1	工作区域有定位标识
2.2	成品、材料、辅材等物品标识明确、摆放整齐
2.3	图纸、报表等摆放整齐
2.4	休息区物品摆放整齐
2.5	工作区域通道畅通、界线清晰
2.6	工装夹具、清洁工具等标识明确、放置正确、易于取用
3. 清扫（SEISO）	
3.1	工作区域门窗保持清洁
3.2	工作台面、设备仪器、工装夹具等清洁干净
3.3	工作区域地面整洁干净，无水、杂物、油渍等
3.4	盛放物品的器具清洁、摆放整齐
3.5	工作时产生的废料、垃圾及时清扫
3.6	清洁工具、卫生间等应干净整洁，无异味
4. 清洁（SEIKETSU）	
4.1	有卫生清洁规定
4.2	成品、材料、辅材等按规定包装
4.3	工作区域无卫生死角
4.4	花木定期养护，无枯叶现象

续表

序号	检查项目
5. 素养（SHITSUKE）	
5.1	熟知“7S”的含义
5.2	进出规范、有序，无打闹喧哗现象
5.3	上岗佩戴证件、服装整齐
5.4	上课期间无随意串岗、谈笑聊天、接打手机等现象
5.5	不随地吐痰及乱扔垃圾
5.6	使用仪器设备、工具等应按规定取放
6. 安全（SAFE）	
6.1	有安全管理规定、事故应急预案、安全警示标志
6.2	课前进行安全教育，掌握操作规程，戴好防护用品
6.3	熟悉安全疏散路径，会使用消防器材
6.4	物品摆放不妨碍安全通道、警示标志，设备维修要有标识
6.5	电源线路安全、没有破损，应急照明灯正常
6.6	化学危险物按规定存放，按操作说明使用
7. 节约（SAVE）	
7.1	合理使用水电，无长明灯、长流水现象
7.2	合理利用实训耗材，无浪费教学资源现象
7.3	规范使用仪器设备，无人为损坏
7.4	离开车间时要切断电源、水源，关好门窗

任务实施

一、火灾、触电险情处理演练

实地观察实训教室（车间）电源总开关和消防设备的位置，并明确如何规范使用。此外，应清楚紧急情况时的逃生路线。分组演练发生火灾或触电险情的处理，并总结处理过程中的问题和改进措施。

二、“7S”理念规范作业练习

1. 整理（SEIRI）

在工作场地指定一处区域放置所有不必要的物品。收集工作场地中不必要的废弃材料，按废弃物处理规定，分类丢弃，并应符合环保规定。

2. 整顿（SEITON）

将很少使用的物品放在单独的地方。

将偶尔使用的物品放在工作场地。整顿工作场所，物品定点摆放，场地整齐有序，如图 1-2-2 所示。

将工具清点后摆放整齐，如图 1-2-3 所示。

图 1-2-2　物品定点摆放

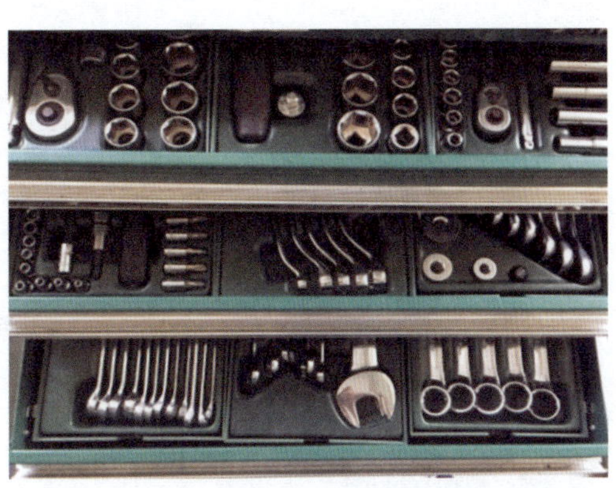

图 1-2-3　工具整齐摆放

3. 清扫（SEISO）

及时清扫工作中产生的废料、垃圾。工作台面、设备仪器、工装夹具等应保持清洁干净。工具使用后应清洁，如图 1-2-4 所示。清除工作场所中的杂物。

4. 清洁（SEIKETSU）

对各种物品进行分类，清除不必要的物品，执行卫生清洁规定，如图 1-2-5 所示。保证工作区域无卫生死角。

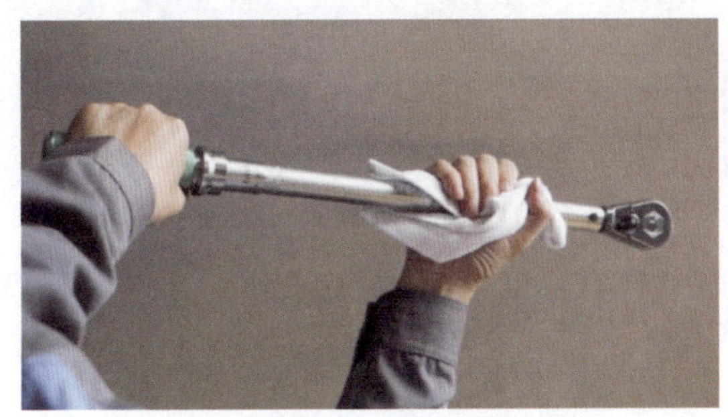

图 1-2-4　清洁工具

图 1-2-5　清洁场地

5. 素养（SHITSUKE）

学习规章制度，如图 1-2-6 所示。师生上课穿戴工作服，学生尊敬师长，教师关爱学生，上课秩序规范。

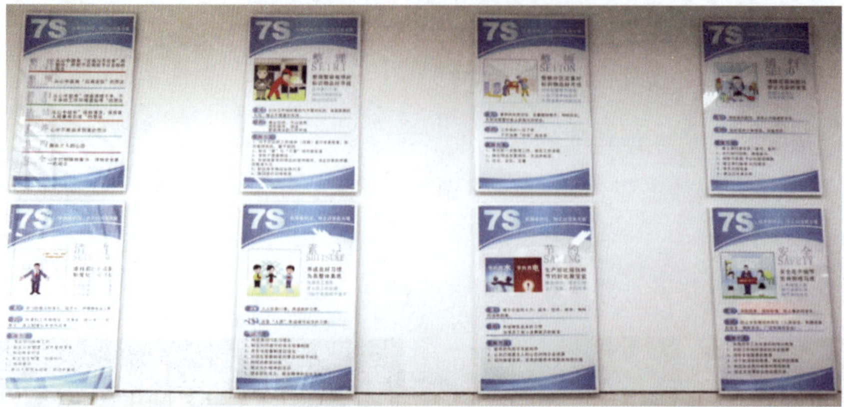

图 1-2-6　学习规章制度

6. 安全（SAFE）

操作时无安全隐患。每时每刻都有安全第一的观念，防患于未然。人员熟悉安全疏散路径、会使用消防器材，如图 1-2-7 所示。

7. 节约（SAVE）

合理利用工作耗材，无浪费教学资源现象。离开车间时要切断电源（图 1-2-8）、水源，关好门窗。

图 1-2-7　检查消防设施

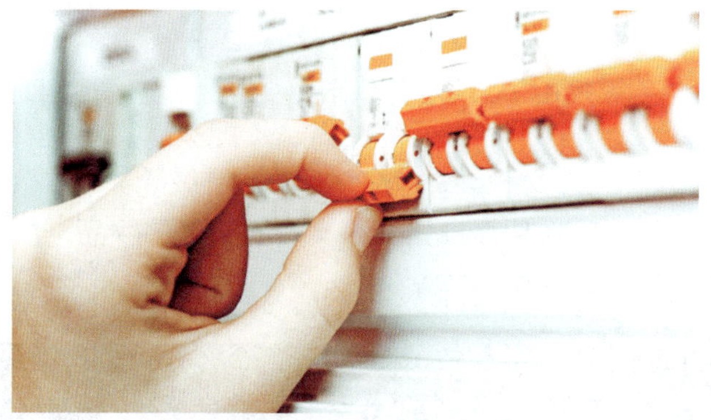

图 1-2-8　及时关闭电源

任务 3　汽车维护常用设备的使用

学习目标

1. 了解举升机使用的相关知识。
2. 熟悉扭力扳手、胎压表的使用注意事项。
3. 掌握举升机、扭力扳手和胎压表的操作技能。

任务描述

本任务主要学习维修车间内汽车维护常用设备的使用方法，在开始学习汽车维护技能前，应先学会汽车维护常用设备的使用。

知识准备

一、举升机

举升机是将汽车升起以便进行汽车底盘维护与修理的常用设备。举升机按照功能和形状一般可分为双柱式、四柱式、剪式三大类。

1. 双柱式举升机

双柱式举升机如图 1-3-1 所示，其立柱为固定式，适合对 3 t 以下的轿车、轻型车举升使用。缺点是对于柱间宽度不够大的双柱式举升机，打开车门不方便。

2. 四柱式举升机

四柱式举升机如图 1-3-2 所示，升降方便，提升质量可达 8 t，稳定性好，能满足载货汽车等较大车辆的举升。缺点是占地面积大，适合综合性汽车修理厂使用。

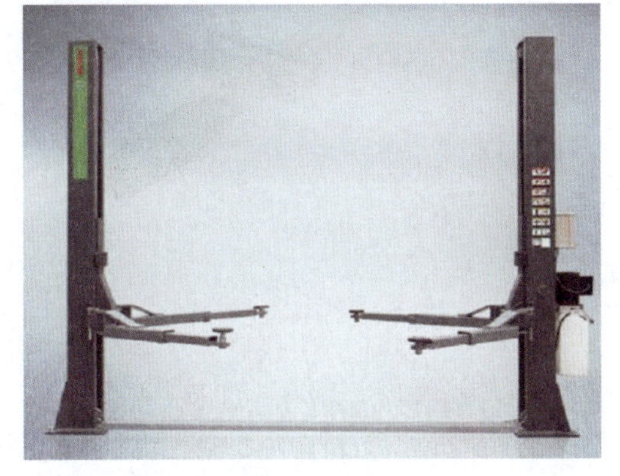

图 1-3-1　双柱式举升机

图 1-3-2　四柱式举升机

3. 剪式举升机

剪式举升机如图 1-3-3 所示，占地面积小、安全性能好、升降台下降时有启锁反馈信号、工作可靠、操作简便，适合多种应用场合。缺点是车下作业时受空间限制。

剪式举升机和四柱式举升机上带有二次举升机（图 1-3-4），一般用于车辆四轮定位。汽车被举升机举起来以后，二次举升机顶在车辆中间部位的底盘上，把汽车再次举升起来，使车轮悬空，以便做四轮定位检测。

图 1-3-3　剪式举升机

图 1-3-4　带二次举升的举升机

二、扭力扳手

1. 定义

扭力扳手是一种带有扭矩测量机构的拧紧工具，用于紧固螺栓和螺母，并能测出拧紧时的扭矩值。

常用的扭力扳手有预置式和指针式两种，如图 1-3-5 所示。

图 1-3-5　扭力扳手

2. 预置式扭力扳手使用注意事项

（1）不能使用预置式扭力扳手拆卸螺栓或螺母。

（2）严禁在扭力扳手尾端接套管延长力臂，以防损坏扭力扳手。

（3）根据需要调节所需的扭矩，并确认调节机构处于锁定状态才可使用。

（4）使用扭力扳手时，应平衡缓慢地加载，切不可生拉硬压，以免造成过载，导致输出扭矩失准。在达到预置扭矩后，应停止加载。

（5）预置式扭力扳手使用完毕，应将其调至最小扭矩，使测力弹簧充分放松以延长使用寿命。

（6）应避免水分浸入预置式扭力扳手，以防零件锈蚀。

（7）所选用的扭力扳手的开口尺寸必须与螺栓或螺母的尺寸相符合，以防扳手滑脱并损伤螺栓或螺母。在进口汽车维修中，应注意扳手公英制的选择。各类扳手的选用原则是：一般优先选用套筒扳手，其次为梅花扳手，再次为呆扳手，最后选择活扳手。

（8）为防止扳手损坏和滑脱，应使拉力作用在开口较厚的一边，这一点对受力较大的活扳手尤其应该注意，以防开口出现“八”字形，损坏螺母和扳手。

（9）扭力扳手是按人手的力量来设计的，遇到较紧的螺纹件时，不能用手锤击打扳手。

三、胎压表

胎压表是测量汽车轮胎气压的工具。胎压表一般有指针式和数字式两种，数字式使用更为广泛，如图 1-3-6 所示。

图 1-3-6　胎压表

任务实施

一、举升机的使用

1．使用前，打开压缩空气源，打开电源，检查举升机电源是否安装正确，检查举升机有无漏电、漏油状况。

2．将车辆停在举升机的中间位置，此位置能将举升机的托架支撑在汽车底盘指定支撑位置，如图 1-3-7 所示。

3．将车挂入 P 挡或 N 挡，拉紧驻车制动器，如图 1-3-8 所示。

图 1-3-7　车辆停放位置

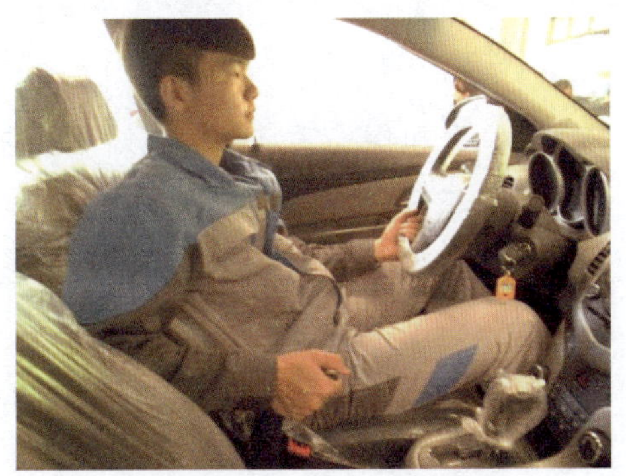

图 1-3-8　拉紧驻车制动器

4．对好四个支撑点（汽车底盘的指定位置上），此位置通常用钢板加强，可承受较大的力，如图 1-3-9 所示。

5．举升车辆分三步，第一步启动举升机（剪式举升机应安放举升垫块），待支点接近车辆时停止举升车辆。检查举升垫块与车辆支撑点是否对齐，支撑点如图 1-3-10 所示。第二步继续开动举升机，待垫块与车辆接触后，重新检查支撑点位置，确定无误后将车辆举升离地 300 mm 左右。第三步在车辆前后推动车辆，如图 1-3-11 所示，确定车辆稳定后将车辆举升到工作高度。

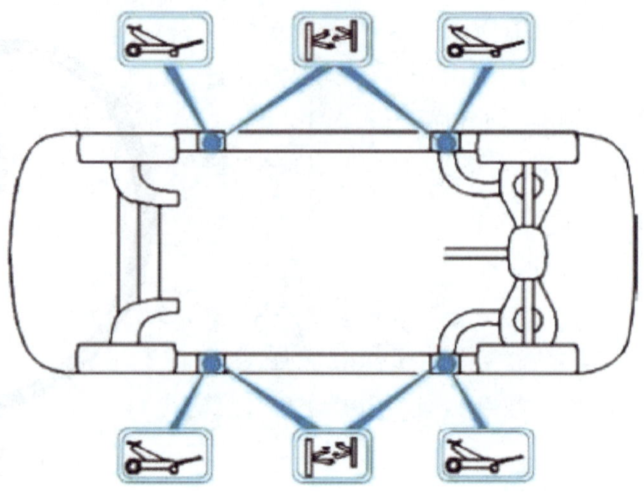

图 1-3-9 车辆支撑点

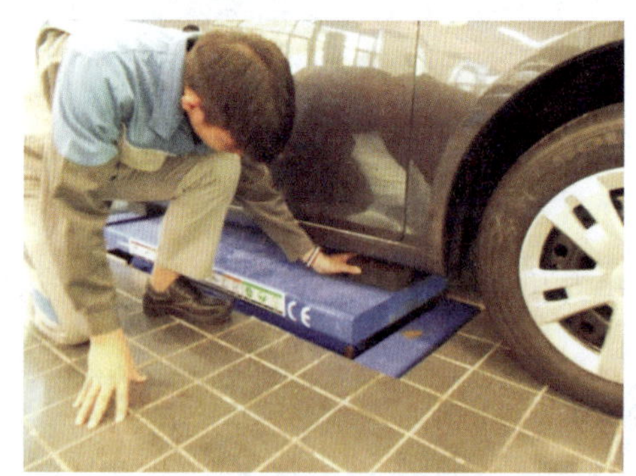

图 1-3-10 检查支撑点

图 1-3-11 检查车辆稳定情况

6．将举升机保险锁定，然后对车辆进行作业。

7．下降车辆时，应先检查车辆下方，确保没有人员及障碍物，然后解除保险。

8．车辆下降完全落地后，移除举升垫块。

9．举升机使用注意事项：

（1）车辆的总质量不能大于举升机的举升能力。

（2）根据车型和停车位置的不同，尽量使汽车的重心与举升机的支撑合力作用点相接近，严防偏重。

（3）转动、伸缩、调整举升臂至汽车底盘指定位置并使其接触牢靠。

（4）举升汽车前，操作人员应检查汽车周围人员的动向，防止发生意外。

（5）举升汽车时，要在汽车离开地面较低位置时进行支撑点复检，无异常现象方可举升车辆至所需高度。

（6）举升机在举升、下降过程中严禁在车下穿行，并禁止一切维修工作。

（7）举升机两侧应同时上升、同时下降。如有问题，应立即停止维修作业，请专业人员进行检修。

二、扭力扳手的使用

1. 校零

旋转套筒至扳手杆身上的刻度最低处，如图 1–3–12 所示。观察是否能露出最低量程的刻度线。若上下有偏差，表示扭力扳手零位不准确，须进行调零。

2. 调整预设值

预置式扭力扳手可通过旋转套筒预设所要求的力矩，并将套筒锁定，防止操作中力矩变化，如图 1–3–13 所示。

图 1–3–12　扭力扳手校零

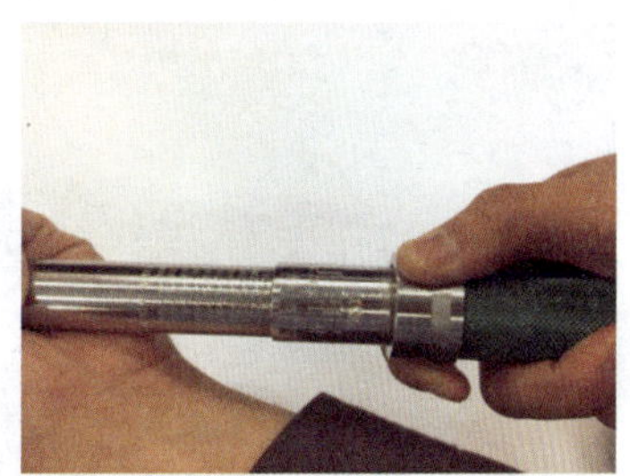

图 1–3–13　调整预设值

3. 读数

读数方法与千分尺相同，先读杆身上的整数，再读出滚筒上的数值，然后两者相加，如图 1–3–14 所示。

4. 紧固与测量

操作时，一手拉扭力扳手的手柄，另一只手握住扳手头部，防止套筒滑牙，如图 1–3–15 所示。用扭力扳手对螺栓或螺母加力矩拧紧，直至发出“咔哒”声，表明已经达到所预置的力矩。当听到“咔哒”声后，请勿再继续用力，否则螺栓或螺母可能会断裂，扭力扳手也会损坏。

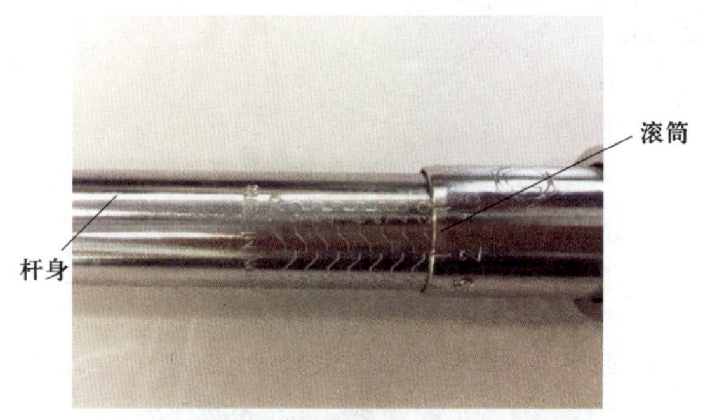

图 1–3–14　扭力扳手读数

图 1–3–15　扭力扳手操作

5. 改变旋向

预置式扭力扳手上有一旋钮，通过调节内部棘轮机构来设置紧固的方向，如图 1–3–16 所示。

6. 回位

操作结束后，应把扭力扳手的预设值调回到最小刻度，以保证扭力扳手的测量精度，延长使用寿命。

三、胎压表的使用

1. 校零

在未测量时，胎压表的指针应指向零刻度或在量程的起始位置。观察指针是否偏移。若有偏差，则不能使用，如图 1–3–17 所示。

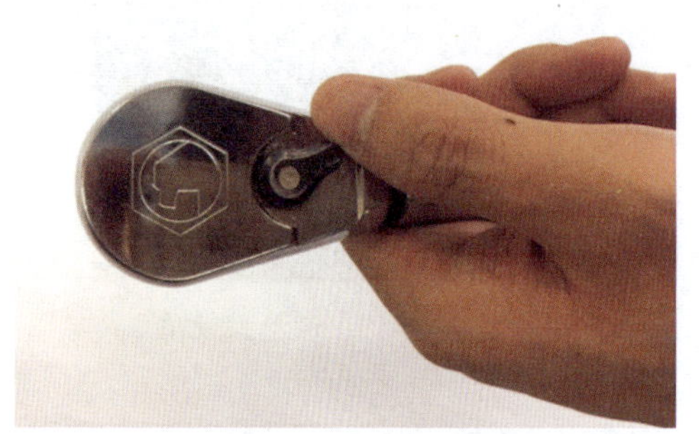

图 1–3–16 扭力扳手改变旋向

图 1–3–17 胎压表校零

2. 测量

将胎压表的测量头与轮胎的气门芯可靠连接，指针将根据轮胎内部气压相应地进行偏移，指示出胎压的大小，如图 1–3–18 所示。

3. 读数

如图 1–3–19 所示，胎压表上有 2 种刻度线，内圈为 bf/in²（即磅力每平方英寸），外圈为 bar（1 bar=1.0 197 kgf/cm²），图中读数为 2.5 bar。

图 1–3–18 测量轮胎气压

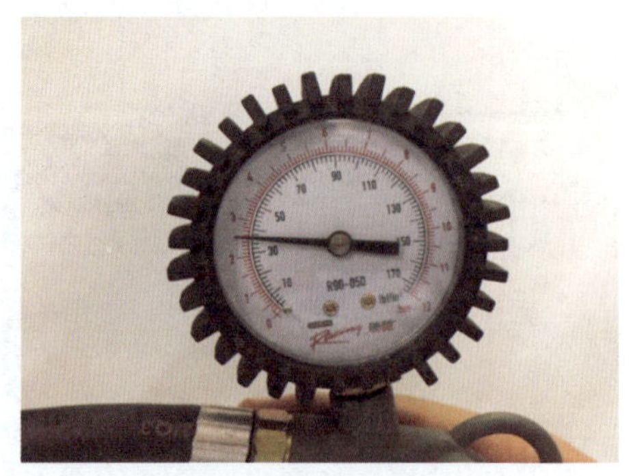

图 1–3–19 轮胎气压表读数

4. 连接压缩空气源

用左手向下压住压缩空气管的快速接头，右手将胎压表插入快速接头，左手松开即可，如图 1-3-20 所示。

5. 充气与放气

用右手握住胎压表手柄，食指和中指一起按住充气按钮即为充气，如图 1-3-21 所示，放松胎压表即显示轮胎内气压。给轮胎放气时，用大拇指按住黑色按钮，即为放气。

图 1-3-20　胎压表连接压缩空气源

图 1-3-21　用胎压表为轮胎充气

任务 4　汽车 4S 店售后服务工作流程

学习目标

1. 了解汽车 4S 店售后服务工作流程。
2. 熟悉汽车售后服务接待工作的基本内容。
3. 掌握汽车维修服务接待流程。

任务描述

汽车售后服务是提高客户满意度和增加企业利润的重要环节。随着售后服务竞争的加剧和客户对售后服务工作要求的不断提高，汽车企业针对汽车售后服务制订了详细的工作流程和工作标准。本任务是通过汽车维修业务接待演练，形成对汽车 4S 店售后服务工作流程的初步认识，以便更好地完成汽车维护工作。

知识准备

一、汽车售后服务流程

汽车售后服务是汽车产品售出后，汽车生产企业、汽车销售企业和汽车技术服务企业为保证汽车产品能够正常使用而向用户提供的各方面的服务。汽车维修服务是最主要的汽车售后服务。

汽车维修服务流程是指维修企业的业务流程，通常有四个特点：有输入、有输出、有客户和有核心处理对象。维修服务流程输入的是客户的信息和客户的故障车辆；输出的是修好了的车辆以及维修中心的服务；每一个流程都必须有客户，如果没有客户，这个流程就没有意义；每一个流程都有一个核心处理对象，维修服务流程的核心处理对象是故障车。整个流程是跨职能部门的操作或处理方式。

汽车维修服务流程包括六个核心环节：维修预约、接车制单、维修作业、质量检验、交流及交车、跟踪回访。

1．维修预约主要是指在客户到店之前，准备好相关的资料信息。

2．接车制单主要指与客户打交道的最初时间，了解客户信息和需求，使客户建立对企业的信任，同时对客户进行需求分析和服务产品介绍。

3．维修作业主要指维修企业的工作人员对车主的车辆进行专业维修。

4．质量检验主要指确认前面的工作是否到位。

5．交流及交车主要指通过向客户展示服务成果来形成客户对服务的认可。

6．跟踪回访指在三个工作日内对客户进行售后回访，提高客户满意度并改进服务。

二、汽车售后服务接待工作的基本内容

维修接待工作的基本内容如图 1–4–1 所示。

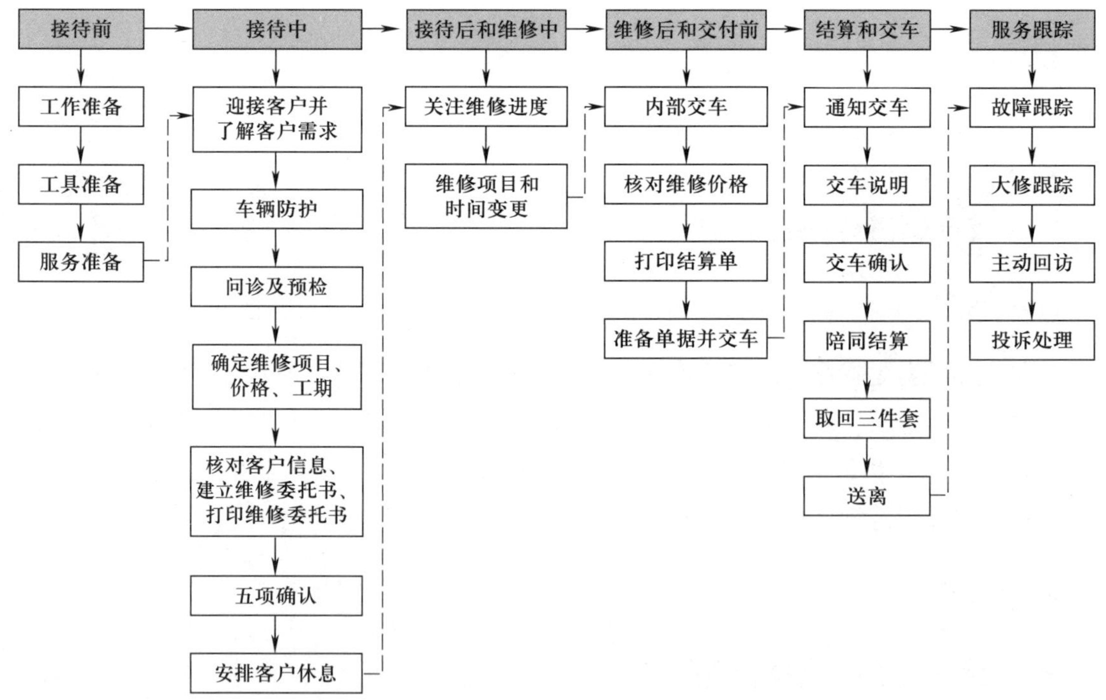

图 1–4–1　维修接待工作的基本内容

任务实施

汽车维修接待工作主要由服务顾问来完成，下面以服务顾问的角色来完成汽车维修接待工作演练。

一、接待前

接待前的主要工作是准备。准备阶段主要指在客户来店之前准备好服务所需的各种资料。在开始一天的正式工作和每一次接待工作之前，服务顾问需要了解相关工作准备是否就绪，几分钟的有序检查可以避免接待中的慌乱，并大大提高工作效率和服务质量。在工作中需要从工具、人员情况、预约情况、环境情况、未完成的工作几方面着手准备。

1. 工作准备

（1）准备的目的

1）超越客户的期望值，创造热情服务的印象。

2）建立客户对公司及业务接待人员的信心。

3）更好、更准确地了解客户需求。

4）更好地消除客户的顾虑。

5）取得自信和专业形象。

6）营造双赢的气氛。

（2）准备的内容

主要包括两方面：一是业务接待方面的准备，包括环境、人力、各式表格、进厂线路、活动内容等；二是客户方面的准备，包括维修记录、背景、付款方式、可能提出的问题、是否经常提出接送服务要求等。

（3）准备阶段的关键环节

接待处的周围是否放有未经整理的废弃物，书刊是否及时更新，室内的照明、气味、温度等综合环境是否舒适，植物是否枯萎或杂乱。客户休息厅是否干净，业务接待台是否整洁且有明显的“业务接待”“索赔”“结算”等标志牌，接待客户的座椅是否整洁完好；工作人员是否着装统一规范，是否做一些与工作无关的事；业务接待区域是否张贴组织机构图和维修工作流程图，组织机构图是否有相关工作人员的照片、姓名和工号。

2. 工具准备

接待工作中会使用很多工具，每种工具放在何处、数量有多少、性能如何，服务顾问必须清楚。如果客户看到服务顾问手忙脚乱地翻找工具或资料，对其服务的信任度和印象会大打折扣。

3. 服务准备

（1）了解人员情况

在接待工作开始前，服务顾问需要根据以往一天的接待量来核对人员服务能力。作为服务顾问需要考虑以下几个方面的问题。

1）服务顾问：我的同事是否都正常到岗。如果有人缺岗，意味着我的接待工作量将加大。高峰时期必须提高接待效率，一些不紧急的工作可能需要调整到第二天再做。

2）维修人员：车间的维修人员和维修能力是否充足，如果留厂车辆数量过多，即使维修人员数量足够也可能无法满足当日的维修需求，并可能形成恶性循环。

3）技术人员：技术专家或主力维修人员是否在岗，有疑难技术问题是否能在最短的时间内找到最恰当的人员来解决。

4）管理人员：我的上级是否在岗，出现重大问题是否能及时寻求其支持。

（2）了解预约情况

预约是有效管理客户和主动安排接待工作的工作方法，作为服务顾问，需要在接待工作开始之前确认以下内容。

1）预约车数：今天总体的预约车数有多少，我的预约客户有多少，其他服务顾问缺岗转给我的预约车数有多少。

2）预约项目：针对预约车的维修项目核对服务能力，人员、场地和设备是否能够满足需求。

3）预约时间：是否需要调整工作安排，以使服务顾问在预约时间段内能够轻松接待预约客户。

（3）检查环境情况

服务顾问需要对自己的接待环境进行检查，包括接待台周围的环境卫生情况、客户座椅摆放情况、停车区是否有充足的车位，雨雪天气是否准备好雨伞、大门口有无防滑设施，接待和休息区的温度、湿度是否合适，是否有充足的饮料等。

（4）检查未完成的工作

未完成的工作对接待可能会有很大影响。

1）前一天未完成的工作：昨天未联系到的需要通知更改或增加维修项目的客户，今天一定要继续联系。

2）留厂车的进度：一定要清楚留厂维修或检查的车辆在今天的工作进度，客户可能随时打电话来询问。

3）晨会记录：如果今天外出或迟到而没有参加晨会，一定要了解晨会的内容。

（5）工作准备小结

以上各种准备工作虽然项目多，但如果养成定时检查的习惯，就不会占用太多的时间，坚持这样去做就形成了主动准备工作的习惯。用十分钟的准备工作换来全天的顺畅工作。

二、接待中

在工具设施准备好、服务接待人员进入服务状态后，就可以开始接待工作。接待中按照先后顺序进行以下工作：

1. 迎接客户并了解客户需求

当客户开车来到维修站时，保安人员应礼貌问候并指挥客户停车，同时使用对讲机等通信工具通知服务顾问。在这个环节中，如果遇到雨雪天气，保安人员应携带雨具帮助客户下车并送至接待区。对于业务量比较大的企业，建议在维修高峰期设立维修引导员，可以由服务顾问轮流担任，这样可以在客户到店之后第一时间有人接待，使客户情绪更快由焦虑区进入舒适区。

（1）迎接客户

服务顾问见到客户后第一时间应对客户进行主动热情地问候。这样做的目的是为迎接工作创造愉快的气氛，使客户能够感受到热情友好的氛围，尽快帮助客户进入舒适区。

（2）初步了解客户需求

在服务顾问主动问候客户后，应马上询问客户的需求。根据客户的需求，尽快进行相应安排。

2. 车辆防护

在初步了解客户的需求之后，如果判定客户的车辆需要进行维修或维护操作，服务顾问应在第一时间对客户车辆进行防护。目的是通过对客户车辆的重视，体现出服务顾问对客户的关心和尊重。

3. 问诊及预检

许多客户到4S店来不是进行维护或者也没有很明确的维修要求，而是觉得车辆某些方面可能有问题，这就需要服务顾问能够通过问诊和车辆预检发现问题，并以专业的知识为客户提供维修建议或消除客户的疑虑。高效准确的问诊和预检工作能够帮助服务顾问从一开始就发现车辆的问题所在，从而避免因反复与客户沟通而浪费时间，以便提高一次修复率。

问诊及预检的主要工作有：倾听客户的陈述，通过提问引导客户正确描述故障现象，对故障或者报修的车辆进行预检，对故障进行初步判断或者对故障现象进行详细描述，以帮助技术人员查找故障。

（1）客户倾听描述。服务顾问要仔细认真地倾听客户对故障的描述。这样做的目的是对客户的描述进行记录和分析，以便做出初步判断。

（2）初步诊断。通过初步诊断可以快速准确地确定服务项目。

（3）预检。服务顾问应该仔细进行预检。通过预检可以增加维修项目，进行服务营销，增加单车产值。

（4）环车检查。在正式确定维修内容之前，服务顾问需要与客户一起对车辆进行环车检查，帮助客户了解其车辆的基本情况，共同确认并记录车辆的外观情况，保证维修后客户取车时，车辆情况与原来一致。

需要提醒的是，服务顾问在检查中发现任何问题都应该向客户指出，并在维修委托书上注明，客户签字确认，这样可以避免交车时出现纠纷。

4. 确定维修项目、价格、工期

经过初步诊断确定维修项目，服务顾问应做出价格估算和确定预计完成时间，并告知客户。

5. 核对客户信息、建立并打印维修委托书

在客户认可维修工作之后，服务顾问应将确认的内容形成纸质合同。

6. 五项确认

在维修委托书打印完毕后，服务顾问应将维修项目、预计价格、预计完工时间、是否洗车、是否保留旧件这五项内容逐一与客户正式确认，并请客户在维修委托书上签字，将维修委托书客户联交给客户作为取车凭证。这样做的目的是让客户确实了解合同内容并确认。

7. 安排客户休息

维修委托书确认完毕后，服务顾问要根据客户的需要安排客户休息或离店。

三、接待后和维修中

当车辆开始进入维修后，服务顾问需要紧密关注车辆的维修进度，并根据维修进度和维修变化及时与客户沟通。

1. 关注维修进度

服务顾问应主动掌握自己接待车辆的维修进度，如果感觉在预计时间内无法完成维修任务，需要及时调整并通知客户。

2. 项目和时间变更

当维修项目和完工时间发生变化时，服务顾问要立即通知客户重新进行费用和时间的确认，如图 1–4–2 所示。

四、维修后和交付前

在车辆维修之后，服务顾问需要对车辆的维修情况进行确认，并准备相关的单据，为交付车辆做好充分准备。主要环节如下：

××4S店维修项目追加单

日期：　　年　月　日

制表人：

工单号			车牌号			
序号	追加维修项目	追加原因	配件名称	配件数量	配件单价	金额
追加材料费合计：		追加工时费合计：		追加费用总计：		
客户意见：						
客户签字：						
追加征询客户时间			答复时间			
车间申请追加时间			顾问答复车间时间			
追加申请人			顾问			

图 1-4-2　增项追加单

1. 内部交车

服务顾问对维修后的车辆进行确认和检查，确保故障已消除，维修委托书上的要求全部满足。这样做的目的是预防在向车主交车时发现未完成的维修问题。

2. 核对维修价格

服务顾问要核算维修价格与估算价格是否一致。这样做的目的是可以发现费用问题并及时处理，避免在交车时引起客户不满。

3. 打印结算单

服务顾问在确认维修内容后，将结算内容打印成结算单。这样做的目的是为客户提供消费明细说明。

4. 准备单据并交车

完成所有交车需要的单据和准备工作后，服务顾问就可以准备交车了，这样做的目的是将维修工作完美地展示给客户。

五、结算和交车

在维修内容都已复核无误、所有单据准备完成之后，服务顾问要通知客户取车，进入结算后交车环节，此环节是服务流程的重要环节。在前几个环节中，客户逐步建立的愉悦心情和信任可以通过服务顾问专业周到的交车服务得到提升和加强，反之将使之前的工作前功尽弃，失去客户的信任。因此，前几个环节都是为交车服务做准备。交车的主要步骤如下：

1. 通知交车

在完成交车的全部工作准备之后，服务顾问要立刻通知客户。

2. 交车说明

服务顾问要向客户展示说明所做的维修工作和收费明细，取回维修委托书客户联。这样做的目的是向客户展示工作内容，验证维修效果。

3. 交车确认

交车前，服务顾问需要针对维修工作的费用向客户进行详细说明，并得到客户的签字确认。

4. 陪同结算

此环节要求服务顾问陪同客户到收银处结算，交付客户相关的收费单据和车辆钥匙。

5. 取回三件套

此环节要求服务顾问陪同客户到车辆前，帮助客户取下三件套，并将取下的三件套进行回收处理。

6. 送离

服务顾问要协助客户上车，感谢客户光临，目送客户离开。送离时，服务顾问应对客户进行道路引导，提示客户系好安全带等，这些服务细节会使客户感觉到企业服务关怀的无微不至。

六、服务跟踪

当交车结束、客户离店后，服务工作仍没有结束，服务顾问还需要进行以下工作：

1. 故障跟踪

即对未检查出故障的客户车辆继续跟踪。某些客户反映的故障现象不易经常出现，有时会通过更换部分部件进行试验，并由客户继续使用车辆进行观察。在此过程中，需要服务顾问按照与客户约定的观察周期与客户联系，确认故障是否重现。这样做的目的是使客户协助进行故障判断，既不影响客户用车，又节省了服务人员和场地，体现出对客户的关怀。

2. 大修跟踪

即对大修的客户进行主动联系，询问车辆使用情况，提醒客户定期回厂检查或维护。这样做的目的是保证客户车辆在大修后能正常使用。

3. 主动回访

即对维修过程中产生抱怨的客户进行主动回访。在维修中，某些客户由于种种原因产生不满，可能在离店时仍有情绪，负责接待的服务顾问应主动进行回访，努力消除客户的抱怨情绪。

4. 投诉处理

若客户离店后对此次服务产生抱怨或投诉，服务顾问需积极协助相关人员进行处理和预防。某些客户离店后对此次维修产生抱怨或投诉，一旦在客户关系回访时形成投诉记录，作为最了解上次接待过程的服务顾问，要积极参与投诉分析，制订解决方案，尽快联系客户，消除客户的不满情绪。

纵观以上接待过程可以发现，接待服务工作中的很多内容都是检查和准备工作，服务顾问要用主动收获代替被动损失，用积极预防代替慌乱补救。这样，维修服务接待工作才能达到预期目标，才能生产出高质量的服务产品，才能持续获得客户的信任。

项目二　汽车 5 000 km 维护

汽车 5 000 km 维护主要包括仪表及指示警告灯检查、车辆外部灯光系统检查、雨刮系统检查、油液油位检查、发动机机油及机滤更换、底盘渗漏及磕碰检查、车轮螺栓扭矩检查、胎压及胎纹检查、轮胎充气压力校正等项目。

通过检查、润滑、紧固作业，可以发现、排除一些初期、潜在的故障，保持汽车良好的使用性能。

本项目重点进行灯光信号、发动机舱、底盘、乘员舱内外的检查与维护，以及双人维护等作业。

任务 1　维护接车单的识读与填写

学习目标

1．熟悉汽车维护作业的流程。

2．能够正确识读汽车《维修委托书》。

3．能够正确填写汽车《定期维护作业检查项目表》。

任务描述

客户王先生六个月前购买的汽车已行驶 5 000 km，需要做首保，并且汽车还有空调制冷不良的故障。

作为一名维修技师，要熟悉车辆进入维修企业后的基本服务流程，能从汽车《维修委托书》中读取相应的作业项目信息，从而顺利完成车辆的维护作业。

知识准备

一、汽车维护的职责分工和作业流程

1．汽车维护职责分工

（1）服务顾问负责用户接待、开单及与用户交接车辆。

（2）服务经理或维修经理负责维修任务的指派和进度跟踪。

（3）维修技师负责按要求完成维修、维护作业。

（4）技术总监负责维修、维护作业过程中的巡视检验。

（5）质量检验员负责车辆维修、维护作业结束后的终检。

2. 汽车维护作业流程

（1）服务顾问将《维修委托书》一联和车辆钥匙交车间维修经理。

（2）车间维修经理向已经完成上次同类作业的维修技师班组分派维修任务。

（3）车间维修经理将车移至维修工位。

（4）维修技师班组开始协同作业，并在《维修委托书》上记录各维修项目开工时间。

（5）进行车辆防护工作。

（6）确定维修操作工艺和程序。

（7）领取零部件及辅料。

（8）车间维修经理适时检查和督促维修进度、处理问题。因备件暂时缺货或其他原因不能及时完工的，服务顾问应通知责任人采取措施，并在服务系统上输入具体原因。

（9）完工后对车辆座舱、前舱进行清理，内部交车。

（10）维修中发现新问题，维修技师应及时报维修经理，经维修经理转服务顾问，当场处理。服务顾问就追加项目及费用向用户确认并填写《维修委托书》。

二、维修委托书（图 2–1–1）

编号：

维修委托书

维修单位		车辆进站时间	年 月 日 时	服务顾问	
客户信息	□车主 □送修人	地址		联系电话	

车辆信息	车牌号	车型	VIN	发动机号	里程数

作业信息	维修开始时间	预计交车时间	付款方式	非索赔旧件是否带走
	年 月 日 时	年 月 日 时	□现金 □信用卡 □其他	□是 □否

互动检查	是否有贵重物品	油箱油量	□空 □<1/4
	是□ 否□		□半箱 □<3/4 □满箱

外出救援：是□ 否□ 救援里程（往返）： （公里） 救援到达时间：

车身状况漆面检查，损伤部位下图标注	
	检查结果
	车身检查
	车内检查
	发动机舱
	底盘检查

客户须知	客户故障描述
1. 客户提供的资料、信息真实有效。 2. 维修完成时间以通知客户提车时间为准。 3. 客户应在接到通知 2 小时内提车。 4. 客户违反“客户须知”产生的风险和损失客户本人自愿承担。	

客户确认：本人已阅知并理解上述内容。 客户签字：

维修项目	维修项目	备件	是否索赔	材料费	工时费	小计	维修人	检查人
			是 否					
			是 否					
			是 否					
			是 否					
			是 否					
			是 否					
			是 否					
	预估费用：		费用小计					

客户确认以上维修项目及费用：

新增维修项目	维修项目	备件	是否索赔	材料费	工时费	小计	维修人	检查人
			是 否					
			是 否					
			是 否					
			是 否					
	预估新增维修时间：		费用小计					
	预估新增维修费用：							

客户确认以上维修项目及费用：

索赔费用		自费费用		维修总费用		交通补偿费用（元）：
质检员签字（盖章）：	通知用户接车方式	现场 短信 电话	通知用户接车时间	年 月 日 时	实际交车时间	年 月 日 时

客户评价	□满意	□不满意	不满意原因：□服务接待 □服务环境 □维修质量 □维修时间 □备件保供 □维修收费 □产品质量

本人确认以上内容与本人委托需求一致并已提车。 客户签字：

此单三联：用户一联（作为接车凭证），服务顾问一联，维修车间一联（维修时此单将跟车）

图 2-1-1 维修委托书

任务实施

本任务以手动挡轿车 5 000 km 维护作业为例，识读《维修委托书》，填写《定期维护作业检查项目表》。

工具器材

序号	名称	规格	数量
1	实训车辆	1.6MT	1 辆
2	工作台		1 张
3	《维修委托书》		1 份
4	《定期维护作业检查项目表》		1 份

一、识读《维修委托书》

1．客户及车辆信息确认。客户签字后的《维修委托书》具有法律效力，同时表示客户对汽车维修条件的认可。

2．维修项目的确认。按照《维修委托书》对一般维修的车辆按照《维修手册》的程序进行维修作业。

3．维护项目的确认。按照《维修委托书》，对定期维护作业的车辆按《定期维护作业检查项目表》进行检查和维护。

4．维修作业的确认。车辆维修技师把工作开始时间、完成时间填写到《维修委托书》上，以便记录所用的工时。在维修工作完成后，检查并记录《维修委托书》《定期维护作业检查项目表》的每一项维修工作的结果，并签字确认。然后，将完工的维修车辆交车间主管进行质量检验，由车间主管确认后交给服务顾问。

二、填写《定期维护作业检查项目表》

车辆维修技师对定期维护作业的车辆，需按照汽车厂方所提供的《定期维护作业检查项目表》进行检查和维护。图 2-1-2 所示为上海大众 Lavida 系列 1.6（EA211）车型保养表格。

上海大众 Lavida 系列 1.6（EA211）车型保养表格

维修站代号：743__________　委托单号：__________　车 牌 号：________　发动机号：__________

底　盘　号：______________　行驶里程：__________　送修日期：________　交车日期：__________

5 000	10 000	20 000	30 000	40 000	50 000	60 000	70 000	80 000	90 000	100 000	110 000	120 000	130 000	140 000	150 000	160 000	170 000	18 0 000	190 000	200 000	210 000	220 000	230 000	240 000

保养类型	保养内容	保养检查情况		
		正常	不正常	已调整
5 000 km 首次保养	1 车身内外照明电器，用电设备检查功能： （1）组合仪表指示灯，阅读灯，时钟，点烟器，喇叭，电动摇窗机，电动外后视镜，暖风空调系统，收音机 （2）近光灯，远光灯，前雾灯，转向灯，警示灯 （3）驻车灯，后雾灯，制动灯，倒车灯，车牌灯，行李舱照明灯			
	2 自诊断：用专用 VAS 诊断设备读取各系统控制器内的故障存储信息			
	3 安全气囊和安全带：目测外表是否受损，并检查安全带功能			
	4 多功能转向盘：检查各按键的功能			
	5 手制动器：检查，必要时调整			
	6 前风窗玻璃落水槽排水孔：清洁			
	7 刮水器／清洗装置：检查雨刮片，必要时更换；检查清洗装置功能，必要时调整并加注清洗液			
	8 发动机舱：检查燃油管路、真空管路、电气线路、制动管路、ATF 冷却器管路是否存在干涉或损坏，必要时调整			
	9 发动机机油及机油滤清器：更换（行驶里程较少的车辆建议每 12 个月更换） （注：如拆卸油底壳放油螺栓，必须更换） 选择机油类型：□专用机油　□优选机油　□高端机油			
	10 冷却系统：检查冷却液冰点数值____℃，检查系统是否泄漏，必要时补充原装冷却液（G12++ 或 G13） （标准值：−35℃，极寒地区可低于 −35℃。请使用折射计 T10007A 检测冷却液冰点数值）			
	11 空气滤清器：清洁罩壳和滤芯			
	12 蓄电池：观察蓄电池上电眼，必要时使用蓄电池检测仪检测蓄电池状况，检查正负极连接状态			
	13 前照灯：检查灯光，必要时调整			
	14 转向横拉杆／稳定杆／连接杆：检查是否有间隙，连接是否牢固			
	15 车身底部：检查燃油管、制动液管是否干涉以及底部保护层是否损坏，排气管是否泄漏，固定是否牢靠			
	16 底盘螺栓：检查并按规定扭矩紧固			
	17 制动系统：检查制动液管路、制动系统零部件是否泄漏，检查制动液液面，必要时补充			

第一联　维修站存档联　第二联　客户联

<table>
<tr><th colspan="5" rowspan="2">保养类型</th><th rowspan="2">保养内容</th><th colspan="3">保养检查情况</th></tr>
<tr><th>正常</th><th>不正常</th><th>已调整</th></tr>
<tr><td rowspan="22">每 60 000 km 常规保养</td><td rowspan="19">每 30 000 km 常规保养</td><td rowspan="11">每 20 000 km 常规保养</td><td rowspan="8">每 10 000 km 常规保养</td><td rowspan="3"></td><td>18 轮胎／轮毂（包括备胎）：检查轮胎磨损情况，必要时进行轮胎换位，同时校正轮胎气压（若配备胎压报警功能，在校正轮胎气压后，必须进行标定）</td><td></td><td></td><td></td></tr>
<tr><td>19 车轮固定螺栓：检查并按规定扭矩紧固</td><td></td><td></td><td></td></tr>
<tr><td>20 试车：性能检查</td><td></td><td></td><td></td></tr>
<tr><td></td><td>21 保养周期显示器：复位</td><td></td><td></td><td></td></tr>
<tr><td></td><td>22 空调系统冷凝排水：检查，必要时清洁</td><td></td><td></td><td></td></tr>
<tr><td></td><td>23 活动天窗：检查功能，清洁导轨，涂敷专用油脂</td><td></td><td></td><td></td></tr>
<tr><td></td><td>24 车门限位器，固定销，门锁，发动机盖／行李舱盖铰链和锁扣：检查功能并润滑</td><td></td><td></td><td></td></tr>
<tr><td></td><td>25 变速器／传动轴护套：检查有无渗漏和损坏，连接是否牢固</td><td></td><td></td><td></td></tr>
<tr><td></td><td></td><td>26 灰尘及花粉过滤器：更换滤芯（行驶里程较少的车辆建议每 12 个月更换）</td><td></td><td></td><td></td></tr>
<tr><td></td><td></td><td>27 空气滤清器：更换滤芯（行驶里程较少的车辆建议每 12 个月更换）</td><td></td><td></td><td></td></tr>
<tr><td></td><td></td><td>28 活动天窗排水功能：检查，必要时清洁</td><td></td><td></td><td></td></tr>
<tr><td></td><td></td><td></td><td>29 火花塞：更换</td><td></td><td></td><td></td></tr>
<tr><td></td><td></td><td></td><td>30 发动机燃烧室和进气道：用内窥镜检查积碳情况，必要时请使用上海大众专用汽油清净剂</td><td></td><td></td><td></td></tr>
<tr><td></td><td></td><td></td><td>31 楔形皮带：检查，必要时更换；每 100 000 km 更换</td><td></td><td></td><td></td></tr>
<tr><td></td><td></td><td></td><td>32 正时齿形皮带：检查（首次 90 000 km），必要时更换</td><td></td><td></td><td></td></tr>
<tr><td></td><td></td><td></td><td>33 正时齿形皮带张紧轮：检查（首次 90 000 km），必要时更换</td><td></td><td></td><td></td></tr>
<tr><td></td><td></td><td></td><td>34 水泵齿形皮带：检查（首次 90 000 km），必要时更换</td><td></td><td></td><td></td></tr>
<tr><td></td><td></td><td></td><td>35 制动盘及制动摩擦片：检查厚度及磨损情况，必要时更换</td><td></td><td></td><td></td></tr>
<tr><td></td><td></td><td></td><td>36 尾气排放：检测</td><td></td><td></td><td></td></tr>
<tr><td></td><td></td><td></td><td></td><td>37 燃油滤清器：更换</td><td></td><td></td><td></td></tr>
<tr><td></td><td></td><td></td><td></td><td>38 手动变速器：检查变速器齿轮油液位，必要时补充或更换</td><td></td><td></td><td></td></tr>
<tr><td></td><td></td><td></td><td></td><td>39 自动变速器：更换变速器 ATF</td><td></td><td></td><td></td></tr>
<tr><td colspan="5">特殊项目</td><td>40 制动液：更换（每 24 个月或每 50 000 km，以先到者为准）</td><td></td><td></td><td></td></tr>
</table>

说明：1）本表的保养内容适用于上海大众生产的新朗逸（New Lavida）、朗行（Gran Lavida）、朗境（Cross Lavida）1.6 L 配备 EA211 发动机系列车型。保养项目需根据车型的不同配置进行选择。

2）本表的保养内容和周期是根据汽车在正常行驶情况下制订的。对于使用条件比较恶劣的车辆 ，特别是经常停车／启动以及常在低温情况下使用的车辆，应经常检查机油液面，并建议每 5 000 km 更换机油和机油滤清器。

3）在灰尘较大环境里行驶的车辆，应缩短空气滤清器滤芯和空调系统花粉过滤器的保养间隔（如每 5 000 km 更换）。注：花粉过滤器滤芯脏污将影响空调制冷效果，请注意检查并及时更换。

4）每次保养时请在表格上方的里程表相应的空格位置内打钩。

5）本表内容将根据车辆技术状态变化进行调整，请以最新版本为准。

检修工签字（日期）：＿＿＿＿＿　检验员签字（日期）：＿＿＿＿＿　客户签字（日期）：＿＿＿＿＿

图 2-1-2　上海大众 Lavida 系列 1.6（EA211）车型保养表格

任务2 5 000 km维护准备工作

学习目标

1．了解汽车维护前的规范要求。
2．熟悉维护车辆的各项基本功能操作。
3．掌握汽车维护前的准备工作。

任务描述

汽车维护前准备工作的规范程度，体现企业的管理水平，也体现维修技师的专业素养。在车辆维护中，维修技师必须熟悉维护车辆的基本功能操作，使车辆维护工作能安全、高效、顺利地进行。

知识准备

一、维护工位的准备

1．准备相关材料和设备

准备车轮挡块、举升机支撑垫块、尾气收集装置、压缩空气、照明设备等，如图 2–2–1 和图 2–2–2 所示。

图 2–2–1 车轮挡块、举升机支撑垫块

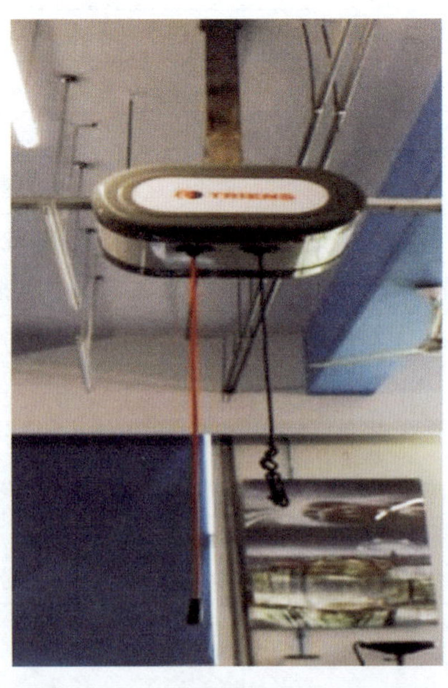

图 2–2–2 压缩空气源和照明电源

2. 准备工具车、零件车

车辆举升工位如图 2–2–3 所示，工具车、零件车停放在工位中的固定位置。

图 2–2–3　车辆举升工位

3. 准备垃圾桶、消防箱

注重环境保护，垃圾需分类收集。坚持“安全第一、预防为主”的安全生产方针，做到有备无患。消防设施应完好齐全，如图 2–2–4 所示。

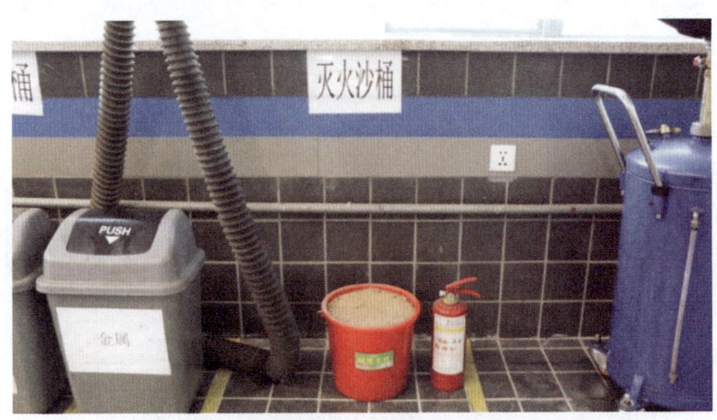

图 2–2–4　消防设施

二、维护车辆的准备及基本功能操作

1．车辆停放周正，安放车轮挡块。

2．安放车辆内三套一垫（座椅套、转向盘套、变速杆套、地板垫）。

3．检查车辆变速杆位置、拉紧驻车制动器、降下车窗玻璃。

4．打开发动机舱盖、行李舱盖、油箱盖。

5．安放车辆外三件套（左、右翼子板布及格栅布）。

任务实施

本任务以 1.6 手动挡轿车 5 000 km 维护作业为例，进行维护工位的准备、维护车辆的准备、维护车辆功能的基本操作。

工具器材

序号	名称	规格	数量
1	轿车	1.6MT	1 辆
2	举升机	剪式	1 台
3	车轮挡块、举升机支撑垫块		各 4 块
4	车辆防护用品		1 套
5	尾气抽排装置		1 台
6	工具车、零件车		各 1 辆
7	清洁用抹布		若干
8	常用工具和量具	世达	1 套

一、维护工位的准备

1. 车辆举升工位应干净整洁。准备车轮挡块、举升机、尾气抽排装置、压缩空气、照明设备等。

2. 准备工具车、零件车。

二、维护车辆的准备及基本检查

1. 将车辆停放周正，安放车轮挡块，如图 2–2–5 所示。

图 2–2–5 安放车轮挡块

（1）车轮挡块可放置在任意车轮的前后。

（2）车轮挡块要与轮胎外边沿平齐。

（3）在放置车轮挡块时，车轮挡块不能撞击轮胎或轮毂，以免对车轮造成损伤。

2．安放车辆内三套一垫。

（1）双手操作安装转向盘套，转向盘套应完全罩住转向盘，如图 2–2–6 所示。

（2）双手安装座椅套，座椅套应将座椅全部罩住，如图 2–2–7 所示。

图 2–2–6　安装转向盘套

图 2–2–7　安装座椅套

（3）安装变速杆套。

（4）安装地板垫，如图 2–2–8 所示。地板垫放置要平整、不允许歪斜，地板垫上的品牌标识和单位名称正向应朝向车辆前方。

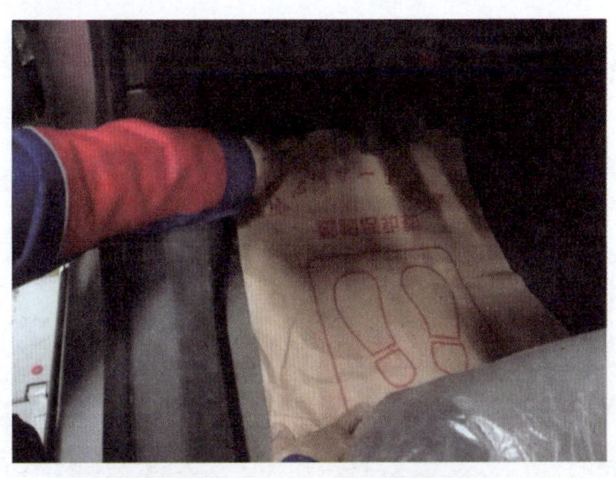

图 2–2–8　安装地板垫

注意：在放置地板垫时，手中的其他物品不允许放在驾驶员座椅、乘员座椅、仪表台等部位。

3．检查车辆变速杆位置、拉紧驻车制动器、降下车窗玻璃。

（1）进入驾驶室，确认驻车制动器已拉紧、变速杆位于空挡位置（自动变速器则位于 P 挡位置）。

（2）打开点火开关，降下车窗玻璃，关闭点火开关。

4．打开发动机舱盖，安装外三件套。

（1）拉起发动机舱盖释放杆，如图 2–2–9 所示。

发动机舱盖释放杆位于仪表台左下侧，释放杆上有图标指示。操作时，用右手四指向外拉动发动机舱盖释放杆，防止用力过猛将拉手损坏。

（2）打开发动机舱盖，如图 2-2-10 所示。

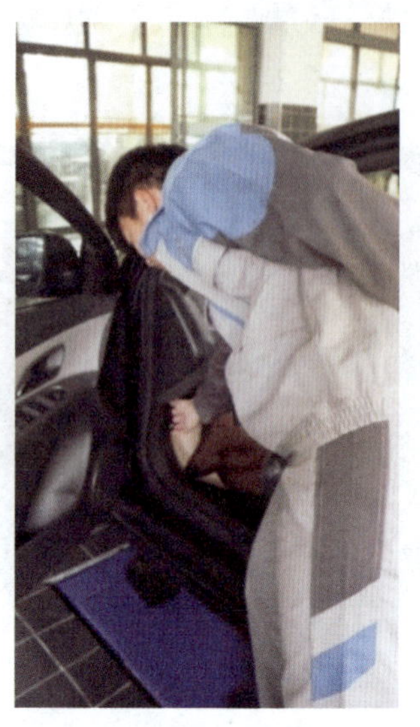

图 2-2-9 拉起发动机舱盖释放杆

图 2-2-10 打开发动机舱盖

用右手四指向右拨动发动机舱盖挂钩，双手向上掀开发动机舱盖到一定角度。一只手支撑住发动机舱盖，另一只手拉起发动机舱盖支撑杆，并将发动机舱盖支撑杆可靠放入发动机舱盖上的支撑孔位。不同车型发动机舱盖的打开方式有所不同，可查阅车辆维修手册。

（3）安装车辆外三件套（左、右翼子板布及格栅布），如图 2-2-11 所示。

图 2-2-11 安装车辆外三件套

翼子板布要有效遮挡车身部位，有品牌标识和企业名称的一面应朝外。放置翼子板布和格栅布的目的是防止作业人员衣物上的硬物或其他物件划伤车身漆面。翼子板布有长方形和带分叉形两类。翼子板布和格栅布内部有磁铁，可以牢靠地吸附在车辆上。

5．打开行李舱盖

（1）按压遥控钥匙“解锁”按钮，再按压行李舱盖下方的锁扣释放按钮，即可打开行李舱盖，如图 2-2-12 所示。

（2）打开行李舱盖，用双手支撑行李舱盖，检查行李舱盖的螺栓和螺母是否松动，如图 2-2-13 所示。

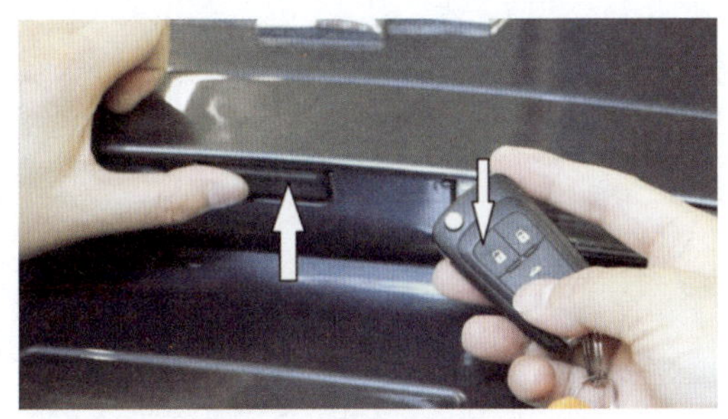
图 2-2-12　行李舱锁扣释放按钮

图 2-2-13　检查行李舱盖的固定情况

6．打开油箱盖

（1）在车门解锁状态下，按压加油口盖，加油口盖锁扣即可释放，如图 2-2-14 所示。

（2）检查加油口盖是否变形或损坏。

（3）检查油箱盖，油箱盖拧紧时，应发出"咔咔"声，而且能自由旋转，如图 2-2-15 所示。

图 2-2-14　打开加油口盖

图 2-2-15　检查油箱盖

任务 3　灯光信号的检查与维护

学习目标

1．了解汽车灯光信号的种类。

2．熟悉车内、外照明灯及车外信号灯的功能。

3．掌握车内、外照明灯及车外信号灯的操作及检查方法。

任务描述

汽车照明灯、信号灯发生故障的概率比较高，有些车型的某些灯光出现故障，仪表板上会有故障提示；有些灯光出现故障后，仪表板上没有故障提示，驾驶员很难发现。汽车灯光信号的正常与否，对于行车安全至关重要，因此，及时、规范地对汽车灯光信号进行检查与维护是非常重要的。

知识准备

一、车内照明灯

车内照明灯主要有阅读灯、车厢灯、行李舱灯，有些车辆还有手套箱灯、烟灰缸灯等。

1. 阅读灯

阅读灯的作用是对车厢内部进行照明，如图 2–3–1 所示。前排阅读灯位于前排座椅中间的车顶位置，按压开关按钮可以打开、关闭阅读灯，如图 2–3–2 所示。后排阅读灯位于后排座椅车顶中央位置或两侧。

图 2–3–1 阅读灯

图 2–3–2 阅读灯开关

2. 车厢灯

车厢灯位于前排或车厢中部的车厢顶部，上下车时，由门控开关控制自动开启，并延迟一段时间后关闭，如图 2–3–3 所示。门控开关位于车门与车身结合部位，如图 2–3–4 所示，用于监控车门是否处于关闭状态。

图 2–3–3 车厢灯

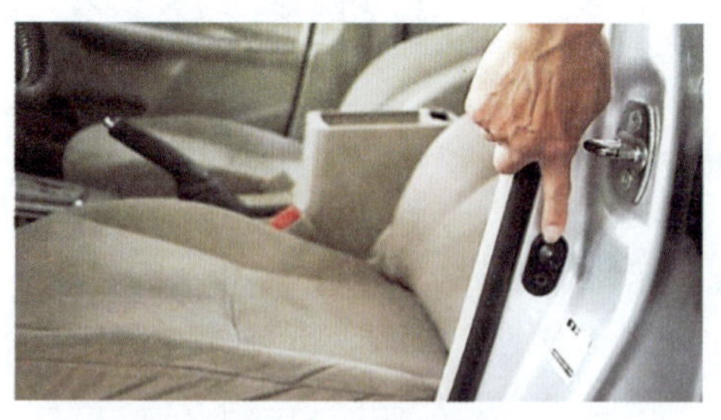

图 2–3–4 门控开关位置

（1）[车门图标]：自动开启和关闭。

（2）[灯亮图标]：始终开启。

（3）[灯灭图标]：始终关闭。

3. 行李舱灯

行李舱灯位于行李舱内部一侧，如图 2–3–5 所示，方便驾驶员在晚间或光线不足的情况下存取物品。有的车型行李舱灯还设有开关，如图 2–3–6 所示。

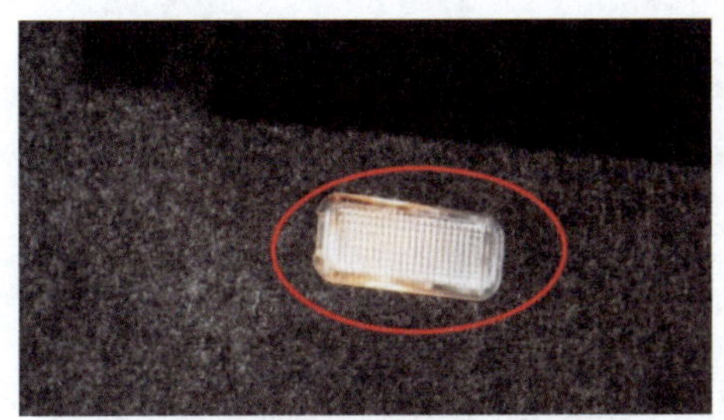

图 2–3–5　行李舱灯

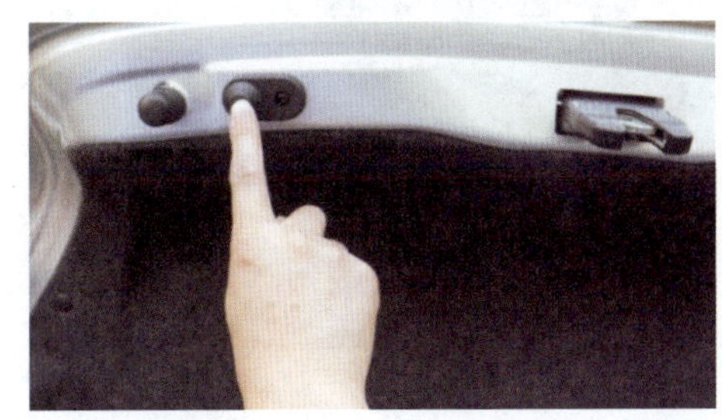

图 2–3–6　行李舱灯开关

二、车外照明灯

车外照明灯主要有前照灯、雾灯、倒车灯、牌照灯等。

1. 前照灯

前照灯是指装于汽车头部两侧，用于夜间行车的照明装置。前照灯具有远、近光变换功能，如图 2–3–7 所示。前照灯的功能通过操作灯光组合开关及灯光组合开关杆来实现。

近光灯

远光灯

图 2–3–7　前照灯

（1）近光灯

如图 2–3–8 所示，将灯光组合开关顺时针旋到图示挡位，近光灯应亮起。

（2）远光灯（常亮）

如图 2–3–9 所示，在近光灯打开的情况下，按图示位置压下灯光组合开关杆，远光灯及仪表板上的指示灯应亮起。

（3）远光灯（单次远光）

如图 2–3–10 所示，在灯光组合开关位于任意位置时，按图示位置提拉灯光组合开关杆，则前照灯远光灯亮起（单次远光），仪表板上指示灯也应亮起。松开灯光组合开关杆，则其自动回位，远光灯熄灭。

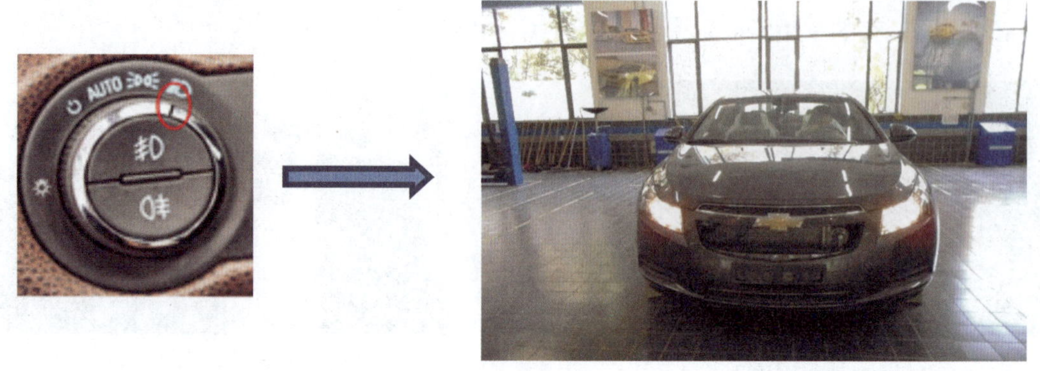

图 2-3-8　近光灯

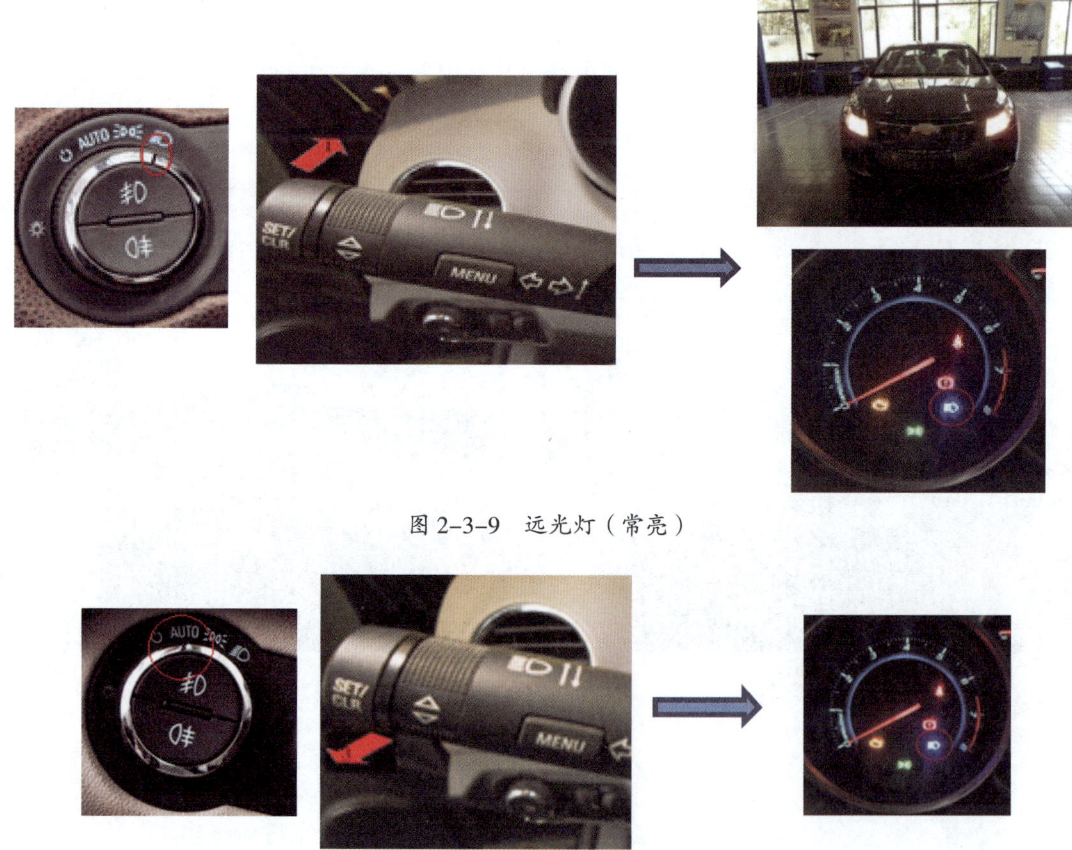

图 2-3-9　远光灯（常亮）

图 2-3-10　远光灯（单次远光）

2. 雾灯

汽车雾灯安装于汽车的前部和后部，如图 2-3-11 所示，用于在雨雾天气行车时为道路照明并提供安全警示，提高驾驶员与周围交通参与者的能见度。

图 2-3-11　前后雾灯

（1）前雾灯

在示廓灯打开的情况下，将灯光组合开关中间的前雾灯开关按钮按下，则前雾灯及仪表板上的前雾灯指示灯点亮，如图 2-3-12 所示。

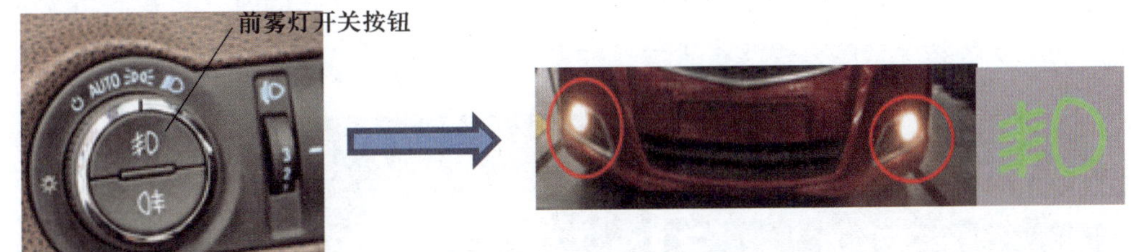

图 2-3-12　前雾灯

（2）后雾灯

在前雾灯亮起的前提下，将灯光组合开关中间的后雾灯开关按钮按下，则后雾灯及仪表板上的后雾灯指示灯点亮，如图 2-3-13 所示。

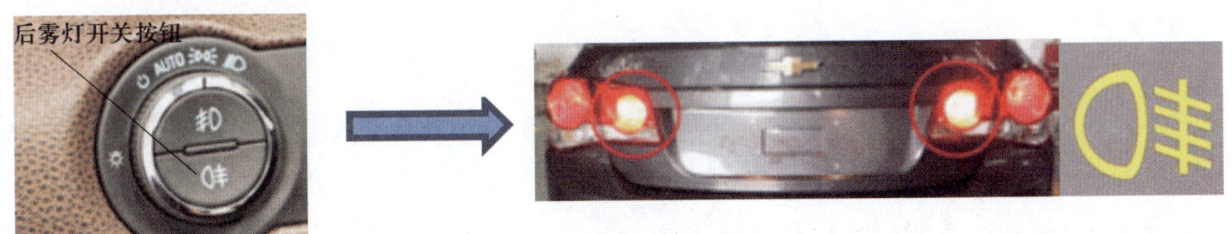

图 2-3-13　后雾灯

3. 倒车灯

将手动变速器置于倒挡或自动变速器置于“R”挡，倒车灯应亮起，如图 2-3-14 所示。在倒车时，倒车灯能提示车后的行人或车辆，起警示作用。

三、车外信号灯

车外信号灯主要有示廓灯（小灯）、转向灯、危险警告灯、制动灯、牌照灯等。

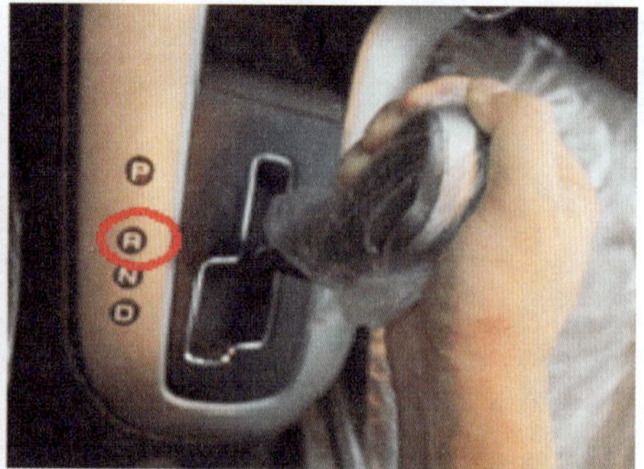

图 2-3-14 倒车灯

1. 转向灯

将灯光组合开关杆向上（或向下）拨至“位置 1”，则左（或右）转向灯及仪表板上左（或右）转向灯指示灯亮起，如图 2-3-15 所示；若将灯光组合开关杆向上或向下拨至“位置 2”，则转向灯闪烁 3 下，发出变换车道信号。在转向前打开转向灯，主要向行人或过往车辆发出驾驶员的转向意图，提醒行人或过往车辆注意避让。

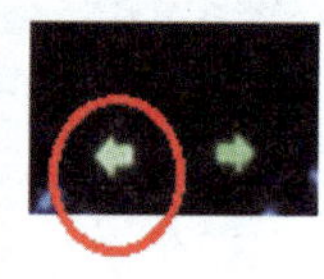

图 2-3-15 转向灯

2. 危险警告灯

将仪表板中央的危险警告灯按钮（红色三角形）按下，则危险警告灯亮起（即所有转向灯同时亮起闪烁），如图 2-3-16 所示，仪表板上指示灯也应同时点亮。打开危险警告灯，主要是向行人或过往车辆提示有危险或紧急情况。

图 2-3-16 危险警示灯

3. 制动灯

踩踏制动踏板时，制动灯及高位制动灯应亮起，如图 2–3–17 所示。在进行车辆制动时，制动灯点亮，仪表板上  指示灯熄灭。制动灯点亮将对车后的车辆或行人起到警示的作用，避免追尾事故发生。

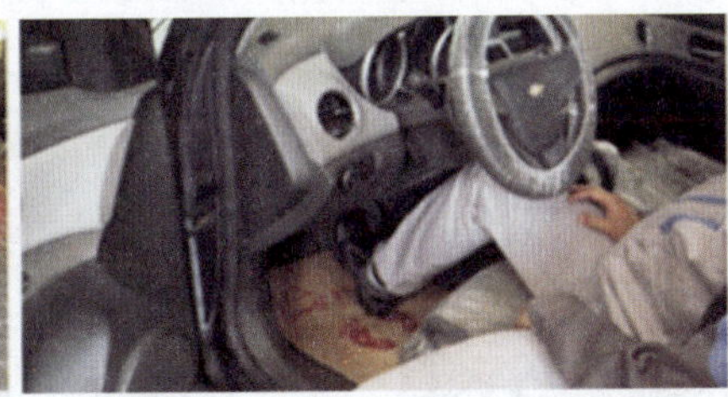

熄灭

图 2–3–17　制动灯

任务实施

本任务以 1.6 手动挡轿车为例，进行实训。

工具器材

序号	名称	规格	数量
1	实训车辆	1.6MT	1 辆
2	举升机	剪式	1 台
3	车轮挡块		4 块
4	车辆防护用品		1 套
5	尾气抽排装置		1 台
6	工作台		1 张
7	清洁用抹布		若干
8	常用工具和量具	世达	1 套

一、车内照明灯检查与维护

1. 维护前的准备工作

（1）车辆进入工位前，清理工位卫生，排除障碍物，准备相关的工具、物品、耗材等。

（2）安装、铺设内三件套（转向盘套、座椅套、地板垫）；将车辆停放在举升机的中央位置，拉紧驻车制动器；将变速器置于空挡，安装好车轮挡块；释放发动机舱盖拉手。

（3）打开点火开关至“ON”挡（不用启动发动机）。

2. 检查阅读灯

分别按下两个阅读灯开关，阅读灯应能点亮，如图 2-3-18 所示。

3. 检查车厢灯

（1）将开关拨至“1”位，车厢灯应能点亮，如图 2-3-19 所示。

图 2-3-18　检查阅读灯

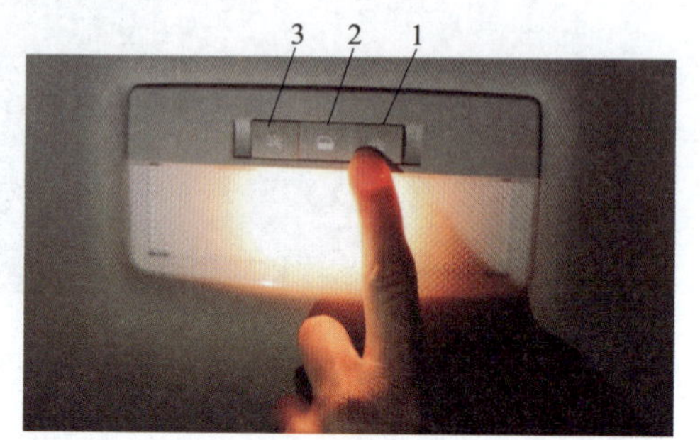

图 2-3-19　检查车厢灯

（2）关闭所有车门，将开关拨至“2”位，车厢灯应能熄灭。

（3）逐一打开各扇车门，车厢灯能点亮；关闭车门后，能延时熄灭。

4. 检查行李舱灯

打开行李舱盖，行李舱灯应能点亮，如图 2-3-20 所示。

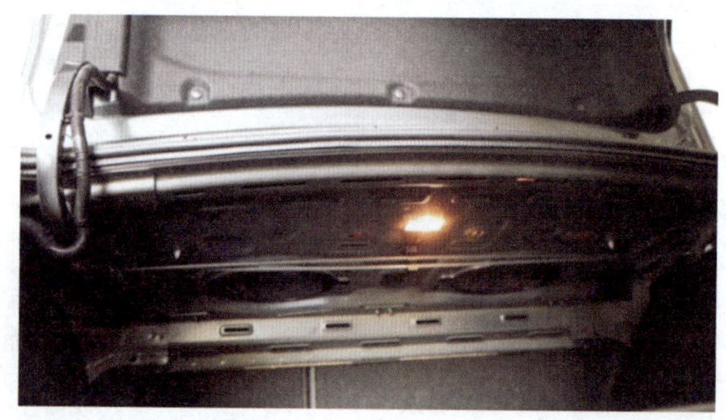

图 2-3-20　检查行李舱灯

5. 结束工作

关闭点火开关，将车辆复位。

二、车外照明灯检查与维护

1. 检查示廓灯

（1）打开点火开关至“ON”挡，将灯光组合开关旋到。两人协作（一人在车内，一人在车外）检查，如图 2-3-21 所示。

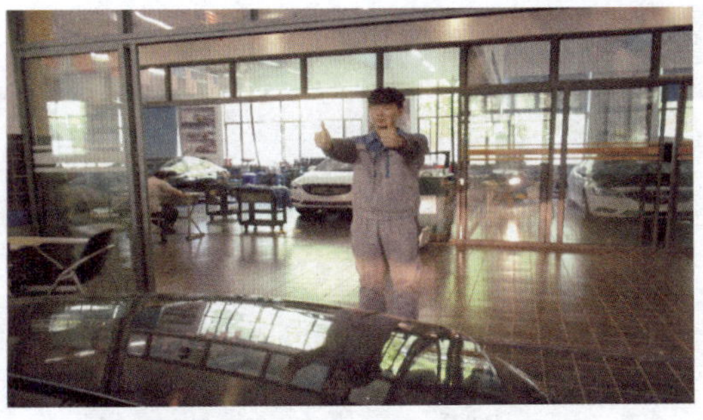

图 2-3-21　检查示廓灯

（2）检查仪表照明灯是否点亮，如图 2-3-22 所示。

图 2-3-22　仪表照明灯点亮

（3）检查前示廓灯是否点亮，如图 2-3-23 所示（后示廓灯检查方法相同）。

（4）检查牌照灯是否点亮，如图 2-3-24 所示。

图 2-3-23　前示廓灯点亮

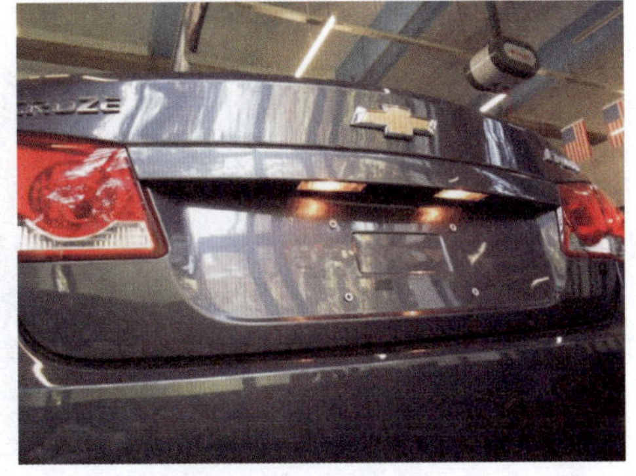

图 2-3-24　牌照灯点亮

（5）检查尾灯总成安装有无松动。

（6）检查尾灯总成壳体有无开裂、油污、内部起雾等现象。

2. 检查前照灯

（1）将灯光组合开关旋到 ，如图 2-3-25 所示；检查前照灯（近光灯）是否点亮，如图 2-3-26 所示。

图 2-3-25　灯光组合开关处于

图 2-3-26　前照灯（近光灯）点亮

（2）按压灯光组合开关杆，如图 2-3-27 所示；检查远光灯是否点亮，如图 2-3-28 所示；检查仪表板上的指示灯是否点亮，如图 2-3-29 所示。

图 2-3-27　按压灯光组合开关杆

图 2-3-28　检查远光灯

图 2-3-29　仪表板上远光指示灯

（3）提拉灯光组合开关杆，检查前照灯变光器是否正常。

（4）检查前照灯总成安装有无松动。

（5）检查前照灯壳体有无开裂、油污、内部起雾等现象。

3. 检查前、后雾灯

（1）将灯光组合开关旋到 ，如图 2-3-30 所示。

（2）将灯光组合开关中间上方的前雾灯开关按下，如图 2-3-31 所示；检查仪表板上的前雾灯指示灯是否点亮，如图 2-3-32 所示；检查前雾灯是否点亮，如图 2-3-33 所示。

图 2-3-30　灯光组合开关处于

图 2-3-31　按下前雾灯开关

图 2-3-32　检查仪表板上前雾灯指示灯

图 2-3-33　检查前雾灯

（3）将灯光组合开关中间下方的后雾灯开关按下，检查仪表板上的后雾灯指示灯是否点亮，如图 2-3-34 所示；检查后雾灯是否点亮，如图 2-3-35 所示。

图 2-3-34　检查仪表板上后雾灯指示灯

图 2-3-35　检查后雾灯

4. 结束工作

关闭点火开关，将车辆复位。

三、车外信号灯检查与维护

1. 检查转向灯

（1）准备工作同上。打开点火开关至“ON”挡，将灯光组合开关杆向下或向上拨至位置“1”(扳到底)，听到“咔哒”一声，如图 2–3–36 所示。

（2）分别检查车辆前部左、右转向灯及仪表板上左、右转向灯指示灯是否点亮，如图 2–3–37 所示；检查车辆后部左右转向灯是否点亮。

图 2–3–36 将转向灯开关拨至“1”位置

图 2–3–37 检查左右转向灯

（3）检查转向开关自动返回功能。如图 2–3–38 所示，打开转向灯后，转动转向盘进行转弯操作，当转弯完成转向盘回正时，听到“咔哒”声，转向灯自动熄灭，说明回位功能正常。

注意：若转向盘转动幅度很小，转向灯需手动回位关闭。

（4）检查转向灯“一触三闪”功能。如图 2–3–39 所示，将灯光组合开关杆向上或向下轻轻扳动至有阻力，检查转向灯是否闪烁 3 下，发出变换车道信号。

图 2–3–38 检查转向灯自动返回功能

图 2–3–39 检查转向灯变换车道信号功能

2. 检查危险警告灯

（1）按下危险警告灯开关，如图 2–3–40 所示。

（2）检查车外危险警告灯（前）是否点亮，如图 2–3–41 所示。

图 2–3–40　按下危险警告灯开关

图 2–3–41　检查危险警告灯

（3）检查车外危险警告灯（后）是否点亮，方法同前。

3. 检查制动灯

（1）踩下制动踏板。

（2）检查制动灯、高位制动灯是否点亮，如图 2–3–42 所示。

4. 检查倒车灯

（1）挂倒挡。

注意：挂倒挡时必须同时踩下制动踏板或离合器踏板，确保安全。

（2）检查倒车灯是否点亮，如图 2–3–43 所示。

图 2–3–42　检查制动灯、高位制动灯

图 2–3–43　检查倒车灯

5. 结束工作

关闭点火开关，将车辆复位。

任务 4　发动机舱的检查与维护

学习目标

1．了解机油、冷却液的相关知识。

2．熟悉 5 000 km 维护时发动机舱的检查与维护项目。

3．掌握机油及机油滤清器的更换方法。

4．掌握冷却系统的检查方法。

5．掌握蓄电池的检查方法。

6．掌握发动机舱内管路的检查方法。

任务描述

在车辆行驶到 5 000 km 时，对发动机舱内的维护可以集中进行，这些项目包括：发动机舱内的管路检查，机油及机油滤清器的更换，冷却系统的检查，蓄电池的检查和空气滤清器的清洁等。这些项目集中完成，可以提高工作效率。

知识准备

一、机油的作用

机油是发动机润滑油的简称，如图 2–4–1 所示。发动机是汽车的心脏，发动机内有许多相互摩擦运动的金属表面，这些部件运动速度快、工作环境差，工作温度可达 400 ~ 600℃。在这样恶劣的工况下，合格的润滑油可以降低发动机零件的磨损，延长其使用寿命。机油的作用是：润滑、辅助冷却、清洗清洁、密封防漏、防锈防蚀。

图 2–4–1　机油

二、机油的构成

机油由 70% ~ 80% 的基础油和 20% ~ 30% 的添加剂构成。基础油是润滑油的主要成分，决定着润滑油的基本性质；添加剂可弥补和改善基础油性能方面的不足，是润滑油的重要组成部分。

基础油主要分为矿物基础油和合成基础油两大类。合成基础油又分为全合成基础油和半合成基础油。如果基础油全部用酯类或聚烯类，则称为全合成基础油；若只有部分采用酯类或聚烯类，则称为半合成基础油。矿物基础油的制造过程比合成基础油简单，所以成本也低。

相比较而言，全合成机油抗氧化性更好、挥发性更低，更加节能和环保。

三、机油的分类

1. 质量等级分类

美国石油研究所（API）根据机油的使用性能及使用场合不同，将发动机机油分为汽油机系列（S 系列）和柴油机系列（C 系列），每个系列又分为若干等级，见表 2-4-1。

表 2-4-1　API 机油的分类

API	汽油机机油说明	质量	API	柴油机机油说明	质量
SN SM SL SJ SH SG	适用于在各种条件下工作的发动机	高 ↑ 低	CF-4	提供比 CF 等级更好的特性和质量	高 ↑ 低
			CF	提供比 CE 等级更好的抗热性能	
SF	适用于在连续高速、高温并且反复停机、开机条件下工作的发动机		CE	适用于在低速、高负载条件和高速、高负载条件下工作的发动机	
SE	适用于在比 SD 等级更为严酷的条件下工作的发动机		CD	适用于在高速、高功率输出条件下工作的发动机	
SD SC SB SA	已停止使用		CC	适用于在比 CB 等级更严酷的条件下工作的发动机	
			CB CA	已停止使用	

各类机油等级字母排序越靠后，其使用性能越好。汽油机系列中 SN 是最高级别。在汽油机使用中 SA 到 SD 等级和柴油机中 CA、CB 等级已经停止使用。

2. 黏度等级分类

根据黏度的不同，机油分为单级机油和多级机油。单级机油仅能满足冬季低温使用或夏季高温使用的黏度要求，分为冬季用机油（W 级）和非冬季用机油。

冬季用机油的牌号有 0 W、5 W、10 W、15 W、20 W 等，符号 W 是英文单词“Winter”的缩写，代表“冬季”的意思。W 前面的数字表示：

0 表示 –40℃时，机油可以保持液态；低于 –40℃时，机油流动性会很差。

5 表示 –35℃时，机油可以保持液态；低于 –35℃时，机油流动性会很差。

10 表示 –30℃时，机油可以保持液态；低于 –30℃时，机油流动性会很差。

15 表示 –25℃时，机油可以保持液态；低于 –25℃时，机油流动性会很差。

20 表示 –20℃时，机油可以保持液态；低于 –20℃时，机油流动性会很差。

前面数字越小，低温流动性越好，其耐寒能力越高。在冬季北方靠近高纬度地区，一般建议采用 0 W 等级的机油。

非冬季用机油牌号有 20、30、40、50、60 等。数字越大表明机油在 100℃时的黏度越大，说明机油在高温下的保护性能越好。数字表示：

20 表示黏度为 5.6 ~ 9.3。

30 表示黏度为 9.3 ~ 12.5。

40 表示黏度为 12.5 ~ 16.3。

50 表示黏度为 16.3 ~ 21.9。

60 表示黏度为 21.9 ~ 26.1。

多级机油能满足全年气候使用的黏度要求，常见的牌号有 5W–30、10W–30、15W–40、20W–50 等。牌号中代表冬用部分的数字越小，代表非冬用部分的数字越大，机油适用的环境温度范围越大，如图 2–4–2 所示。

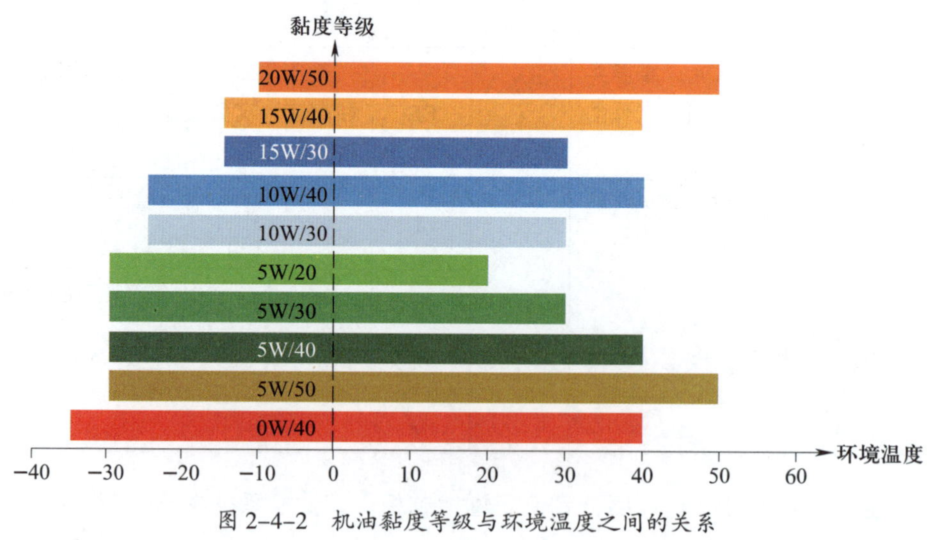

图 2–4–2 机油黏度等级与环境温度之间的关系

四、冷却液

发动机冷却液在发动机冷却系统中循环流动，将发动机工作中产生的多余热量带走，使发动机能以正常的工作温度运转。冷却液中一般还加有防冻剂。

现在广泛使用长效冷却液，由乙二醇与水混合而成，其最佳混合比例为 1∶1，有些车辆使用自身品牌的专用冷却液。

冷却液需要定期更换，周期一般为两年。

任务实施

本任务以 1.6 手动挡轿车为例，进行实训。

工具器材

序号	名称	规格	数量
1	实训车辆	1.6MT	1 辆
2	举升机	剪式	1 台
3	车轮挡块		4 块
4	车辆防护用品		1 套
5	尾气抽排装置		1 台
6	工作台		1 张
7	清洁用抹布		若干
8	常用工具和量具	世达	1 套
9	机油收集器		1 台
10	机滤扳手		1 个
11	冰点检测仪		1 台
12	吸管		1 个
13	浮子式密度计		1 个

一、机油的液位检查与更换

发动机机油使用一段时间后会变脏、变黑，造成发动机润滑不良，磨损加剧，动力性下降，所以必须定期检查及更换机油。

1．车辆进入工位前，清理工位卫生，排除障碍物，准备相关的工具、物品、耗材等。

2．安装、铺设内三件套；将车辆停放在举升机的中央位置，拉紧驻车制动器；将变速器置于空挡，安装好车轮挡块；释放发动机舱盖拉手。

3．打开发动机舱盖，检查机油液位，如图 2–4–3 所示。

（1）取出机油刻度尺，用抹布擦拭干净。

（2）将机油刻度尺插入原位。

（3）再次拔出机油刻度尺，查看机油液位。

（4）如果机油液位不正常，应检查原因。

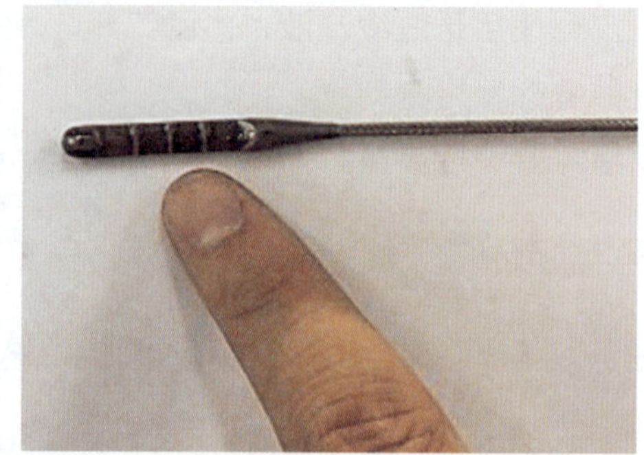

图 2-4-3 检查机油液位

4．拆下机油加注口盖，如图 2-4-4 所示，用干净的布遮住。

5．用举升机将车辆举升至适当高度。

6．准备机油收集器，如图 2-4-5 所示。

图 2-4-4 打开机油加注口盖

图 2-4-5 机油收集器

7．排放机油。

（1）用套筒扳手松开机油排放塞，如图 2-4-6 所示。

（2）用手小心旋下排放塞，排放机油，如图 2-4-7 所示。

图 2-4-6 松开机油排放塞

图 2-4-7 排放机油

注意：作业过程中应戴好橡胶手套（不要戴棉纱手套），避免被高温机油烫伤。

8．更换机油滤清器。

（1）用机滤扳手拆卸机油滤清器。

（2）在新机油滤清器的密封圈上涂抹一层新机油。

（3）用手将机油滤清器螺栓拧紧到位。

（4）用专用工具将机油滤清器螺栓按规定力矩拧紧，如图 2–4–8 所示。

9．安装机油排放塞。

（1）等旧机油放尽后，更换机油排放塞垫片。

（2）用手将排放塞拧紧到位，再将其按规定力矩拧紧。

10．加注机油。

（1）降下车辆。

（2）加注新机油，如图 2–4–9 所示。

图 2–4–8　拧紧机油滤清器螺栓

图 2–4–9　加注新机油

（3）通过机油尺检查机油液位，应加注至规定的刻度范围。

（4）拧紧机油加注口盖。

11．复查机油。

（1）接尾气抽排装置。

（2）启动发动机，运行 3 ～ 5 min。

（3）检查机油滤清器及排放塞处是否有渗漏。

（4）熄火后复查机油液位。

12．机油寿命复位。

（1）更换机油之后，多数车辆需要进行机油寿命复位。根据车型不同，按下转向盘上的“▶”按钮，或按下转向信号操纵杆上的“MENU”按钮，选择“车辆信息菜单”，如图 2–4–10 所示。

（2）转动转向信号操纵杆的调节轮，选择机油寿命。如图 2–4–11 所示，剩余机油寿命用“%”表示。一些车型还使用里程数表示机油寿命。

图 2-4-10 仪表板车辆信息菜单

图 2-4-11 选择机油寿命

（3）按下“√”或“Set/Clr”按钮，可复位发动机机油寿命检测系统，如图 2-4-12 所示。复位时点火开关应处于“ON”挡，但不启动发动机。复位后，机油寿命为 100%。

图 2-4-12 复位发动机机油寿命检测系统

（4）还可使用检测仪，通过发动机系统的匹配 / 调整功能进行机油寿命复位。

13．将车辆及工具复位。

二、冷却系统的检查

1．准备冰点检测仪，如图 2-4-13 所示。

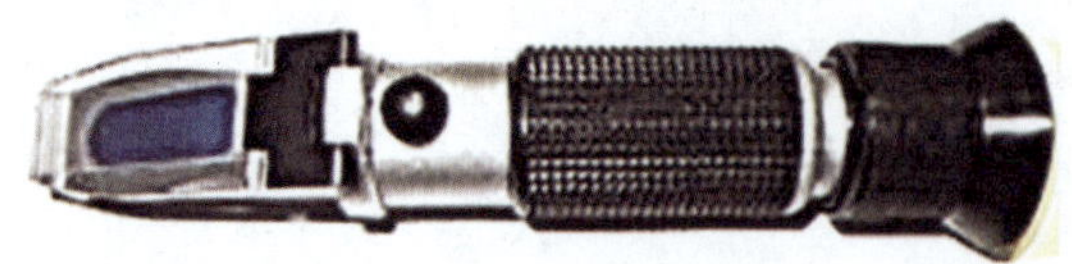
图 2-4-13 冰点检测仪

2．检查冷却液液位，如图 2-4-14 所示。如果液位偏低，应适当添加冷却液。

3．检查冷却系统管路是否泄漏。

4．检测冷却液冰点。

（1）清洁冰点检测仪。

（2）用蒸馏水进行校零。

（3）用吸管吸取少量冷却液，滴在冰点检测仪上。

（4）如图 2-4-15 所示，读取分界线数值，即为冷却液冰点，冰点应符合要求。

图 2-4-14 检查冷却液液位

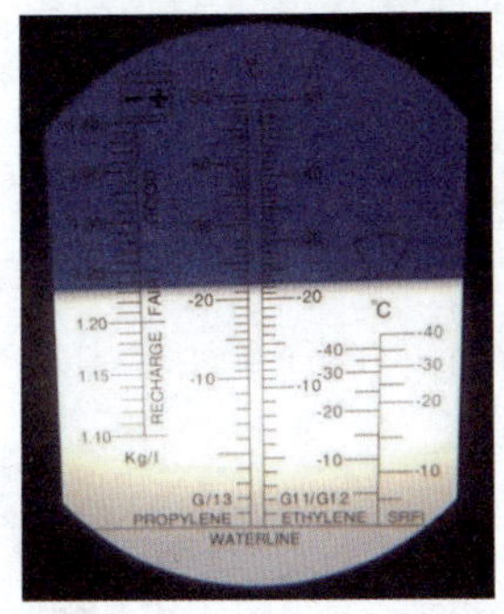

图 2-4-15 检查冷却液冰点

注意：冰点检测仪的视窗显示有 3 列刻度，从左向右分别指示的是电解液相对密度、冷却液冰点、喷洗液冰点。

（5）清洗吸管和冰点检测仪。

三、蓄电池的检查

1．准备维修工具。

2．检查蓄电池外壳，四周应无裂纹、无渗漏。

3．检查蓄电池接线柱端子是否有污垢、腐蚀，导线连接是否牢靠。

4．检查蓄电池电解液液位，如液位偏低，需适当添加蒸馏水，如图 2-4-16 所示。

图 2-4-16 检查蓄电池电解液液位

5．检测蓄电池电解液密度（对于免维护蓄电池，此项目免做）。

（1）对冰点检测仪进行清洁和校零。

（2）旋下蓄电池加注口盖。

（3）用吸管吸取少量电解液，滴在冰点检测仪上，盖上塑料盖板。

（4）将冰点检测仪对着光亮处观察，适当调节焦距。

（5）读取颜色分界线上的数值，读数为第一列刻度，如图 2-4-15 所示。密度应符合要求。在 20℃标准温度下，电解液的密度一般为 1.24 ～ 1.31 g/cm^3。

（6）清洗吸管和冰点检测仪。

（7）旋紧蓄电池加注口盖。

提示：

测量蓄电池电解液密度也可以使用浮子式密度计。用浮子式密度计吸取电解液，如图 2-4-17 所示。读取电解液液面指示刻度，如图 2-4-18 所示。如果指示为黄色或绿色，则表明蓄电池正常；如果指示为红色，则表明蓄电池电量不足。

图 2-4-17　吸取蓄电池电解液

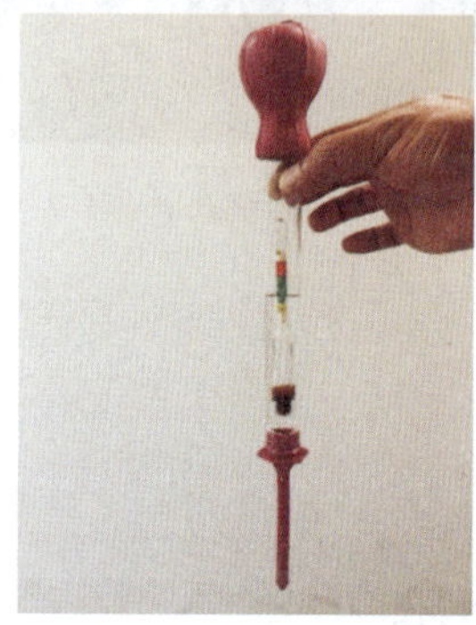

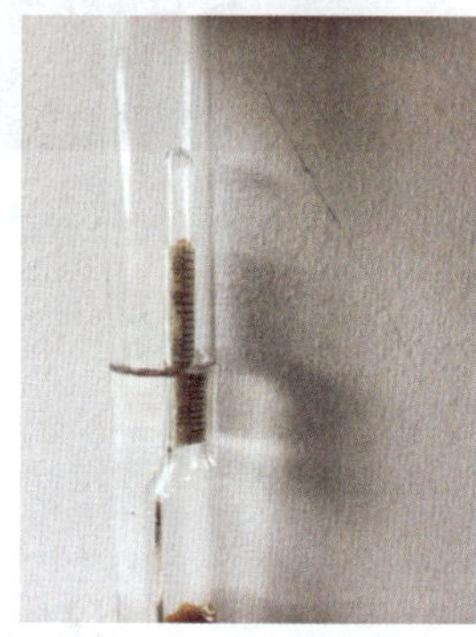

图 2-4-18　读取电解液液面指示刻度

对比颜色和刻度信息如下，如图 2-4-19 所示。黄色表示电已充足，密度为 1.25 ～ 1.30 g/cm^3；绿色表示电存半数，密度为 1.15 ～ 1.25 g/cm^3；红色表示电已用完，密度为 1.10 ～ 1.15 g/cm^3。

6．将维修工具复位。

7．如果是免维护蓄电池，则检查蓄电池电量指示是否正常。一般蓄电池上都有电量指示对比说明。电眼为黑色，表示蓄电池正常；电眼为白色，表示蓄电池需要更换或充电。如图 2-4-20 所示，电眼当前为黑色，表示蓄电池正常。

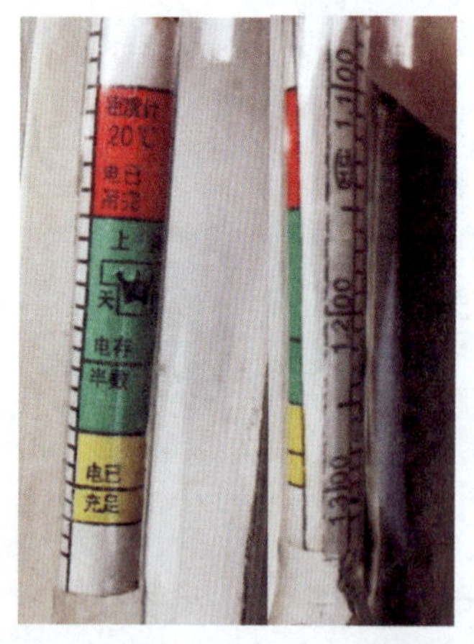

图 2-4-19　密度计刻度和颜色指示信息

图 2-4-20　蓄电池电眼

8．有的免维护蓄电池没有电眼，如图 2–4–21 所示，检测蓄电池时应使用蓄电池检测仪，如图 2–4–22 所示。

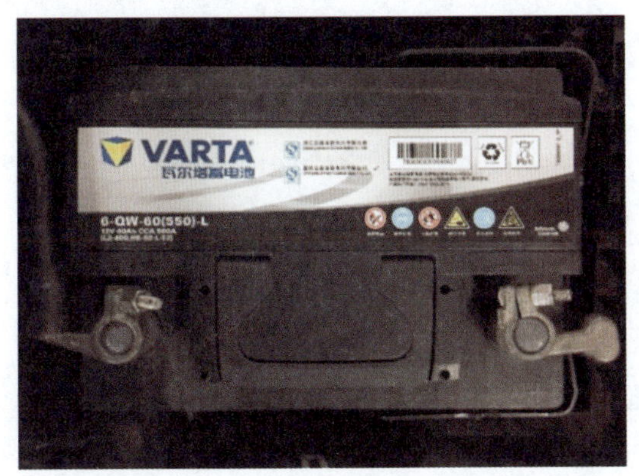

图 2–4–21 免维护蓄电池（无电眼）

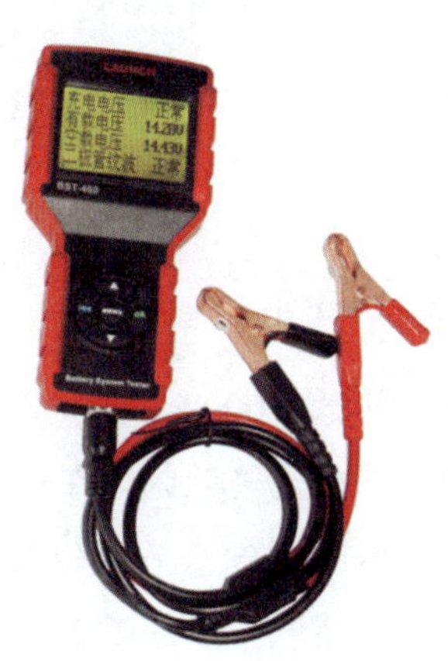

图 2–4–22 蓄电池检测仪

检测方法如图 2–4–23 所示：

（1）关闭所有用电设备或断开蓄电池负极。

（2）使用检测仪红、黑夹钳连接蓄电池正、负极。

（3）按照提示输入参数。

（4）打印检测报告。图 2–4–24 中检测结果为“GOOD BATTERY”，表明蓄电池状态良好。

图 2–4–23 连接蓄电池检测仪

图 2–4–24 蓄电池检测报告

四、发动机舱内管路及其他油液的检查

1．启动发动机。

2．检查发动机舱内的燃油管路连接是否可靠，有无渗漏情况。

3．检查真空管路是否泄漏。

4．检查电气线路是否老化、破损。

5．检查制动管路是否连接可靠，有无渗漏。

6．关闭发动机。

7．检查挡风玻璃喷洗液液位，如果不足，应及时添加。

8．检查制动液液位是否正常，如果不足，应检查原因。

任务 5　车辆底盘的检查与维护

学习目标

1．熟悉 5 000 km 维护时汽车底盘的检查与维护项目。

2．掌握驾驶舱内汽车底盘各系统的检查方法。

3．掌握汽车外部汽车轮胎等部件的检查方法。

4．掌握汽车底部汽车底盘系统的检查方法。

任务描述

在车辆行驶到 5 000 km 时，对汽车底盘的维护可以相对集中进行，这些项目包括：驾驶舱内的驻车制动检查，制动踏板自由行程检查，离合器踏板自由行程检查，转向盘自由行程检查等；轮胎外部检查；汽车底部底盘各部位连接螺栓固定情况的检查，各总成件有无渗漏及磕碰情况的检查等。这些作业项目可以相对集中完成，以提高工作率。

知识准备

汽车底盘是汽车的重要组成部分之一，用来支承和安装发动机、车身及其他总成，并接受发动机输出的动力，使车辆产生运动，保证正常行驶。汽车底盘由传动系、行驶系、转向系、制动系四部分组成。

一、传动系

汽车传动系的作用是将发动机的动力传递给驱动车轮。传动系具有减速、变速、倒车、中断动力、轮间差速和轴间差速等功能，与发动机配合工作，能保证汽车在各种工况条件下正常行驶，并具有良好的动力性和经济性。传动系包括离合器、变速器、传动轴、主减速器、差速器及半轴等部分。传动系检查与维护主要包含以下内容：

1. 离合器

离合器踏板自由行程为 15 ~ 25 mm，离合器踏板高度为 150 ± 5 mm，离合器总泵与推杆间隙为 0 ~ 1 mm，离合器踏板总行程为 131.8 ~ 139.1 mm，离合器踏板最大踏板力不超过 122.2 N。

2. 变速器

检查变速器有无泄漏等。

3. 传动轴

检查传动轴护套、卡箍的安装情况。

二、行驶系

汽车行驶系的作用是支撑整车重量、传递和承受地面作用力和力矩、缓和冲击以及吸收振动。汽车行驶系由车架、车桥、车轮和悬架等组成。汽车行驶系工作状态影响车辆的舒适性、操控性、安全性。行驶系检查与维护主要包含以下内容：

1. 悬架

悬架必须定期检查，主要包括车身水平检查、悬架减振力检查、稳定杆检查、弹簧外观检查、减振器外观检查等。

2. 车轮

车轮的检查包括轮胎磨损度检查、轮胎气压检查、轮辋检查等。

三、转向系

汽车转向系的作用是按照驾驶员的意愿控制汽车的行驶方向，汽车转向系对汽车的行驶安全至关重要。汽车转向系分为两大类：机械转向系和动力转向系。机械转向系以驾驶员的体力作为转向能源，由转向操纵机构、转向传动机构和转向器三部分组成。转向系检查与维护主要包含以下内容：

1. 转向操纵机构

转向操纵机构的检查包含转向盘自由转动量检查、转向盘安装状况检查等。

2. 转向传动机构

转向传动机构的检查包含转向拉杆的安装状况检查、转向拉杆球头防尘罩的检查等。

3. 转向器

转向器的检查包含转向器有无泄漏检查、转向器防尘罩检查、转向助力油液位检查（配置液压转向助力的转向系统）等。

四、制动系

汽车制动系的作用是控制车辆速度和实现停车。制动器分为行车制动器和驻车制动器两种。汽车制动系工作状态的好坏，将直接影响车辆的行驶安全。制动系检查与维护主要包含以下内容：

1. 行车制动器

行车制动器的技术要求（以雪佛兰科鲁兹为例）：制动踏板高度为 145 mm，制动踏板行程为 75 mm，自由行程为 10 ~ 15 mm；制动助力泵推杆间隙为 0 ~ 1 mm。

2. 驻车制动器

驻车制动器的技术要求为（以雪佛兰科鲁兹为例）：驻车制动器拉杆生效齿数为 2 齿，总行程为 6 ~ 9 齿；在不小于 30% 的坡度上能有效驻车。

任务实施

本任务以 1.6 手动挡轿车为例，进行实训。

工具器材

序号	名称	规格	数量
1	实训车辆	1.6MT	1 辆
2	举升机	剪式	1 台
3	车轮挡块		4 块
4	车辆防护用品		1 套
5	尾气抽排装置		1 台
6	工作台		1 张
7	直尺	30 cm	1 把
8	预置式扭力扳手	世达，40 ~ 340 N · m	1 个
9	轮胎气压表		1 个
10	轮胎花纹深度规		1 个
11	清洁用抹布		若干
12	常用工具和量具	世达	1 套

一、驾驶室内检查与维护

1. 维护前的准备操作

（1）车辆进入工位前，清理工位卫生，排除障碍物，准备相关的工具、物品、耗材等。

（2）安装、铺设内三件套；将车辆停放在举升机的中央位置，拉紧驻车制动器；将变速器置于空挡，安装好车轮挡块；释放发动机舱盖拉手。

2. 检查驻车制动

（1）检查驻车制动杆行程

拉动驻车制动杆时，驻车制动杆行程应在预定的槽数内（丰田卡罗拉轿车维修手册规定：用 200 N 力拉动驻车制动杆，行程为 6 ~ 9 个槽口），如图 2–5–1 所示。如果不符合标准，需调整驻车制动杆的行程。

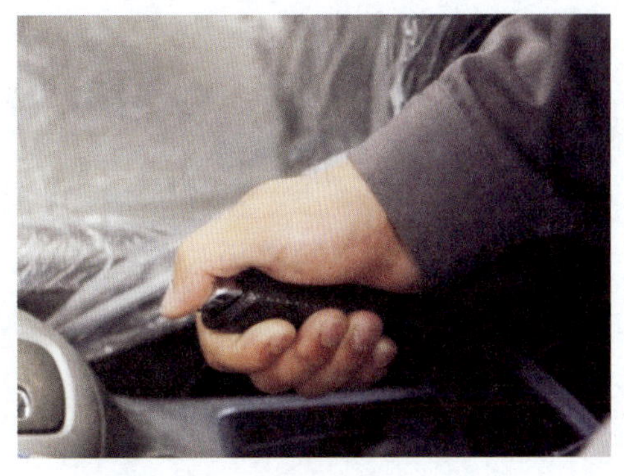
图 2–5–1 检查驻车制动杆行程

（2）调整驻车制动杆行程

调整驻车制动杆行程之前，确保驻车制动蹄片间隙已经调整好。松开锁止螺母，转动调整螺母或者调整六角螺栓，直到驻车制动杆行程达到规定要求。调整完毕，拧紧锁止螺母，如图 2–5–2 所示。

（3）检查仪表板指示灯的工作情况

将点火开关置于“ON”挡，检查并确保当驻车制动杆拉动到达第一个槽口前，指示灯就已经发光，如图 2–5–3 所示。

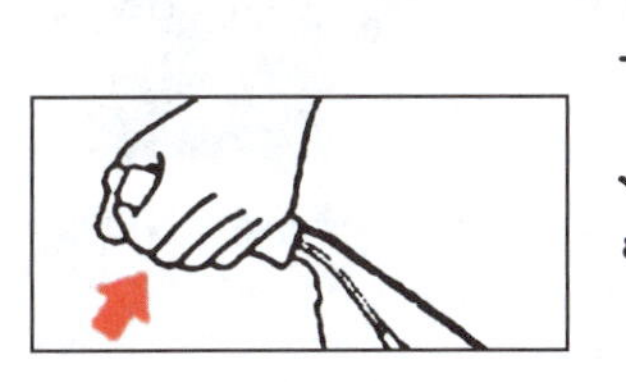

图 2–5–2 调整驻车制动杆行程
1—锁紧螺母 2—调整螺母

图 2–5–3 仪表板驻车制动指示灯

3. 检查转向盘自由转动量

（1）将点火开关转动到 ACC，保持转向盘可自由转动。在配备动力转向系统的车辆上，启动发动机，使车辆笔直向前。如图 2–5–4 所示，轻轻转动转向盘，在车轮就要开始移动时，使用一把直尺测量转向盘的移动量（自由行程），如图 2–5–5 所示。自由行程最大不超过 30 mm，否则需进行修理。

图 2–5–4 轻轻转动转向盘

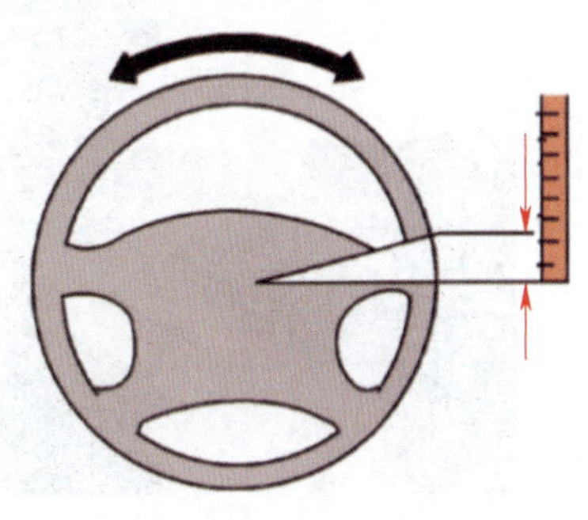
图 2–5–5 转向盘移动量测量

（2）检查转向盘是否松动和摆动。用两手握住转向盘，轴向、垂直或者向两侧移动转向盘，确保其没有移动或者摆动，如图 2–5–6 所示。如有异常，应及时修理。

4. 检查制动踏板的工作状况

（1）检查制动器踏板的工作状况

通过检查确保制动踏板没有下述故障：反应灵敏度低，踏板不完全落下，异常噪声，过度松动，如图 2–5–7 所示。如有异常，应及时修理。

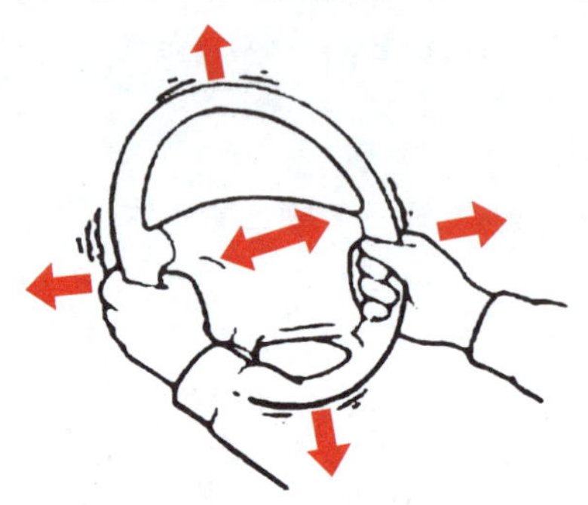

图 2–5–6　检查转向盘松动和摆动

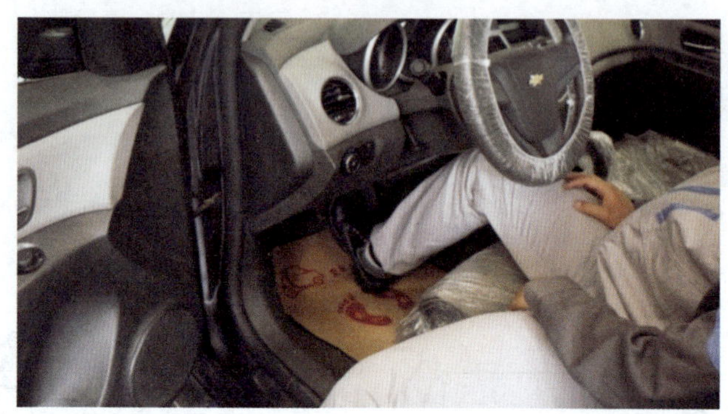

（注：为便于看清制动踏板，用的是自动变速器车辆，没有离合器踏板）

图 2–5–7　检查制动踏板工作状况

（2）检查制动踏板高度

卷起脚垫地毯，使用一把直尺测量制动踏板高度，如图 2–5–8 所示。制动踏板高度为 145 mm（桑塔纳 2000 型轿车）。如果超出规定范围，应调整制动踏板高度。

（3）调整制动踏板高度

如图 2–5–9 所示，松开锁紧螺母 1，转动踏板推杆 2 直到踏板高度正确；上紧锁紧螺母 1，调整好踏板高度 *A* 之后，检查制动踏板自由行程。

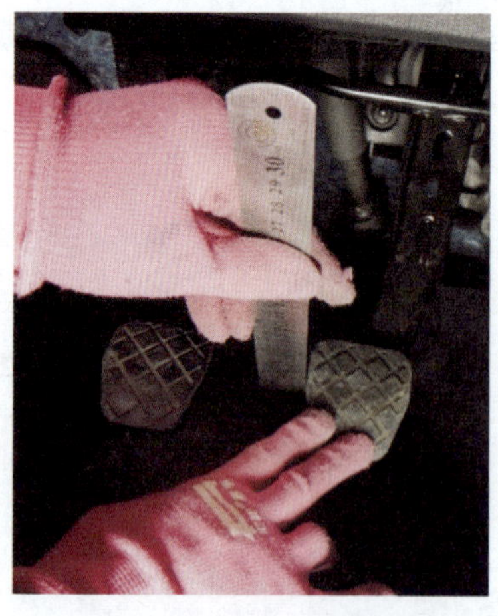

图 2–5–8　检查制动踏板高度

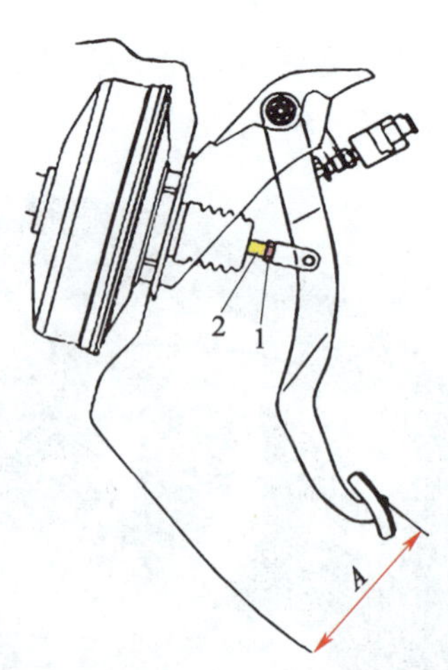

图 2–5–9　调整制动踏板高度

A—踏板高度　1—锁紧螺母　2—踏板推杆

（4）检查与调整制动踏板自由行程

发动机熄火后，踩下制动踏板几次，释放制动助力器中的残余空气。然后，使用手指轻轻按压制动踏板并使用直尺测量制动踏板自由行程，如图 2-5-10 所示。制动踏板自由行程为 10 ～ 15 mm（桑塔纳 2000 型轿车），当自由行程不合适时，可松开踏板推杆的锁紧螺母，拧动推杆，通过改变其长度进行调整。调整完毕后，再拧紧锁紧螺母。

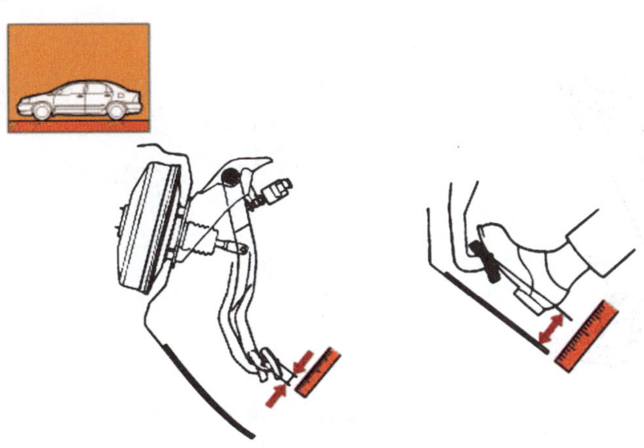

图 2-5-10　检查制动踏板自由行程

5. 检查离合器踏板工作状况（手动挡车辆）

（1）检查离合器总泵液体渗漏情况

检查离合器总泵有无液体渗漏，如有渗漏，应及时修理。

（2）检查离合器踏板工作状况

检查离合器踏板踩踏是否轻便、回弹是否有力、踩踏过程中有无异常噪声及过度松动等，如图 2-5-11 所示。如有异常，应及时修理。

（3）检查离合器踏板高度

卷起脚垫地毯，使用直尺检查离合器踏板高度是否处于 145 ～ 155 mm（桑塔纳 2000 型轿车）之间，如图 2-5-12 所示。如果超出上述范围，应调整踏板高度。

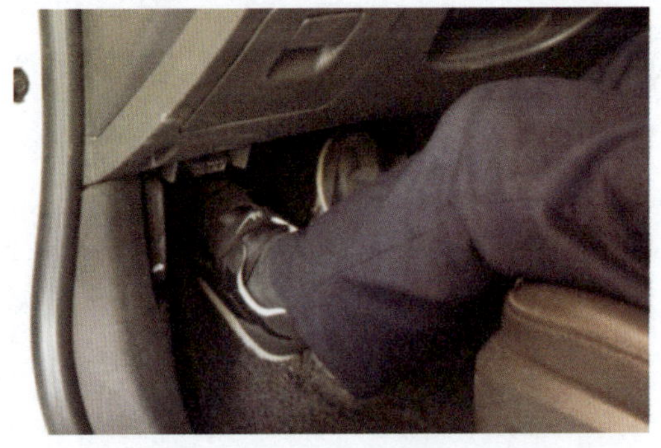

图 2-5-11　检查离合器踏板工作状况

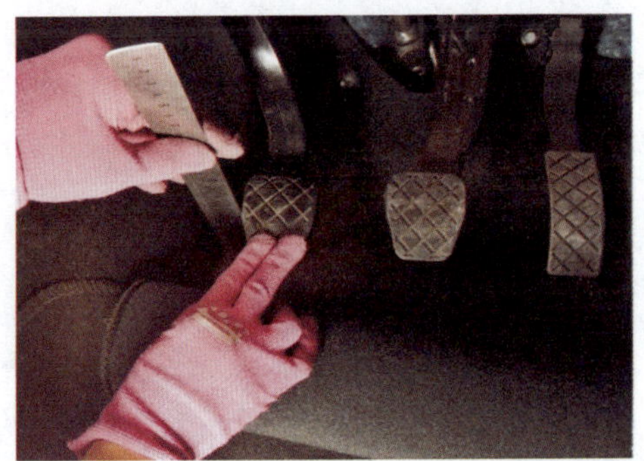

图 2-5-12　检查离合器踏板高度

（4）检查离合器踏板自由行程

如图 2–5–13 所示，用手指按压踏板并使用直尺测量踏板的自由行程。检查踏板自由行程是否处于 15 ~ 25 mm（桑塔纳 2000 型轿车）之间。如果超出上述范围，应调整踏板高度。

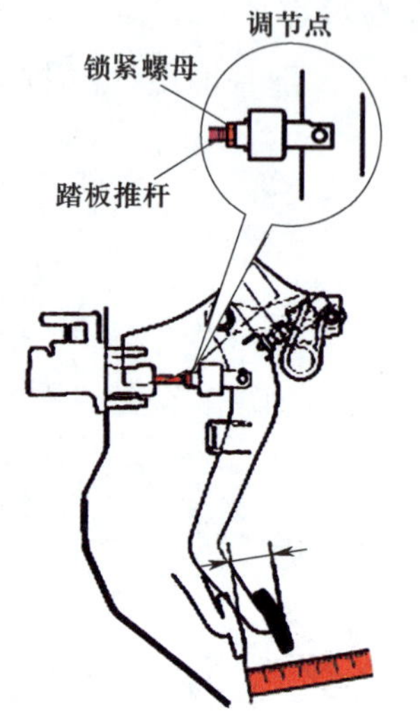

提示：

用手指按压踏板时，感觉踏板逐渐变重的过程分两步，如下：

第一步：踏板运动直到踏板推杆接触总泵活塞。

第二步：踏板运动直到总泵引起液压上升。

图 2–5–13 检查离合器踏板自由行程

离合器分离轴承推动膜片弹簧以前，随着踏板发生一定量的移动，踏板自由行程也就被确定。

（5）调整离合器踏板高度

如图 2–5–14 所示，松开限位螺栓锁紧螺母 1，转动限位螺栓 2，直到踏板高度正确；上紧限位螺栓锁紧螺母 1。

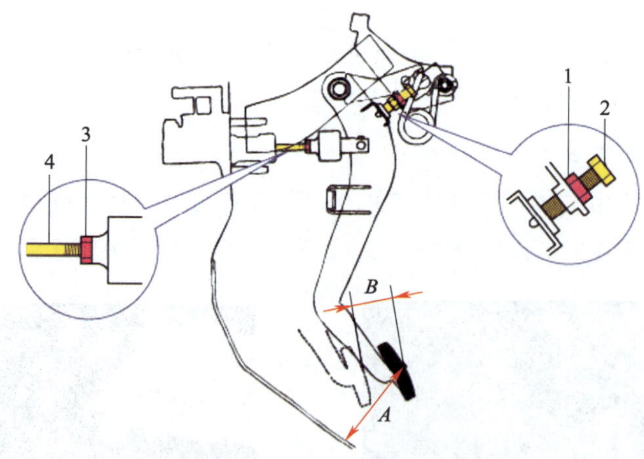

图 2–5–14 调整离合器踏板高度

1—限位螺栓锁紧螺母 2—限位螺栓 3—推杆锁紧螺母 4—踏板推杆

A—踏板高度 B—踏板自由行程

（6）调整离合器踏板自由行程

松开推杆锁紧螺母 3；转动踏板推杆 4，直到踏板自由行程正确；上紧推杆锁紧螺母 3。

调整好踏板自由行程之后，需再检查一次踏板高度。

二、举升车辆前的外部检查

1. 维护前的准备工作

（1）打开行李舱盖和油箱盖。

（2）将换挡杆设置为空挡。

（3）释放驻车制动器。

（4）将点火开关处于关闭状态。

2. 检查车身螺母和螺栓

（1）检查车门的固定情况（各门位置），如图 2-5-15 所示。

（2）检查座椅的固定情况（座椅位置），如图 2-5-16 所示。

图 2-5-15　检查车门的固定情况

图 2-5-16　检查座椅的固定情况

3. 检查油箱盖

（1）检查有无变形或者损坏。检查油箱盖或者垫片有无变形或者损坏，同时检查真空阀是否锈蚀或者粘住，如图 2-5-17 所示。

（2）检查附件情况。检查油箱盖是否能够被拧紧。

（3）检查油箱盖扭矩限制器工作情况。进一步拧紧油箱盖，确保油箱盖发出“咔哒”声而且能够自由转动，如图 2-5-18 所示。如有异常情况，应更换油箱盖。

图 2-5-17　检查油箱盖

图 2-5-18　检查油箱盖扭矩限制器

4. 检查悬架

（1）检查减振器减振力

车辆前减振器检查方法如图 2–5–19 所示，将车辆放在平坦处，可用力按下发动机舱盖然后松开，如果汽车有 2 ～ 3 次跳跃回弹，则说明前减振器工作良好。车辆后减振器则用手向下按压行李舱然后松开，如果汽车有 2 ～ 3 次跳跃回弹，则说明后减振器工作良好。如果未达到上述标准，则减振器失效，应进行修理。

（2）检查车辆倾斜情况

目测检查车辆倾斜情况，如图 2–5–20 所示。如果车辆倾斜，则需要验证下述各项：轮胎气压，左、右轮胎或者车轮尺寸的偏差，车辆负荷分配。再根据情况采取不同的处理方法。

图 2–5–19　检查前减振器情况

图 2–5–20　检查车辆倾斜情况

5. 检查轮胎（含备胎）

（1）打开行李舱盖，检查行李舱盖有无松动，如图 2–5–21 所示。如松动，应查明原因并紧固。

（2）从行李舱取出备胎。如图 2–5–22 所示，松开固定装置，双手取出轮胎。将轮胎放在专用轮胎架上检查。

图 2–5–21　检查行李舱盖

图 2–5–22　松开固定装置

（3）检查轮胎有无裂纹或者损坏。如图 2–5–23 所示，边旋转边检查轮胎胎面和胎壁是否有裂纹、割痕或其他损坏，检查轮胎有无嵌入金属颗粒或者其他异物。至少转动轮胎 1

圈，如果磨损太大，应更换轮胎。如有异物，应将异物取出。

（4）检查胎面沟槽深度。用干净的布清洁轮胎花纹深度规，对深度规进行校零，沿轮胎圆周方向每 120° 测量 1 次胎面沟槽深度。每次测量前均需要用干净的布清洁深度规，如图 2-5-24 所示。

图 2-5-23　检查轮胎外观

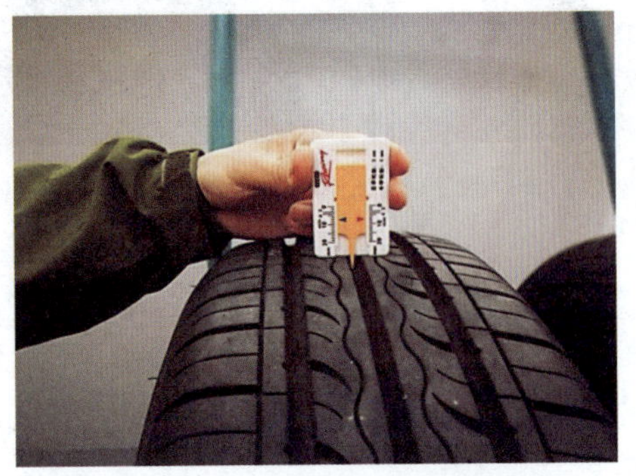

图 2-5-24　检查胎面沟槽深度

轮胎沟槽极限深度不小于 1.6 mm，对于高速行驶车辆的轮胎要求不小于 4 mm。低于极限深度必须更换。

此外，还可以通过观察轮胎磨耗指示标记，快速检查胎面沟槽深度。其中，三角形（▲）磨损标记位于轮胎侧面，如果轮胎磨损达到磨损标志，必须更换轮胎。

（5）检查轮胎有无异常磨损。检查轮胎的整个外围是否有均匀磨损或者阶段磨损，如图 2-5-25 所示。

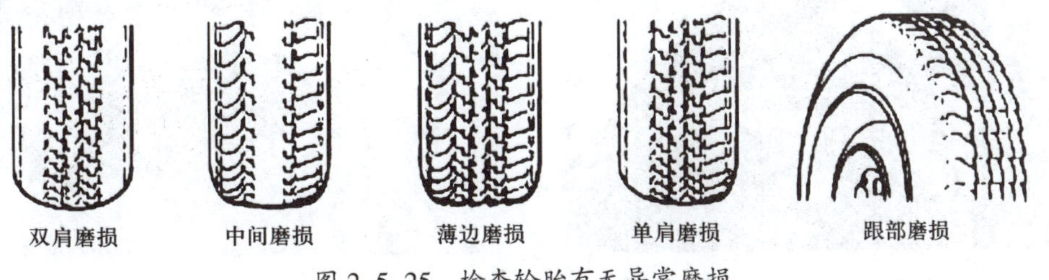

图 2-5-25　检查轮胎有无异常磨损

（6）检查轮胎气压。对轮胎气压表进行校零；将轮胎气压表测量头对准气门芯压下，按压轮胎气压表的手柄，读出轮胎气压值；测量后，清洁轮胎气压表并正确归位，如图 2-5-26 所示。

车辆轮胎气压的标准值在车辆右侧 B 柱处有明确标志，轮胎气压表指示单位有 kPa、bar、kg 等，在读数时要注意单位之间的换算关系。轮胎的冷态充气压力为 220 kPa。

（7）检查轮胎有无漏气。拧下气门芯帽，用毛刷蘸肥皂液涂抹在气门嘴上，查看是否有气泡冒出，以检查气门嘴处是否有漏气现象，如图 2-5-27 所示。如果有气泡冒出，说明气门嘴漏气。检查完毕要用抹布将黏附在轮胎上的肥皂液清洁干净。

（8）检查轮圈和轮毂损坏情况。戴手套，用手摸、目视的方式，检查轮圈和轮毂是否损坏、腐蚀、变形和跳动。

（9）用相同方法检查其余 4 个车轮。

图 2-5-26 检查轮胎气压

图 2-5-27 检查气门嘴有无漏气

三、发动机舱内检查与维护

1. 维护前的准备工作

（1）打开发动机舱盖。用右手四指向右拨动发动机舱盖挂钩，双手向上掀开发动机舱盖到一定角度，用一只手支撑住发动机舱盖，另一只手拉起发动机舱盖支撑杆，并将发动机舱盖支撑杆可靠放入发动机舱盖上的支撑孔位置，如图 2-5-28 所示。

（2）安装外三件套。翼子板布要有效遮挡车身部，有品牌标识和企业名称的一面朝外安装，如图 2-5-29 所示。

图 2-5-28 打开发动机舱盖

图 2-5-29 安装外三件套

（3）检查发动机舱盖的固定情况，如图 2-5-30 所示。

图 2-5-30 检查发动机舱盖的固定情况

2. 检查制动总泵内的制动液

（1）借助手电观察制动总泵，查看制动液液位是否在规定液位高度范围内（MAX 与 MIN 之间），如图 2–5–31 所示。

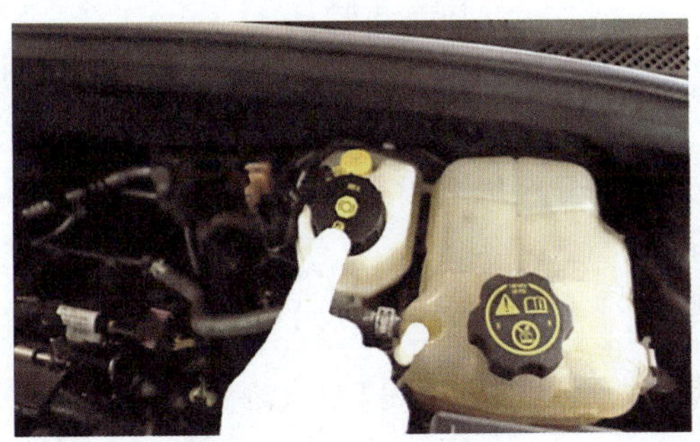
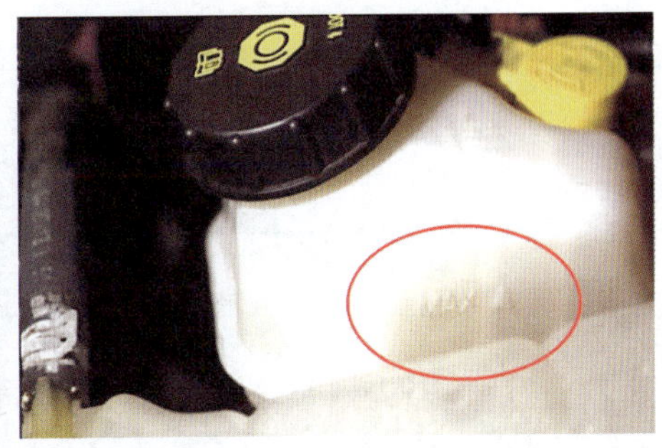

图 2–5–31　检查制动液位高度

（2）如果制动液液位低于 MIN 标记，查看制动液管路是否泄漏。在无泄漏的情况下，添加制动液至规定液位高度范围内。

3. 检查转向助力油液位（装备液压转向助力的车辆需检查此项目）

（1）打开转向助力油储液罐盖（储液罐盖上有转向盘的图标，即转向助力油储液罐），用抹布擦干净油尺上的油迹，如图 2–5–32 所示。

图 2–5–32　检查转向助力储液罐液位

（2）将油尺重新插入储液罐，拔出观察液位，若低于下限，需要添加原厂助力油至图示位置，要保证转向助力油在正常液位上，最后顺时针方向拧紧储液罐盖。

四、车辆顶起位置 2（低位）的维护（图 2–5–33）

1. 检查球节的上下滑动间隙

（1）使用制动踏板压力器保持制动踏板被踩下。

（2）使前轮垂直向前，举起车辆并在一个前轮下放高度为 180 ~ 200 cm 的木块。

（3）放低举升机直到前螺旋弹簧承载一半的负荷。

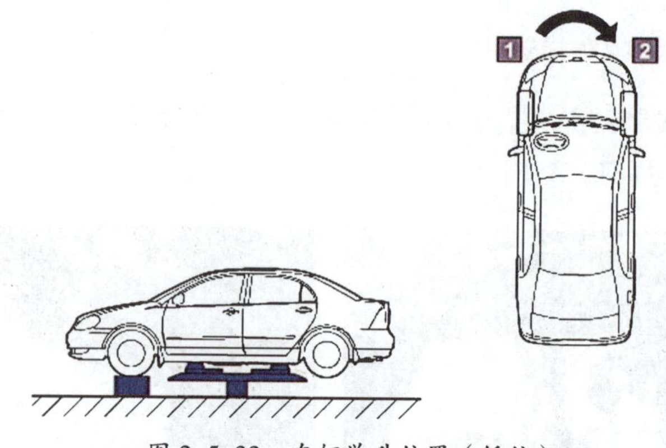

图 2-5-33　车辆举升位置（低位）

提示：通过放低举升机直到车轮行程一半时达到如图 2-5-34 所示状态。

（4）再次确认前轮垂直向前。

（5）在下支臂的末端使用撬棒检查球节的上下滑动间隙，如图 2-5-35 所示。如果球节有多余的上下滑动间隙，应紧固或修理球节螺母。

图 2-5-34　检查球节轮胎垫块位置

图 2-5-35　检查球节的上下滑动间隙

2. 检查球节防尘罩是否损坏

检查球节防尘罩是否有裂纹、撕裂或者其他损坏。如有损坏，应更换防尘罩。

五、车辆顶起位置 3（高位）的维护（图 2-5-36）

1. 检查变速器

（1）检查液体渗漏

确保没有液体从传动桥的任何部位渗漏，包括壳接触面、轴和拉索伸出的区域、油封、排放塞和加注塞、管道和软管接头。如有渗漏，应进行修理或更换。

（2）检查油冷却软管损坏情况（自动变速器）

检查油冷却软管是否有裂纹、隆起或者损坏，如图 2-5-37 所示。如果损坏，应进行更换。

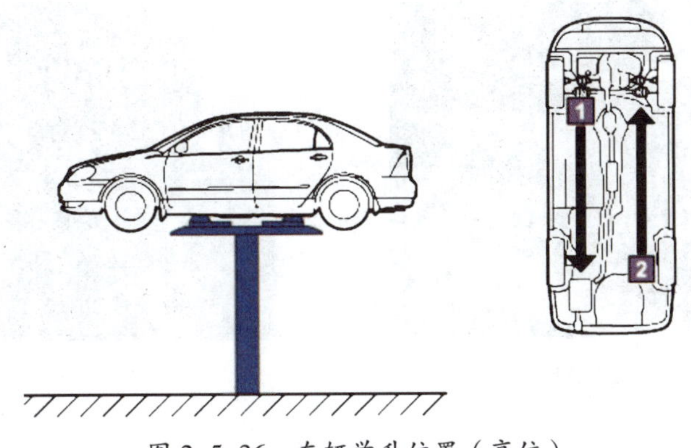

图 2-5-36　车辆举升位置（高位）

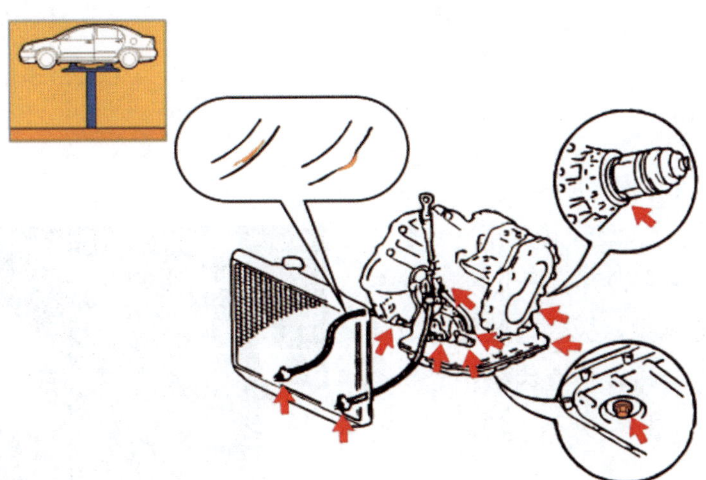

图 2-5-37　检查自动变速器油冷却软管（示意图）

2. 检查驱动轴护套

（1）检查裂纹和其他损坏

手动转动轮胎以使驱动轴被完全转向一侧。如图 2-5-38 所示，检查驱动轴护套的整个外围是否有裂纹或者其他损坏。

检查护套卡箍，确保其已经正确安装并且没有损坏。如果发现有裂纹或损坏，应进行更换。

（2）检查油脂渗漏

检查护套是否有油脂渗漏。如果发现渗漏，应进行更换。

3. 检查转向传动机构

（1）检查松动和摆动情况

如图 2-5-39 所示，用手摇晃转向传动机构，检查是否松动或者摆动。如果有松动或摆动，应紧固。

图 2-5-38　检查驱动轴护套

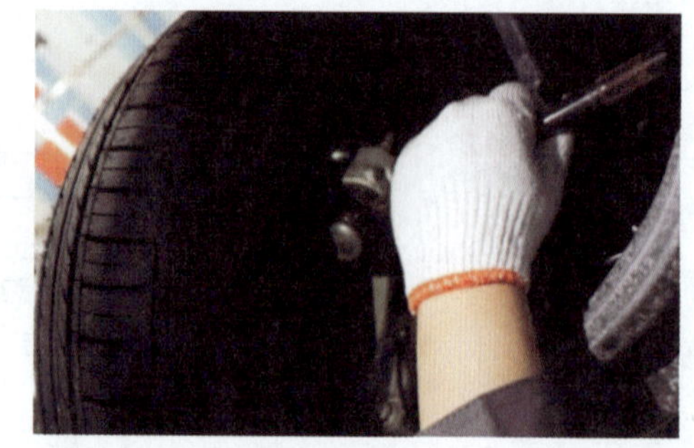

图 2-5-39　检查转向传动机构

（2）检查弯曲和损坏情况

检查转向传动机构是否有弯曲或者损坏，检查防尘罩是否有裂纹或者破损。如有，应进行修理或更换。

4. 检查转向器

（1）检查齿轮油和润滑脂渗漏

如图 2-5-40 所示，检查转向器是否有润滑脂或者齿轮油渗漏（或者浸润）。如果转向器是齿条和小齿轮类型，扳动轮胎便可以使转向轮向左或向右转动，检查齿条护套是否有裂纹或者破损。如果情况不正常，应进行修理或更换。

图 2-5-40　检查转向器

（2）检查转向助力油渗漏（装备液力转向助力的车辆需检查此项目）

如图 2-5-41 所示，检查转向助力油是否

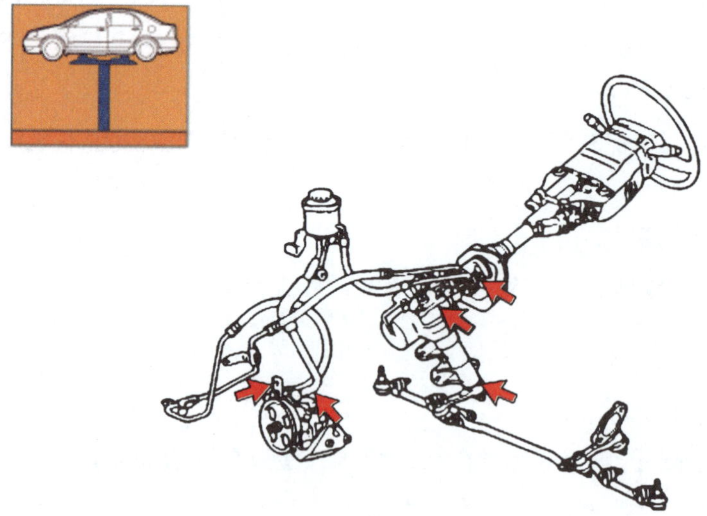

图 2-5-41　检查转向助力油是否渗漏（示意图）

渗漏，部位包括：转向器本体、油泵、储液罐、液体管路和连接点。如果有渗漏或损坏，应进一步检查和修理。

5. 检查制动管路（图 2–5–42）

（1）检查液体渗漏

检查制动管路连接部分是否有液体渗漏。如果有渗漏，应进行修理或更换。

（2）检查制动管路损坏情况

检查制动管路是否有凹痕或者其他损坏。检查制动管路软管是否有扭曲、磨损、开裂、隆起等。如果情况不正常，应进行修理或更换。

提示：如果底盘保护盖上有飞石的痕迹，制动管路可能有相同的损坏。

（3）检查制动管路安装情况

检查制动管道和软管，确保车辆运动或者转向盘完全转动到任何一侧时，不会因为振动而与车轮或者车身接触，如图 2–5–43 所示。

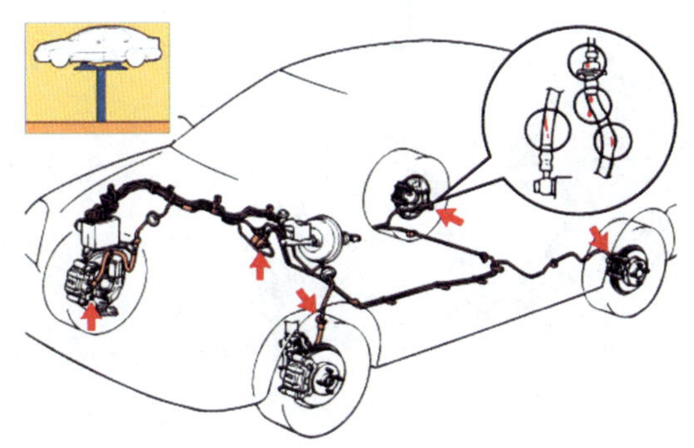

图 2–5–42　检查制动管路（示意图）

图 2–5–43　检查制动管路安装情况

提示：检查时，手动转动轮胎直到转向盘被完全转动到一侧。

6. 检查排气管道和安装件

（1）检查损坏和安装状况

检查排气管是否损坏，检查消声器是否损坏，检查排气管支架上的 O 形密封圈是否损坏或者脱离，检查垫片是否损坏。如有损坏，应立即修理。

（2）检查排气管渗漏情况

通过观察接头周围是否存在炭黑，检查排气管连接部分是否泄漏废气，如图 2–5–44 所示。如果有异常情况，应立即修理。

7. 检查悬架

（1）检查前悬架组件是否损坏，如图 2–5–45 所示。

（2）检查前悬架系统螺母和螺栓。如图 2–5–46 所示，使用扭力扳手在车下逐一检查、紧固。前悬架系统紧固件紧固规格见表 2–5–1。

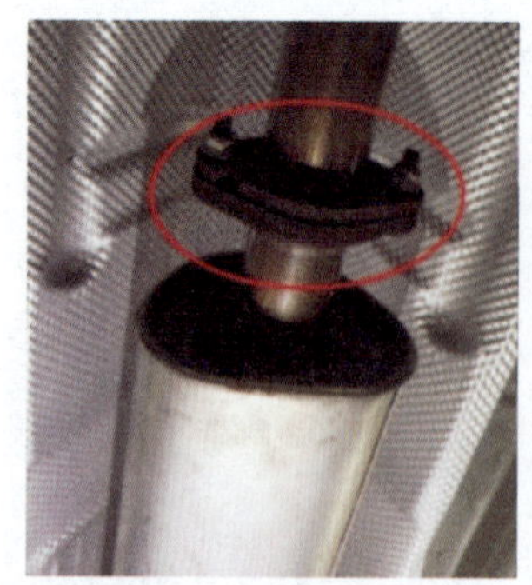

图 2-5-44　检查排气管有无渗漏

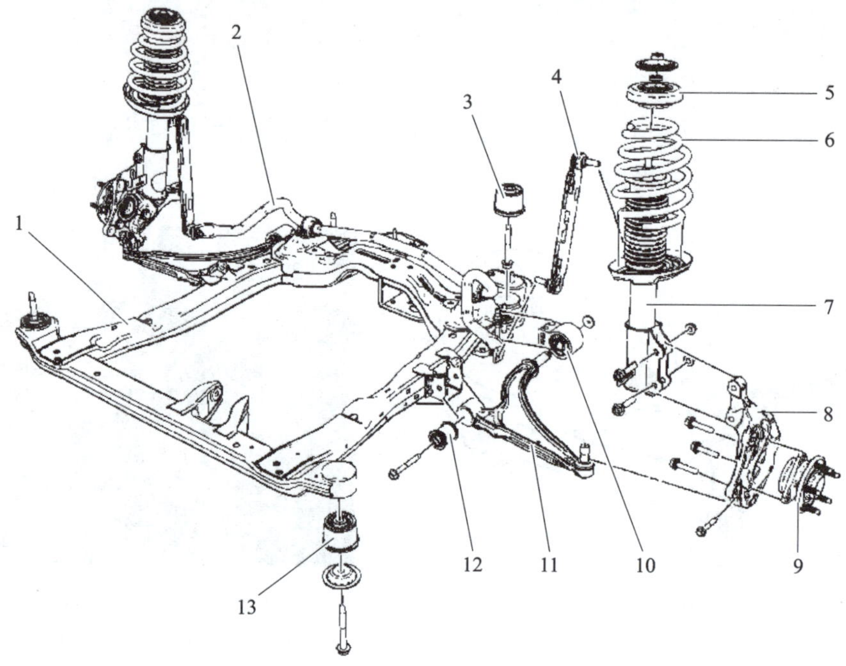

图 2-5-45　检查前悬架组件（示意图）

1—传动系统和前副车架　2—前稳定杆　3、13—传动系统和前副车架后隔振垫　4—前稳定杆连杆
5—前悬架滑柱隔振垫总成　6—前弹簧　7—减振器总成　8—转向节　9—前轮轴承 / 轮毂总成
10、12—前下控制臂衬套　11—前下控制臂

图 2-5-46　紧固前悬架系统

表 2-5-1 前悬架系统紧固件紧固规格

部位	规格	
	公制	英制
控制臂至转向节的螺栓和螺母	30 N · m+60° ~ 75° ①	22 ft · lbf+60° ~ 75° ①
控制臂至前副车架的螺栓	70 N · m+75° ~ 90° ①	52 ft · lbf+75° ~ 90° ①
控制臂至后副车架的螺栓	70 N · m+75° ~ 90° ①	52 ft · lbf+75° ~ 90° ①
前轴承至转向节的螺栓	90 N · m+60° ~ 75° ①	66 ft · lbf+60° ~ 75° ①
前稳定杆隔振垫卡箍螺栓	22 N · m+30° ①	16 ft · lbf+30° ①
前悬架滑柱下螺栓和螺母	90 N · m+60° ①	66 ft · lbf+60° ①
前悬架滑柱支座螺母	45 N · m	34 ft · lbf
前悬架支承螺栓	60 N · m+35° ①	45 ft · lbf+35° ①
后控制臂衬套至控制臂	55 N · m+45° ~ 60° ①	41 ft · lbf+45° ~ 60° ①
稳定杆连杆至稳定杆螺母	65 N · m①	48 ft · lbf①
转向机外转向横拉杆至转向节螺母	35 N · m	26 ft · lbf
转向节至滑柱	90 N · m+60° ~ 75° ①	66 ft · lbf+60° ~ 75° ①
滑柱轴螺母	70 N · m	52 ft · lbf

注：①为使用新的紧固件。

（3）检查后悬架组件是否损坏，如图 2-5-47 所示。

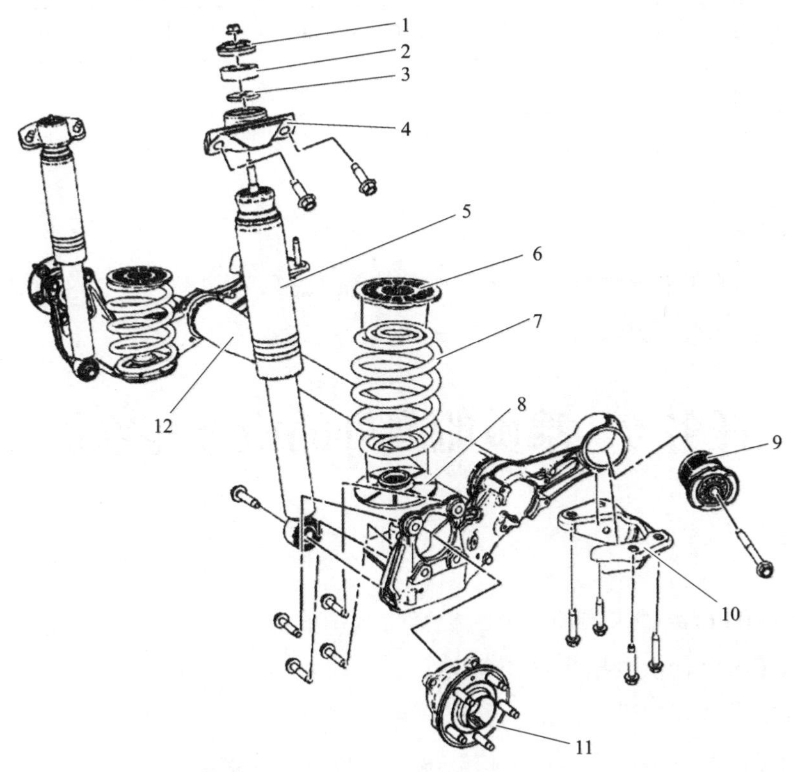

图 2-5-47 检查后悬架组件（示意图）

1、3—后减振器上支座垫圈 2—后减振器上支座隔圈 4—后减振器上支座 5—减振器总成 6—上翻转环 7—后弹簧 8—下翻转环 9—后桥衬套 10—后桥托架 11—后轮轴承 12—后桥

（4）检查后悬架系统螺母和螺栓，使用扭力扳手在车下逐一检查、紧固。后悬架系统紧固件紧固规格见表 2–5–2。

表 2–5–2　　后悬架系统紧固件紧固规格

部位	规格	
	公制	英制
车桥衬套贯穿螺栓和螺母	70 N · m+130° ①	52 ft · lbf+130° ①
前排气管至排气消声器法兰（数量：2）	17 N · m	13 ft · lbf
平衡梁连杆螺栓	160 N · m	118 ft · lbf
平衡梁支撑螺栓	100 N · m	74 ft · lbf
平衡梁连杆螺栓和螺母	40 N · m+45° ①	30 ft · lbf+45° ①
平衡梁中心连杆螺栓和螺母	40 N · m+45° –60° ①	30 ft · lbf+45° –60° ①
后驻车制动器拉线托架螺栓	10 N · m	89 ft · lbf
后悬架纵臂螺母	70 N · m+120° ①	52 ft · lbf+120° ①
减振器上螺栓	100 N · m	74 ft · lbf
减振器下螺栓	150 N · m+60° ①	111 ft · lbf+60° ①
车轮轴承 / 轮毂总成安装螺栓	50 N · m+40° ①	37 ft · lbf+40° ①
轮速传感器螺栓	6 N · m	4.43 ft · lbf

注：①为使用新的紧固件。

8. 结束工作

降下举升器，取下外三件套、关闭发动机舱盖。进入驾驶室，检查驻车制动器、变速器挡位、点火开关，升起车窗玻璃，取下内三件套，将车辆复位。

任务 6　乘员舱内外的检查与维护

学习目标

1．了解 5 000 km 维护乘员舱内外的检查与维护项目。
2．熟悉汽车内组合仪表指示灯的含义。
3．掌握乘员舱内用电设备功能的检查方法。
4．能用故障诊断设备读取各系统控制器内的故障存储信息。
5．掌握座椅和安全带的检查方法。
6．掌握刮水器、清洗装置的检查方法。

任务描述

在车辆行驶到 5 000 km 时，需要对乘员舱内外进行检查与维护，项目包括：对汽车内组合仪表指示灯的查看，对乘员舱内用电设备的功能检查，用故障诊断设备读取各系统控制器内的故障存储信息，座椅、安全带、刮水器及其清洗装置的检查等。这些项目集中完成，可以提高工作效率。

知识准备

汽车组合仪表如图 2–6–1 所示，这是驾驶员了解车辆状况的重要途径，如转速、车速和冷却液温度等信息。组合仪表中有一些指示灯会根据工作状态显示不同的颜色，一般来说，黄色表示车辆可以运行，但要尽快检查维护；红色表示车辆处于危险状态，要立即停车检查；其他颜色如绿色、蓝色，仅起到指示作用。

图 2–6–1　汽车组合仪表

常见的汽车组合仪表指示灯的含义见表 2–6–1。

表 2–6–1　常见的汽车组合仪表指示灯的含义

指示灯	名称	含义
	驻车制动指示灯	显示驻车制动器工作状态的指示灯。驻车制动器手柄拉起，指示灯点亮；驻车制动器手柄释放，指示灯熄灭；有些车型，制动液不足时此灯也会点亮
	机油指示灯	显示发动机机油压力的指示灯。打开点火开关后，此灯点亮；发动机启动后，此灯熄灭。发动机运行中若此灯点亮，需立即停车，关闭发动机进行检查
	蓄电池指示灯	显示蓄电池工作状态的指示灯。打开点火开关后，此灯点亮；发动机启动后，此灯熄灭。如果此灯不亮或长亮，需立即检查发电机及电路

续表

指示灯	名称	含义
	制动片指示灯	显示制动片磨损情况的指示灯。正常情况下此灯应熄灭，点亮时提示车主应及时更换故障或磨损过度的制动片，修复后此灯熄灭
	水温指示灯	显示发动机冷却液温度过高的指示灯。此灯点亮报警时，应及时停车并关闭发动机，待冷却至正常温度后，对发动机冷却系统进行检查
	安全气囊指示灯	显示安全气囊工作状态的指示灯。打开点火开关后点亮，约 3 ~ 4 s 后熄灭，表示系统正常。不亮或长亮表示安全气囊系统存在故障
ABS	ABS 指示灯	显示制动防抱死装置工作状态的指示灯。打开点火开关后点亮，约 3 ~ 4 s 后熄灭，表示系统正常。不亮或长亮表示系统存在故障，此时可以继续低速行驶，但应避免急刹车，应将车辆送至就近服务站检修
CHECK	发动机自检灯	显示发动机工作状态的指示灯。打开点火开关后点亮，约 3 ~ 4 s 后熄灭，表示发动机正常。不亮或长亮表示发动机存在故障，需及时进行检修
	燃油指示灯	提示燃油不足的指示灯。该灯点亮时，表示燃油即将耗尽，一般从该灯点亮到燃油耗尽之前，车辆还能行驶约 50 km
	清洗液指示灯	显示风窗玻璃清洗液（即玻璃水）存量的指示灯。如果清洗液即将耗尽，该灯点亮，提示驾驶员及时添加清洗液。添加清洁液后，指示灯熄灭
EPC	电子油门指示灯	本灯多见于大众汽车公司的车型中。打开点火开关后点亮，约 3 ~ 4 s 后熄灭，表示系统正常。不亮或长亮表示 EPC 系统存在故障，需及时进行检修
	前后雾灯指示灯	显示前后雾灯工作状况的指示灯。雾灯接通时，相应指示灯点亮。图中左侧为前雾灯显示，右侧为后雾灯显示
	转向指示灯	显示转向灯工作状况的指示灯。拨动转向灯开关，相应的转向灯按一定频率闪烁；转向灯开关关闭后，指示灯自动熄灭；按下双闪警示灯开关，两灯同时闪烁

续表

指示灯	名称	含义
	远光指示灯	显示前照灯是否处于远光状态。通常情况下该指示灯为熄灭状态，在远光灯接通和使用远光灯瞬间，该指示灯亮起
	安全带指示灯	显示安全带使用状态的指示灯。按照车型不同，指示灯会亮起数秒进行提示，或者直到系好安全带才熄灭，有的车还会有声音提示
	示廓指示灯	显示车辆示廓灯工作状态的指示灯。平时为熄灭状态，当示宽灯打开时，该指示灯随即点亮
	内循环指示灯	显示车辆空调系统工作状态的指示灯。平时为熄灭状态；当打开内循环按钮，车辆关闭外循环时，该指示灯自动点亮
	胎压报警指示灯	显示汽车轮胎气压异常的指示灯。指示灯点亮，说明四个轮胎胎压不在正常范围，一般是轮胎因慢漏气或者扎钉子造成轮胎缺气；或者轮胎胎压过高，就会引起胎压报警，需及时进行检修

任务实施

本任务以 1.6 自动挡轿车 5 000 km 维护为例，完成乘员舱内外的检查与维护。

工具器材

序号	名称	规格	数量
1	实训车辆	1.6AT	1 辆
2	举升机	剪式	1 台
3	车轮挡块		4 块
4	车辆防护用品		1 套
5	尾气抽排装置		1 台
6	工作台		1 张
7	清洁用抹布		若干
8	常用工具和量具	世达	1 套
9	KT600 故障诊断仪		1 台

一、查看组合仪表指示灯

1．做好车辆防护。

2．启动发动机，组合仪表指示灯、发动机指示灯、ABS 指示灯等应点亮。

3．发动机运转 3 ~ 5 s 后，发动机指示灯、ABS 指示灯等应熄灭。

4．关闭发动机。

二、车内用电设备功能检查

1．检查暖风空调系统功能。

（1）启动发动机。

（2）打开空调，逐一检查风扇各挡位工作是否正常，如图 2-6-2 所示。

（3）逐一打开出风口各挡位，检查其工作是否正常。

（4）打开空调 A/C 开关。

（5）打开所有车门。

（6）将空调打开至最大制冷效果。

（7）将发动机转速加至 1 500 r/min。

（8）检查制冷效果是否正常，如图 2-6-3 所示。

（9）关闭空调。

图 2-6-2 打开空调

图 2-6-3 检查空调制冷效果

2．检查电动车窗升降功能。

（1）检查主驾位置车窗升降功能是否正常，如图 2-6-4 所示。

（2）检查主驾位置车窗一键升降功能是否正常。

（3）检查其他车门位置车窗升降和一键升降功能是否正常。

图 2-6-4 检查车窗升降

3．检查电动后视镜是否能够调整。

4．检查收音机工作是否正常。

5．检查在转向盘转动到各位置时，喇叭工作是否正常。

三、读取故障码

1．连接 KT600 故障诊断仪，如图 2–6–5 所示为连接科鲁兹轿车诊断接口。

2．打开车辆点火开关（“ON”位置），必要时可启动发动机读取故障码。

3．打开 KT600 主机电源开关，如图 2–6–6 所示。

图 2–6–5　连接科鲁兹轿车诊断接口

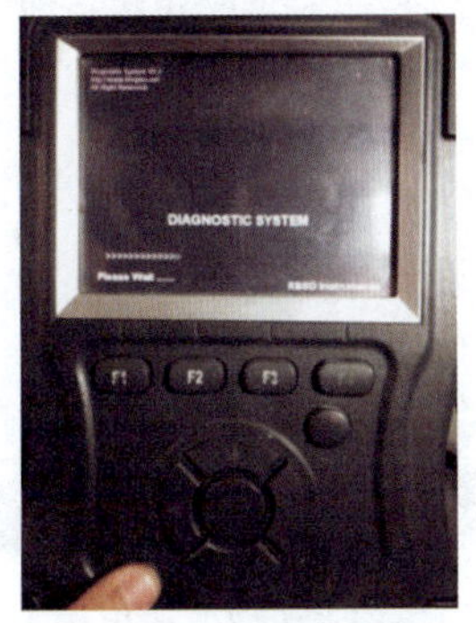

图 2–6–6　打开 KT600 主机电源开关

4．进入 KT600 故障诊断仪的功能菜单，按上下选择键进行功能选择，按确认键【ENTER】进入所选功能菜单，按返回键【EXIT】返回上一级功能菜单。

5．选择汽车诊断，并按下中间的确认键【ENTER】，如图 2–6–7 所示。教学中应用的诊断仪可能存在“模式选择”，应先选择【教学模式】，如图 2–6–8 所示。

图 2–6–7　功能选择

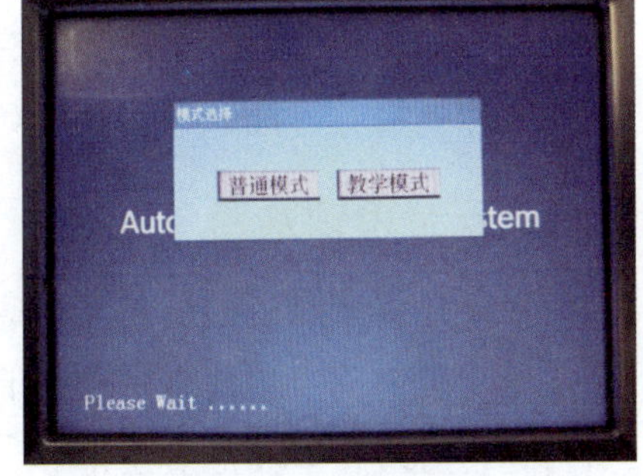

图 2–6–8　模式选择

6．选择中国车系【通用】，并按下中间的确认键【ENTER】。

7．根据车辆识别码选择年款。

8．选择【雪佛兰】生产商。

9．选择【科鲁兹】车型。

10．选择【发动机控制模块】。

11．选择【1.6L L4 LDE】。

12．选择【读取故障码】。

13．选择【DTC 显示屏】。

14．KT600 显示故障码，如图 2–6–9 所示。

15．如有故障码，应检查故障原因。

16．故障排除后，需要清除故障码，如图 2–6–10 所示。

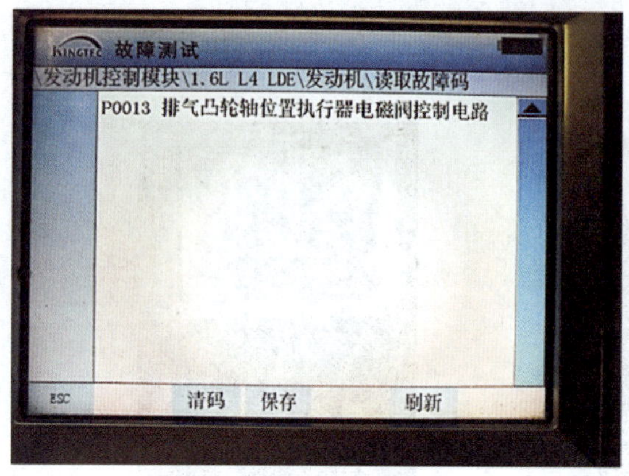

图 2–6–9 显示故障码

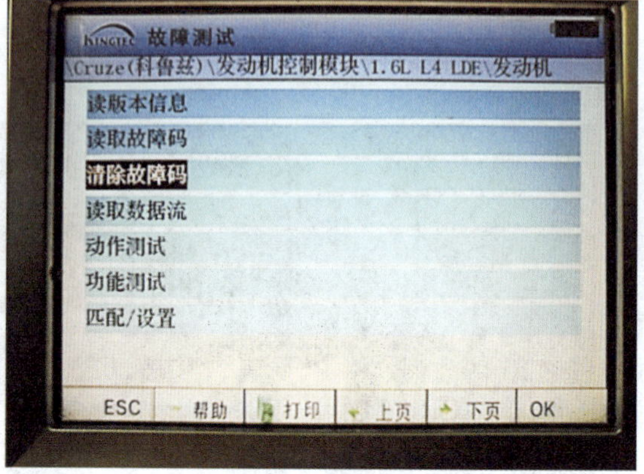

图 2–6–10 清除故障码

17．用相同的方法进行底盘等其他系统的故障码读取。

四、检查座椅和安全带

1. 检查座椅

（1）检查座椅螺栓和螺母有无松动现象。

（2）检查座椅前后移动、高低调节有无卡滞现象。

（3）检查座椅靠背摆动调节是否自如。

2. 检查安全带锁紧器

（1）用手握住安全带一端，然后迅速拉动安全带，如图 2–6–11 所示。

（2）安全带应该不能被外力拉动，而被锁紧器锁止。

（3）用同样方法检查其他安全带。

3. 检查安全带锁扣

（1）将安全带锁舌插入红色锁扣中，如图 2–6–12 所示。

（2）安全带应锁定牢固。

（3）安全带指示灯熄灭，表示安全带使用状态指示灯正常。

（4）检查其他安全带，副驾驶位置只有当有乘客而未系安全带时，才会触发安全带指示灯。

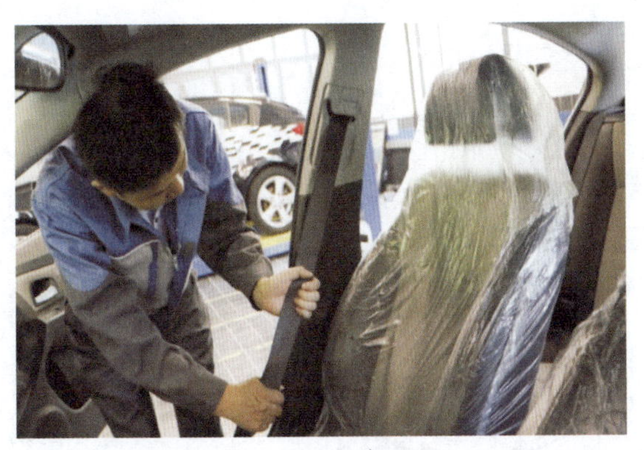

图 2-6-11　检查安全带锁紧器

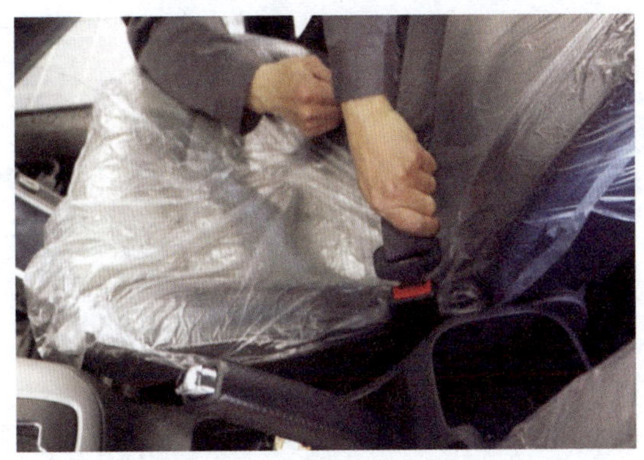

图 2-6-12　检查安全带锁扣

五、检查刮水器、清洗装置

1. 检查清洗装置的状态

（1）启动发动机。

（2）拨动刮水器多功能开关，如图 2-6-13 所示。

（3）检查风窗清洗装置是否有清洗液喷出。

（4）检查喷射压力是否足够，如图 2-6-14 所示。

图 2-6-13　打开刮水器多功能开关

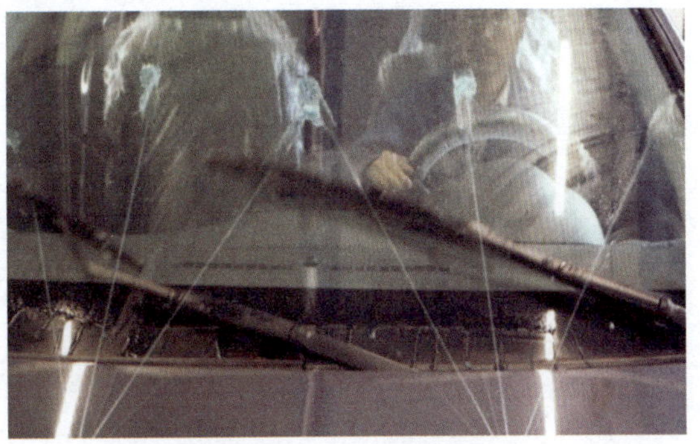

图 2-6-14　检查喷射压力

2. 检查清洗装置的喷射位置

检查喷射区是否集中在刮水器的工作范围，必要时进行调整。可在喷嘴内插入一根与喷嘴相匹配的钢丝，以便调整喷射方向，如图 2-6-15 所示。

3. 检查刮水器的工作情况

（1）旋动刮水器多功能开关，依次检查刮水器处于间歇挡、低速挡和高速挡时，工作是否正常。

（2）检查刮水器处于停止位置时，刮水器回位是否正常。

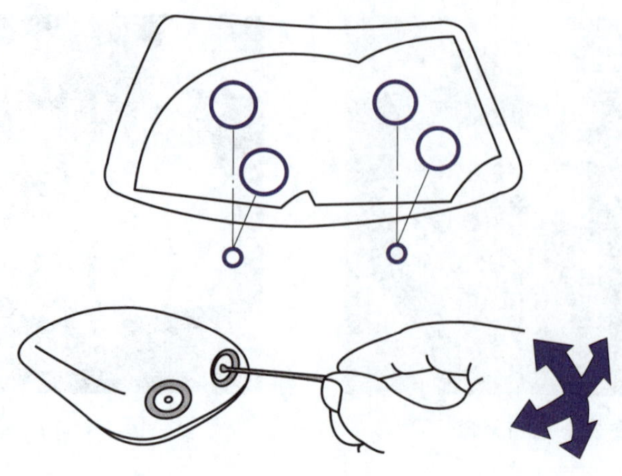

图 2-6-15　调整喷射方向

任务 7　双人维护工艺规范

学习目标

1．了解双人维护的优点。

2．熟悉 5 000 km 双人维护工艺流程。

3．能进行 5 000 km 双人维护作业。

任务描述

据不完全统计，有超过 35% 的车主对汽车维护工作质量、等待时间过长有过严重不满。为解决该问题，越来越多的汽车厂商把“双人维护”引入到售后服务当中，在 4S 店开启了双人维护绿色通道。双人同时施工作业可以将维护时间缩短，而在费用上则与单人作业一样，并未额外增加车主的维护费用。

知识准备

双人维护又称为双人快速维护、双人快保，是通过执行标准化的工艺流程，配备专用的设备和工具，采用双人分工、同时作业的形式，将单车维护时间控制在 30 ~ 50 min 的快速维护服务，可大大节约车辆作业时间，提高工作效率。

一、双人维护的优点

1. 客户需求得到快速响应

优化的流程和措施提升了经销商的运营能力，特别是在高峰时段，客户可以直观地感受到双人维护的优先快速。

以福特公司为例：客户在前台接待入口就可以看到快速维护通道标识，快速维护专属工位采用绿色地面装饰。同时，专门配置的车辆引导员，将在客户到店的第一时间向客户打招呼，并询问客户需求，使客户需求能得到快速响应。从前，客户在前台的预检与报价通常要花费 20 min 左右，现通过互动式预检区的布置和重新改善流程后，这一步骤仅需 7 min。

快速维护专属工位如图 2-7-1 所示。

图 2-7-1　快速维护专属工位

2. 减少客户等待时间

双人维护的"快"不仅体现在预检速度的提升，更体现在维护过程的效率优化。车辆进行维护时，每车都配备两名专业技师，进行分项施工，极大提高了车辆检查及维护的作业效率。

这种"双倍输出"的施工方式，让维护速度与质量得到大幅度提升，单车维护时间由以前的 2 h 缩短到 30 ~ 50 min，减少了客户等待时间。

3. 获得更专业的服务

双人快速维护设置专属的工位、配置专用的工具和设备，由训练有素的专属人员，依据标准化的快速维护流程，在最短的时间内完成车辆的各项维护作业。

二、双人维护工艺流程

1. 车辆举升位

车辆举升位就是车辆在举升机上的位置，由于举升机举升高度不同而产生不同的举升位。所有举升位都是以方便维修技师进行维修操作而设定的。

双人维护的整个流程是由多个车辆举升位组合而成的。常见车辆举升位有以下四种，如图 2–7–2 所示。

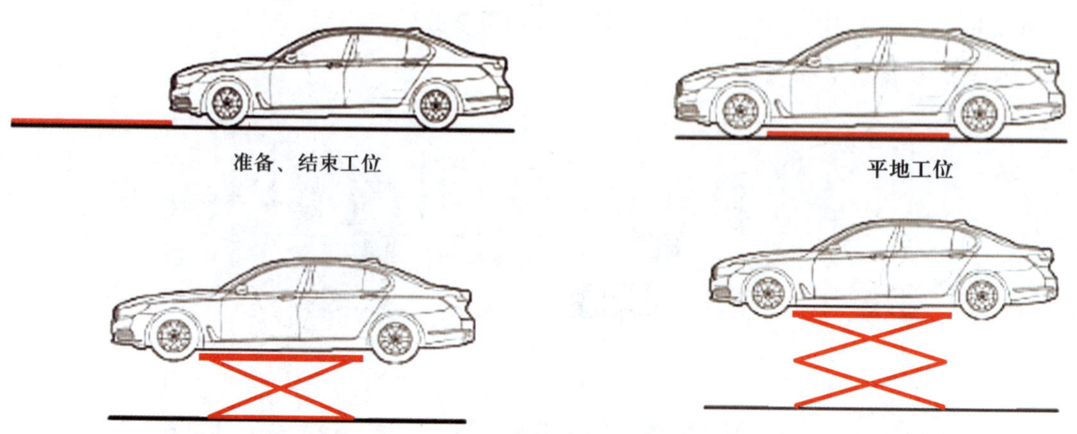

图 2–7–2　常见车辆举升位

2. 操作内容的汇总

对于不同品牌、不同车型、不同行驶里程的车辆，其维护操作的项目会有较大区别。因此，在进行双人维护前，必须先明确对应车型、对应里程下的维护项目。

（1）某车型 5 000 km 维护项目

1）更换工作项目

➢ 发动机机油

➢ 机油滤清器

2）检查工作项目

➢ 传动带张力及其状况

➢ 制冷系统管路和接头

➢ 发动机冷却液

➢ 点火正时

➢ 前制动片、制动盘和卡钳

➢ 驻车制动器操纵装置

➢ 制动液（包括防抱死制动系统）

➢ 制动软管和管路（包括防抱死制动系统）

➢ 排气系统及其状况

➢ 悬挂系统及其状况

➢ 所有的油量

➢ 蓄电池状态

➢ 轮胎状况、磨损和压力（包括备胎）

➢ 车灯操纵装置和前照灯光束

➢ 控制装置、门把手等的清洁

3）附加检查工作项目

➢ 怠速和怠速时排放的 CO 值

➢ 外观

➢ 助力转向功能

➢ 转向盘松旷量

➢ 空调操作性能

➢ 车内的各种灯光

➢ 刮水器

➢ 喷水头状态

➢ 仪表的动作和故障灯　　　　➢ 驾驶状况

（2）项目的合理分工

所有的项目都需要在规定的时间内由两名技师完成，对上述操作项目进行合理分工就显得尤为重要。项目合理分工的原则有：

1）工作量以及操作时间尽可能接近。

2）避免操作项目重复。

3）避免操作过程中发生干扰或冲撞。

4）分工职责明确：整个机油维护操作由一名技师完成；车内操作由另一名技师完成。应避免更换机油的技师进入车辆，弄脏车辆内饰。

（3）某品牌双人维护操作内容分工与走位

如图 2-7-3、图 2-7-4 所示为某品牌双人维护车辆举升至最高位置的项目分工与走位。

车辆举升至最高位置			
技师 A		技师 B	
1	依次检查轮胎是否有裂纹和损坏	1	拆卸发动机放油螺栓下部盖板
	检查轮胎侧面是否有鼓包		检查发动机下部、油封、排放塞是否漏油
	检查四个轮胎规格是否一致		拆卸发动机放油螺栓
	检查胎面是否嵌入金属碎片和异物及异常磨损		排放发动机机油
	检查轮圈和轮盘是否损坏、漏气		
2	检查后制动管路，确定是否泄漏，软管有无扭曲、裂纹和凸起	2	检查变速器是否渗漏
	检查后部制动油管路、轮速传感器导线、磨损传感器导线的固定状况		检查前制动管路是否泄漏，软管有无扭曲、裂纹和凸起
	检查车辆高度传感器线路及机械连接状况		检查前部制动油管路、轮速传感器导线、磨损传感器导线的固定状况
	检查后差速器及驱动轴防尘套是否渗漏		检查车辆高度传感器线路及机械连接状况
3	检查排气管吊耳	3	测量胎压，必要时按照B柱标识进行胎压调整
	检查排气管路，确认管路是否漏气；检查消声器有无损坏；检查排气安装件的 O 形密封圈是否损坏或脱落；密封垫片是否损坏		
	检查燃油供给管路是否泄漏		
	检查底盘护板的完整性	4	装复放油螺栓，并更换一次性垫片
	填写维护检查单		填写维护检查单
	操作举升机下降车辆至中间位置		

图 2-7-3　项目分工

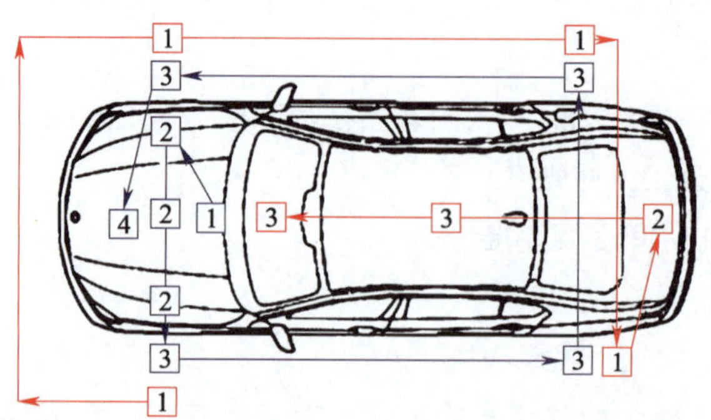

图 2-7-4 走位配合图

任务实施

本任务以上海通用克鲁兹 1.6MT 轿车为例。

工具器材

序号	名称	规格	数量
1	实训车辆	1.6MT	1 辆
2	举升机	剪式	1 台
3	车轮挡块		4 块
4	车辆防护用品		1 套
5	尾气抽排装置		1 台
6	工作台		1 张
7	清洁用抹布		若干
8	常用工具和量具	世达	1 套
9	废油回收桶		1 个
10	齿轮油加注机		1 台
11	预置式扭力扳手	世达，60 ~ 200 N · m	1 个
12	胎压表		1 个
13	轮胎花纹深度规		1 个
14	冰点检测仪		1 台
15	手电筒		2 个

一、双人维护工艺流程

1．按照双人维护工艺流程（表 2–7–1）对通用克鲁兹 1.6MT 轿车进行双人维护工作。

表 2–7–1　　双人维护工艺流程表

技师	步骤	位置	内容
车辆位置 1			
技师 A	1	工位内	接受任务，与技师 B 交换信息
	2	车辆四周	复检外观
	3	驾驶座	检查操控机构
技师 B	1	工位内	接受任务，与技师 A 交换信息
	2	工位内	检查工位安全 做准备工作
车辆位置 2			
技师 A	1	驾驶座	车辆驶入工位
	2	驾驶座	检查刮水器，检查前部灯光，电脑自诊断
	3	驾驶座	检查后部灯光，检查倒车雷达，打开发动机舱盖
	4	驾驶座	检查仪表、车内灯光、安全气囊、前排座椅、安全带、空调、音响以及其他设备
	5	司机侧举升机	支撑车辆，工作准备
技师 B	1	司机侧工位	引导技师 A 进入工位
	2	车辆后方	取出备胎
	3	车辆后方	指挥技师 A 检查后部灯光、倒车雷达
	4	车辆前方	检查刮水器，清洁并检查发动机舱内情况，检查蓄电池、制动液、转向助力油、风窗玻璃清洗液，打开机油加注口盖
	5	副司机侧举升机	支撑车辆，升车
车辆位置 3			
技师 A	1	后部底盘	检查后部底盘
	2	车辆左后	检查左后轮胎、左后悬挂及排气管
	3	车辆右后	检查右后轮胎、右后悬挂及燃油管
	4	中部底盘	检查排气密封、氧传感器
	5	车辆右前	检查右前轮胎
	6	车辆左前	检查左前轮胎
	7	司机侧举升机	检查工位安全，做准备工作

续表

技师	步骤	位置	内容
技师 B	1	前部底盘	拆卸发动机护板，排放机油，检查前部底盘
	2	车辆左前	检查左前悬挂
	3	车辆右前	检查右前悬挂
	4	前部底盘	检查传动带、水箱，更换机油滤芯，检查手动变速器油，安装放油螺栓
	5	副司机侧举升机	降车
车辆位置 4			
技师 A	1	车辆后方	检查备胎、油箱盖
	2	车辆前方	检查冷却液、正时传动带
	3	驾驶座	听指令启动发动机，检查发动机运转，熄火、拉驻车制动器
	4	车辆右后方	检查工位安全
技师 B	1	车辆前方	加注机油、清洁空气滤芯
	2	车辆前方	指挥技师 A 启动发动机
	3	车辆四周	拆卸轮胎（螺栓）护罩
	4	副司机侧举升机	升车
车辆位置 5			
技师 A	1	车辆前方	安装发动机护板
	2	副司机侧举升机	降车
技师 B	1	车辆前方	复检机油滤芯，安装发动机护板
	2	车辆左后	检查工位安全
车辆位置 6			
技师 A	1	车辆右后	检查轮胎轴承，拆卸轮胎，检查制动片和分泵
	2	车辆右前	检查轮胎轴承，拆卸轮胎，检查制动片和分泵，轮胎换位，安装轮胎
	3	车辆右后	安装轮胎
	4	副司机侧举升机	降车

续表

技师	步骤	位置	内容
技师 B	1	车辆左后	检查轮胎轴承，拆卸轮胎，检查制动片和分泵
	2	车辆左前	检查轮胎轴承，拆卸轮胎，检查制动片和分泵，轮胎换位，安装轮胎
	3	车辆左后	安装轮胎
	4	车辆左后	检查工位安全
车辆位置 7			
技师 A	1	车辆四周	安装轮胎（螺栓）护罩
技师 B	1	车辆四周	紧固轮胎螺栓
	2	车辆前方	检查机油液面
车辆位置 8			
技师 A	1	车辆四周	润滑维护车门、行李舱
	2	工位内	完成检查表，互检签字，送交检验
技师 B	1	工位内	完成检查表，互检签字，整理工位

2．填写双人维护记录单（表 2–7–2）。

表 2–7–2　　双人维护记录单

技师 A 姓名：____________

技师 B 姓名：____________　　指导教师签字：____________

（1）发动机换油记录

本次换油里程：________________　　换油日期：____年____月____日

机油型号与级别：________________　　实际加注量：________________

标准加注量：________________　　下次换油里程：________________

（2）左后制动器检查记录

项目名称	项目记录			
制动鼓直径[①]	位置 1		位置 3	
	位置 2		位置 4	
制动蹄直径[②]				
制动蹄与制动鼓间隙	标准值		计算值	
	判定结果：□合格　　□不合格			
制动蹄摩擦衬片厚度[③]	实测值		使用极限	
	判定结果：□合格　　□不合格			

注：①制动鼓直径测量开口端向下 24 mm 位置均布 4 点。

②制动蹄直径测量其中间位置 1 点。

③制动蹄摩擦衬片厚度测量前片中间位置 1 点。

（3）尾气排放测量（怠速）记录

项目		CO（%）	HC（10^{-6}）	过量空气系数（λ）
测量值	最高			
	最低			
	平均			
判定结果		□合格 □不合格	□合格 □不合格	□合格 □不合格
		总评：□合格 □不合格		

（4）检测记录

序号	项目名称	参数记录		状态判断	维修措施
1	发动机冷却液液位			□正常 □不正常	□更换 □修理 □调整
2	发动机冷却液冰点			□正常 □不正常	□更换 □修理 □调整
3	制动液液位			□正常 □不正常	□更换 □修理 □调整
4	前风窗玻璃 清洗液液位			□正常 □不正常	□更换 □修理 □调整
5	发动机 机油液位			□正常 □不正常	□更换 □修理 □调整
6	蓄电池电压（静态）			□正常 □不正常	□更换 □修理 □调整
7	发动机 故障码	历史：		□正常 □不正常	□更换 □修理 □调整
		当前：			
8	制动踏板 自由行程			□正常 □不正常	□更换 □修理 □调整
9	制动踏板行程			□正常 □不正常	□更换 □修理 □调整
10	胎面沟槽深度			□正常 □不正常	□更换 □修理 □调整
11	轮胎气压			□正常 □不正常	□更换 □修理 □调整
12	蓄电池 充电电压	无负荷： □	□正常 □不正常	□正常 □不正常	□更换 □修理 □调整

技师A签名：________　　　　技师B签名：________

____年____月____日　　　　____年____月____日

二、双人维护灯光检查

1. 双人维护灯光检查的十种配合手势（图 2-7-5）

双人维护中对车辆灯光的检查由车内、车外两名维修技师，通过手势配合进行检查，以确保做到准确、高效、不漏项。

打开近光灯

打开远光灯

打开左转向灯

打开右转向灯

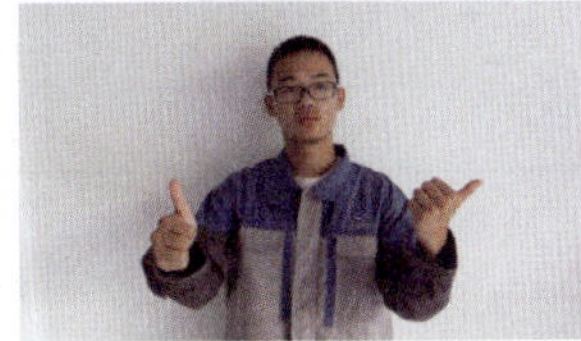

打开雾灯

打开制动灯

打开倒车灯

打开危险警告灯

有故障

完成

图 2-7-5　双人维护的十种配合手势

2. 双人维护灯光检查

按照双人维护灯光检查的手势配合，对通用克鲁兹 1.6MT 轿车进行灯光检查工作，填写灯光检查报告单（表 2-7-3）。

表 2-7-3　　检查报告单（灯光部分）

序号	项目名称	状态判断	情况说明	维修措施
1	检查仪表板指示灯点亮情况（点火开关置于ON位置）	□正常 □不正常		□更换　□修理　□调整
2	检查车厢灯点亮情况	□正常 □不正常		□更换　□修理　□调整
3	将车厢灯开关旋至“DOOR”位置，检查车厢灯点亮情况	□正常 □不正常		□更换　□修理　□调整
4	检查示廓灯点亮情况	□正常 □不正常		□更换　□修理　□调整
5	检查前照灯近光灯点亮情况	□正常 □不正常		□更换　□修理　□调整
6	检查前照灯远光灯点亮情况	□正常 □不正常		□更换　□修理　□调整
7	检查前照灯闪光器开关和指示灯点亮情况	□正常 □不正常		□更换　□修理　□调整
8	检查转向信号灯和指示灯（前）点亮情况	□正常 □不正常		□更换　□修理　□调整
9	检查危险警告灯和指示灯（前）点亮情况	□正常 □不正常		□更换　□修理　□调整
10	检查转向灯开关自动回位情况	□正常 □不正常		□更换　□修理　□调整
11	检查尾灯点亮情况	□正常 □不正常		□更换　□修理　□调整
12	检查牌照灯点亮情况	□正常 □不正常		□更换　□修理　□调整
13	检查转向信号灯和指示灯（后）点亮情况	□正常 □不正常		□更换　□修理　□调整

续表

序号	项目名称	状态判断	情况说明	维修措施
14	检查危险警告灯和指示灯（后）点亮情况	□正常 □不正常		□更换　□修理　□调整
15	检查制动灯点亮情况	□正常 □不正常		□更换　□修理　□调整
16	检查倒车灯点亮情况	□正常 □不正常		□更换　□修理　□调整
17	检查组合仪表警告灯点亮和熄灭情况（启动发动机）	□正常 □不正常		□更换　□修理　□调整

技师 A 签名：＿＿＿＿＿＿　技师 B 签名：＿＿＿＿＿＿　指导教师签字：＿＿＿＿＿＿

＿＿年＿＿月＿＿日　＿＿年＿＿月＿＿日　＿＿年＿＿月＿＿日

任务 8　汽车维护质量检验及竣工验收

学习目标

1．了解汽车维护质量控制的基本要求。
2．熟悉汽车维护质量控制的工作流程。
3．掌握汽车维护各项检验的基本内容。
4．掌握汽车维护竣工验收的基本内容。

任务描述

在车辆进厂维修时，为确保汽车维修质量，车辆需经过进厂检验、维修过程检验、维修竣工检验。在车辆维护过程中，维修技师、质检员、总检验员各司其职，实施三级检验制度。本任务是对维护车辆进行进厂检验、过程检验、竣工出厂检验。

知识准备

汽车维修质量是企业赖以生存的重要依据，直接影响到企业品牌和长远发展，也是客户最为关心的问题。因此，维修过程中的各级人员需各司其职，做好质量检验工作，以提高车辆的维修质量，减少返修率，增加用户满意度。

一、维修质量控制的基本要求

1．所有进厂维护或修理的车辆，都要实施三级检验制度：维修技师的自检互检、维修班专职质检员的检验、总检验员的终检。

2．终检时按照委托书、定期维护检查项目表，检查每一个维修项目；每一个完工的维修项目都要符合客户的要求及维修技术要求。

3．将总检验结果记录在委托书上并签字，并将总检结束的《竣工车辆委托书》及《定期维护检查项目表》向车间主管报告。

4．若检查发现完工的维修项目不符合维修技术要求，则必须返工。

5．需要返工的维修项目，应向车间主管详细汇报，由车间主管重新分配工作。每天发生的返工应以最终质量检查报告单的形式向服务经理报告。

定期检查报告单（灯光部分）见表 2–8–1。

二、维修质量检验的工作流程（图 2–8–1）

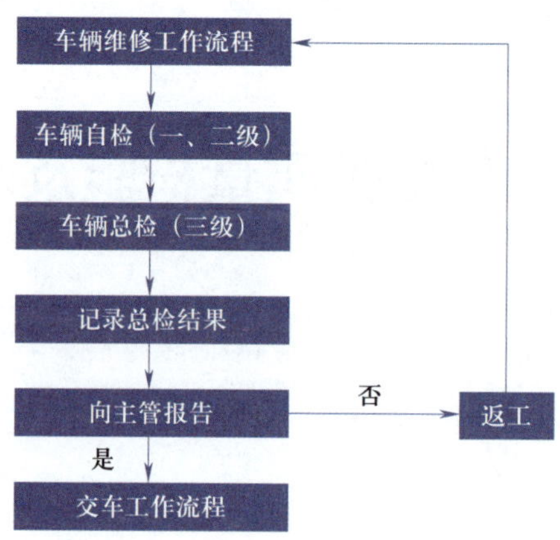

图 2–8–1　维修质量检验的工作流程

三、质量检验的基本内容

1. 自检、互检

（1）对车辆进行维修过程中，维修技师进行自检。维修技师检查更换后的零部件是否有效，检查更换下来的零部件是否确实损坏，反思更换下来的零部件的损坏原因及是否会导致该故障。

（2）自检之后，维修技师间进行互检。检查该故障是否再现，检查被拆装部位接口是否完好，检查被拆装线路连接是否完好，检查被拆装部件（车轮、发动机、转向器、悬架等）的力矩是否准确。

（3）发现没有完全解决的问题，则需继续检修。

2. 巡检

（1）质检员（技术总监）在车间巡视，观察各维修班组的工作情况。

（2）每日定量间隔抽查一部分在修车辆，重点抽查互检异常较多和较少的班组所作业的车辆。

（3）对疑难故障，重点询问维修技师的诊断、判断思路。

（4）对一般故障或简单拆装，重点询问维修技师相关拆装参数及方法。

（5）使用关键仪器时，重点观察维修技师的操作是否正确、规范。

（6）对维修技师在维修过程中存在的问题给予指导、纠正。

3. 终检

（1）车辆维修完工后，交付质量检验员检验

初检：对所竣工车辆维修工作进行初步检查以及内、外部清洁的检查。

抽检：每日定量抽取一定比例的维护车辆和维修项目较多的车辆进行全面检验，对照《机动车维修管理规定》的要求，对二级维护、总成修理、整车修理的车辆进行竣工质量检验。

全检：对所有维修车辆的安全部位进行检查，对总成零件发生故障的车辆进行相关故障排除的确认。

（2）检验内容

试车判断故障是否再现，检查是否产生新的故障，拆装部件是否连接可靠、到位，维护操作是否有缺项，维护工艺是否完全到位，车辆的内、外部是否清理，是否对车内、外产生表面伤害。不合格则需返修，返修结束后需再次检验，合格后方可做交车前准备，最后在委托书上签字。

四、维修质量检验工作标准（表 2-8-1）

表 2-8-1　维修质量检验工作标准

操作步骤	服务内容和标准	管理工具	责任人
车辆检验制度（三级检验）	对所有进站维修维护的车辆，必须实施三级检验制度	委托书 定期维护检查项目表	质检员 维修技师
	总检：按照委托书及定期维护检查项目表指示的每一项维修项目进行检查		质检员
	检查客户要求的维修项目是否完成或故障是否排除（有必要时可以进行路试）		质检员
	每一个完工的维修项目都要符合维修手册的技术要求	维修手册	质检员
记录车辆检验结果	将终检确认的内容完整无缺地记录在委托书及定期维护检查项目表上并签名	委托书 定期维护检查项目表	质检员
	若完工的维修项目结果不符合维修技术标准，返工时应在最终质量检查报告单中记录返工原因及必要措施	维修手册 最终质量检查报告单	质检员
	如果维修技师填写的委托书及定期维护检查项目表的内容不完全，则要求补充完全	委托书 定期维护检查项目表	质检员

续表

操作步骤	服务内容和标准	管理工具	责任人
向车间主管报告	将终检结束的竣工车辆委托书及定期维护检查项目表向车间主管汇报	委托书 定期维护检查项目表	质检员 车间主管
	需要返工的维修项目，应向车间主管详细汇报	委托书	质检员 车间主管
返工	由车间主管重新分配工作	委托书	车间主管
	每天发生的返工以最终质量检查报告单的形式向服务经理汇报	最终质量检查报告单	服务经理

任务实施

1．对任务7中的维护车辆，进行相应的进厂检验（见表2–8–2）、过程检验（见表2–8–3）、竣工出厂检验（见表2–8–4），并填写相应的表单。

表2–8–2　　汽车维修行业二级维护进厂检验单

送修单位		车牌号		车型	
营运证号		发动机号		底盘号	
车辆档案及车主反应的车辆状况					

序号	项目	检查情况（有、是☑　无、否☒）
1	操纵稳定性	有无跑偏（有□　无□）有无发抖（有□　无□）有无摆头（有□　无□）
2	变速器	有无泄漏（有□　无□）有无异响松脱（有□　无□） 有无裂纹（有□　无□）换挡是否轻便灵活（是□　否□）
3	离合器	有无打滑（有□　无□）有无发抖现象（有□　无□） 分离是否彻底（有□　无□）结合是否平稳（是□　否□）
4	传动轴	有无泄漏（有□　无□）有无异响（有□　无□） 有无松脱（有□　无□）有无裂纹（有□　无□）
5	后桥	主减速器有无泄漏（有□　无□）主减速器有无异响（有□　无□） 主减速器有无过热（有□　无□）
6	轮胎	有无裂损（有□　无□）有无老化、变形（有□　无□） 装用是否符合要求（是□　否□）
7	前轮前束	是否符合规定（是□　否□）
8	转向盘	自由转动量是否符合规定（是□　否□）是否轻便（是□　否□） 有无卡滞和漏油（有□　无□）

续表

序号	项目	检查情况（有、是☑　无、否☒）
9	车架 / 悬架	有无松动（有□　无□）有无裂纹（有□　无□） 有无断片（有□　无□）
10	转向机构	垂臂及转向节臂有无弯曲及裂损（有□　无□）
11	发动机	运转是否均匀及稳定（是□　否□）发动机装备是否齐全、有效（是□　否□）
12	尾气排放	是否符合要求（是□　否□）
13	整车制动	制动效果是否良好（是□　否□）
14	驻车制动	制动效果是否良好（是□　否□）
15	灯　光	是否符合要求（是□　否□）
附加作业项目		
检验结论	维护厂家：（章） 质检员签字：（章）　年　月　日	车主意见：

表 2-8-3　汽车维修行业二级维护过程检验单

送修单位		车牌号		车型	
营运证号		发动机号		底盘号	

序号	检查项目	检查情况（有、是☑　无、否☒）
1	整车	整车是否周正（是□　否□） 车窗、车门是否开启方便（是□　否□） 车身漆面是否完好（是□　否□）
2	发动机	气缸压力是否符合规定（是□　否□） 润滑油是否符合要求（是□　否□） 机油滤清器是否完好、有效（是□　否□） 空气滤清器是否完好、有效（是□　否□） 油箱油管有无破损、渗漏（有□　无□） 燃油滤清器是否完好、有效（是□　否□） 燃油泵是否完好、有效（是□　否□） 曲轴通风是否清洁、畅通（是□　否□） 进、排气歧管是否有裂痕、漏气（是□　否□） 消声器性能是否良好（是□　否□） 发动机支架连接是否牢固、可靠（是□　否□） 喷油器是否完好、有效（是□　否□） 火花塞是否符合规定（是□　否□） 气门间隙是否符合规定（是□　否□） 催化装置作用是否正常（是□　否□）

续表

序号	检查项目	检查情况（有、是☑　无、否☒）
3	电器系统	电器系统是否工作正常、可靠（是□　否□）
4	离合器	踏板自由行程是否符合要求（是□　否□） 弹簧压力是否符合规定（是□　否□） 摩擦片是否符合要求（是□　否□）
5	传动系	变速器工作情况是否良好（是□　否□） 差速器工作情况是否良好（是□　否□）
		万向节工作情况是否良好（是□　否□） 中间轴承支架及间隙是否符合要求（是□　否□）
6	转向系	转向盘自由转动量是否符合要求（是□　否□） 横直拉杆、转向节及节臂工作情况是否良好（是□　否□） 四轮定位是否符合要求（是□　否□）
7	制动系	驻车制动摩擦片厚度是否符合要求（是□　否□） 驻车制动器自由行程是否符合要求（是□　否□） 制动踏板自由行程是否符合要求（是□　否□）
		转向轴制动蹄片厚度是否符合要求（是□　否□） 转向轴制动盘厚度是否符合要求（是□　否□） 制动器工作情况是否良好（是□　否□）
		非转向轴制动器工作情况是否良好（是□　否□） 非转向轴制动蹄片厚度是否符合要求（是□　否□） 非转向轴制动盘厚度是否符合要求（是□　否□）
8	行驶系	轮胎动平衡量是否符合要求（是□　否□） 轮胎胎冠花纹深度是否符合要求（是□　否□）
9	其他	

小修情况记录		更换主要零部件记录			
项目	修理情况摘要	名称	规格	数量	产地
备注		检验员（签字）： 年　月　日			

表 2-8-4　汽车维修行业二级维护竣工检验单

编号：

车牌号码		车型		发动机号码		车架号或 VIN 号码		送检时间	

二级维护竣工检验项目及要求

序号	检验部位	检验项目	技术要求	检验方法	检验结果
1	整车	1．清洁	汽车外部、各总成外部、三滤应清洁	检视	
		2．面漆	车身面漆、腻子无脱落现象，补漆颜色应与原色基本一致	检视	
		3．对称	车体应周正，左右对称	汽车平置检查	
		4．紧固	各总成外部螺栓、螺母按规定力矩拧紧，锁销齐全有效	检查	
		5．润滑	发动机、变速器、转向器、减速器润滑符合规定，各通气孔畅通。各润滑点润滑脂加注符合要求，润滑脂嘴齐全有效，安装位置正确	检视	
		6．密封及电器	全车无油、水、气泄漏，密封良好，电器装置工作可靠，绝缘良好	检视	
		7．前照灯、信号灯、仪表、刮水器、后视镜等装置	稳固、齐全、有效	检视	
2	发动机	1．发动机工作状况	发动机能正常启动，低、中、高速运转均匀及稳定，水温正常，加速性能良好，无断缸、回火、放炮等现象，发动机运转稳定后应无异响	路试	
		2．发动机功率	无负荷功率不小于额定值的 80%	检测	
		3．发动机装备	齐全有效	检视	
3	离合器	1．踏板自由行程	符合原厂规定	检测	
		2．离合情况	接合平稳，分离彻底，无打滑、抖动及异响	路试	
4	转向系	1．转向盘最大转动量	符合规定	检查	
		2．横直拉杆装置	球头销不松旷，各部螺栓、螺母紧固，锁止可靠	检查	
		3．转向机构	操作轻便、转动灵活，无摆振、跑偏等现象，车轮转到极限位置时，不得与其他部件有碰擦现象	路试	
		4．前束及最大转向角	符合规定	检测	
		5．侧滑	符合 GB 7258 中的有关规定	检测	

续表

序号	检验部位	检验项目	技术要求	检验方法	检验结果
5	传动系	变速器、传动轴、主减速器	变速器操纵灵活，不跳挡，不乱挡；变速器传动轴、主减速器各部位应无异响，传动轴装配正确	路试	
6	行驶系	1．轮胎	轮胎磨损应在规定范围内，同轴轮胎应为相同的规格和花纹，转向轮不得使用翻新轮胎，轮胎气压应符合规定，后轮辋孔与制动鼓观察孔应对齐	检查	
		2．钢板弹簧	钢板弹簧无断裂、位移，U 形螺栓紧固，前后钢板支架无裂纹及变形	检查	
		3．减振器	稳固有效	路试	
		4．车架	车架无变形，纵横梁无裂纹，铆钉无松动，拖车钩、备胎架齐全，无裂损变形，连接牢固	检查	
		5．前后轴	无变形及裂纹	检查	
7	制动系	1．制动性能	应符合 GB 7258 中的有关规定	检测	
		2．制动踏板自由行程	符合规定	检查	
		3．驻车制动性能	应符合 GB 7258 中的有关规定	检测	
8	滑行	滑行性能	符合规定	检测	
9	车身、车厢	车身	驾驶室装置紧固，门锁链灵活、无松旷，限动装置齐全有效，驾驶室门关闭牢靠、无旷动，风窗玻璃完好，窗框严密，门把、门锁、玻璃升降器齐全有效，发动机罩锁扣有效，暖风装置工作正常	检查	
		车厢	车厢不歪斜，整体不变形，底板无损坏，边板、后门平整无变形，铰链完好，关闭严密，前后锁扣作用可靠	检视	
10	排放	尾气排放测量	符合有关标准的规定	检测	

注：检验方法中的检测为用检测设备检测

竣工检验意见		质量总检验员签字	

2．如检查结果不合格，填写返修车处理记录表（见表 2–8–5）。确认合格后，质量检验员在表格中签字。

表 2–8–5　　返修车处理记录表

返修□　　返工□　　年　月　日

<table>
<tr><td>车号</td><td></td><td>车型</td><td></td><td>客户</td><td></td><td>保修期</td><td></td></tr>
<tr><td>原操作者</td><td></td><td>原班组长</td><td></td><td>原服务顾问</td><td></td><td>本次服务顾问</td><td></td></tr>
<tr><td>检修项目</td><td colspan="7"></td></tr>
<tr><td>返修原因</td><td colspan="7"></td></tr>
<tr><td rowspan="2">采取对策</td><td>返修操作者</td><td></td><td>指导者</td><td></td><td>返修费用</td><td colspan="2"></td></tr>
<tr><td colspan="3">（1）返修作业内容评述
（2）采取对策
（3）返修后状况
（4）是否需要技术支持
（5）返修处理结果
（6）返修分析与总结</td><td colspan="4"></td></tr>
<tr><td>服务经理</td><td></td><td>车间主管</td><td></td><td>班组长</td><td></td><td>返修操作者</td><td></td></tr>
</table>

项目三　汽车 10 000 km 维护

进行汽车 10 000 km 维护时，除了实施 5 000 km 维护作业外，还需完成手动变速器齿轮油油位和油质的检查（注：自动变速器在进行 10 000 km 维护时不需要检查），转向助力油检查，轮胎换位与动平衡检测，点火锁芯维护，整车车门锁润滑，冷却系统各部件检查，底盘螺栓螺母、减振器、控制臂、护罩、防尘罩等检查与紧固等作业。

本项目重点进行手动变速器齿轮油的检查与更换、转向助力油的检查与更换、轮胎换位与动平衡检测等作业。

任务 1　手动变速器齿轮油的检查与更换

学习目标

1. 了解手动变速器齿轮油的相关知识。
2. 熟悉手动变速器齿轮油的选用方法。
3. 能对手动变速器齿轮油进行检查、添加与更换。

任务描述

本任务按照汽车维护手册要求，对达到行驶里程的车辆进行手动变速器油液检查，根据检查结果补充添加或更换。不同汽车企业对手动变速器油的检查周期规定略有不同，例如，2015 款科鲁兹要求每 10 000 km 检查一次，大众新速腾要求每 15 000 km 检查一次。

知识准备

一、按使用性能分类

目前国际上广泛采用 API（美国石油协会）法，将车辆齿轮油按使用性能分为 GL–1、GL–2、GL–3、GL–4、GL–5 和 GL–6 六级。其性能水平逐级提高。其中，使用较多的是 GL–4 和 GL–5。

二、按黏度分类

美国汽车工程师协会（SAE）于 2005 年发布了车辆齿轮油黏度分类标准 SAE J306—2005，将齿轮油分为 70W、75W、80W、85W、80、85、90、110、140、190 和 250 共 11 个黏度牌号，其黏度等级逐级提高。

三、齿轮油的组成

齿轮油由基础油及添加剂组成。齿轮油的选择与机油的选择类似，要看基础油是哪种类型。

一般 GL-4、GL-5 级的 85W/90、85W/140 及 90、140 采用普通矿物油调合，GL-4、GL-5 级的 75W/90、80W/90 则使用合成油调合。建议家庭用车尽量使用 GL-4、GL-5 级的 75W-90 全合成型齿轮油。

四、齿轮油使用注意事项

1．高等级的齿轮油可用在要求使用低等级齿轮油的车辆上，但低等级的齿轮油绝不能用在要求使用高等级齿轮油的车辆上。

2．在保证润滑的前提下，应选用黏度等级较低的齿轮油；尽可能选用多级油，以避免季节换油造成的浪费。

3．不同种类的齿轮油不能混用。

4．齿轮油应严防混入水分、机械杂质等。

任务实施

本任务以 1.6 手动挡轿车为例，进行实训。

工具器材

序号	名称	规格	数量
1	实训车辆	1.6MT	1 辆
2	举升机	剪式	1 台
3	车轮挡块		4 块
4	车辆防护用品		1 套
5	尾气抽排装置		1 台
6	工作台		1 张
7	清洁用抹布		若干
8	常用工具和量具	世达	1 套
9	废油回收桶		1 个
10	齿轮油加注机		1 台

一、手动变速器齿轮油的检查

1. 手动变速器齿轮油检查的准备工作

（1）车辆进入工位前，清理工位卫生，排除障碍物，准备好相关的工具、物品、耗材等。

（2）安装、铺设内三件套，如图 3–1–1 所示；将车辆停放在举升机的中央位置，拉紧驻车制动器；将变速器置于空挡，安装好车轮挡块，如图 3–1–2 所示；打开发动机舱盖，安装、铺设外三件套，如图 3–1–3 所示。

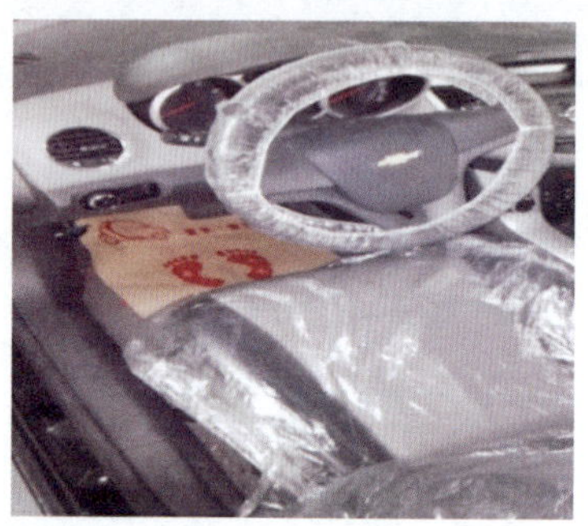

图 3–1–1 安装、铺设内三件套

图 3–1–2 挡块位置

（3）准备手动变速器齿轮油检查所需要的工具，如 24# 套筒扳手组件、17 cm 内六角扳手、10 ~ 100 N · m 扭力扳手等，如图 3–1–4 所示。

图 3–1–3 安装、铺设外三件套

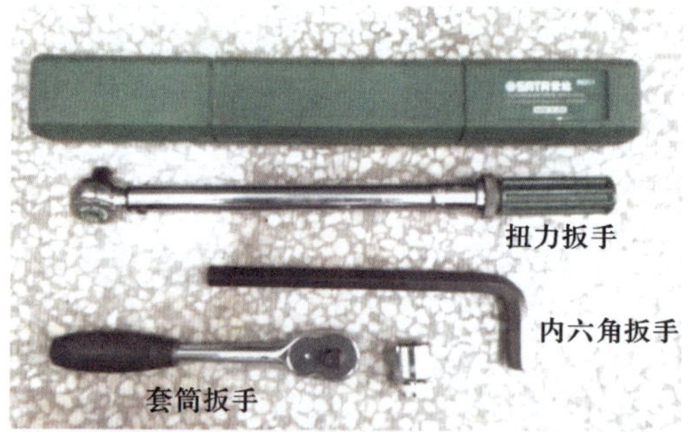

图 3–1–4 齿轮油检查所需工具

2. 手动变速器齿轮油液位的检查

（1）操纵举升机将车辆举升到适当高度（位置 3），并可靠锁止托臂，如图 3–1–5 所示。

（2）使用 24# 套筒扳手组件拧松变速器注油塞，如图 3–1–6 所示。

注意：禁止使用已严重磨损的工具拆卸注油塞，否则容易造成滑丝，给拆卸带来更大困难。

（3）用手旋下注油塞并放好。

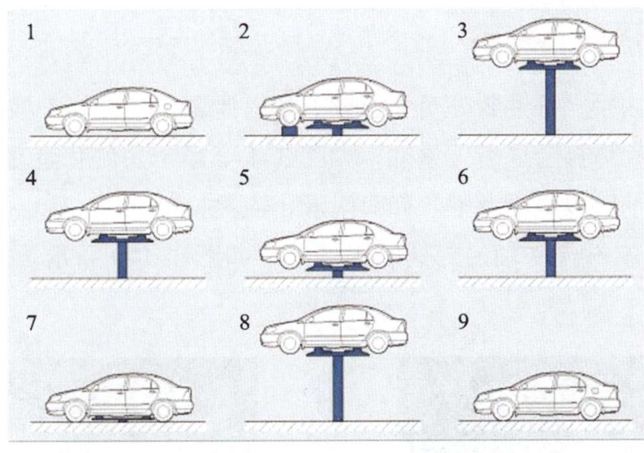

图 3-1-5　车辆举升位置

图 3-1-6　拧松变速器注油塞

（4）查看变速器内油面位置，如果油位低，则检查油液是否泄漏。

注意：为了看清油面位置，可以配合灯光照明。变速器油面应位于注油口下边缘 0 ~ 5 mm 的范围内，如图 3-1-7 所示。如果变速器油面正常，则将注油塞按照规定力矩拧紧。

图 3-1-7　检查变速器内油平面位置（示意图）

3. 手动变速器漏油的检查

（1）检查变速器内换挡杆油封处有无漏油。如有泄漏，应更换内换挡杆油封。

（2）检查变速器壳体接合处有无漏油，如图 3-1-8 所示。如有泄漏，应更换衬垫。

（3）检查变速器前油封有无漏油。如有泄漏，应更换前油封。

（4）检查变速器左右传动轴油封处有无漏油，如图 3-1-9 所示。如有泄漏，应更换传动轴油封。

图 3-1-8　变速器壳体接合处

图 3-1-9　变速器左右传动轴油封处

4. 手动变速器齿轮油油质的检查

松开排放孔，用容器接住部分油液，观察排出油液的情况：是否存在异味、是否有浑浊情况；用手接触油液，看油液中是否存在细小的金属颗粒。如果有变质情况，应更换变速器齿轮油。

5. 结束工作

若油质合格，放下车辆、收取内三件套、升起车窗玻璃，清洁整理车辆、场地、设备、工具等。

二、变速器齿轮油的更换

经检查，若手动变速器齿轮油油质不合格或达到了厂家规定的更换里程或年限，必须及时更换齿轮油。

1．手动变速器齿轮油更换前的准备工作。准备废油回收桶，如图 3-1-10 所示；准备手动按压式齿轮油加注机，如图 3-1-11 所示。

图 3-1-10　废油回收桶

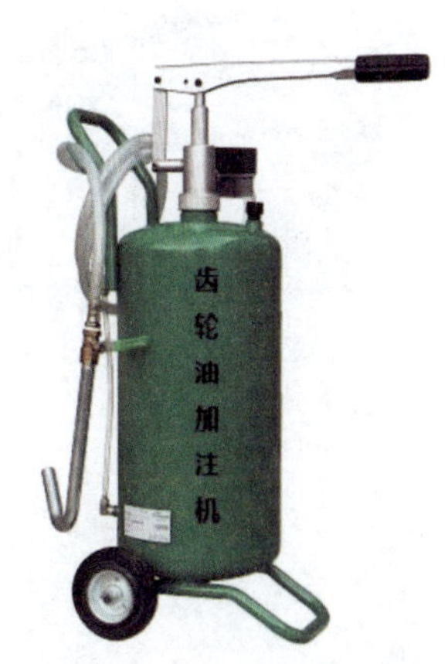

图 3-1-11　手动按压式齿轮油加注机

2．启动车辆，行驶一定距离或在举升机上原地挂空挡运转数分钟，使变速器齿轮油升温，随后将发动机熄火、拉好驻车制车器、变速器置空挡。举升车辆至高位，如图 3–1–12 所示。准备好废油回收桶，拧下齿轮油放油螺栓（见图 3–1–13）、注油塞，放出齿轮油。

图 3-1-12　举升汽车

图 3-1-13　拧下放油螺栓

3．油液排放完毕后，使用新的放油螺栓垫片，安装好放油螺栓，拧紧力矩为 60 ~ 80 N · m。

4．选择汽车制造厂家推荐的齿轮油，使用齿轮油加注机加注适量的齿轮油，如图 3–1–14 所示，直至齿轮油从注油口刚刚溢出为止。

5．安装注油塞，拧紧力矩为 25 N · m。

6．放下车辆，挂空挡运转几分钟，如图 3–1–15 所示。然后再举升车辆，检查有无齿轮油渗漏现象。

7．结束工作。取下外三件套，合上发动机舱盖，收取驾驶室三件套、升起车窗玻璃，清洁整理车辆、场地、设备、工具等。

注意：废弃齿轮油应做集中回收处理。

图 3-1-14　加注齿轮油

图 3-1-15　挂空挡运转车辆

任务 2　转向助力油的检查与更换

学习目标

1. 了解转向助力油选用的相关知识。
2. 熟悉汽车转向助力装置的常见种类。
3. 能对转向助力油进行检查与更换。

任务描述

本任务按照汽车维护手册要求，对达到行驶里程的车辆的转向助力油进行检查，根据检查情况补充添加或更换。不同汽车企业对转向助力油的检查周期规定略有不同，例如，2012 款科鲁兹要求每 10 000 km 检查一次；2011 款朗逸 1.4TSI 要求每 5 000 km 检查一次；广汽传祺 GS5 要求每 10 000 km /6 个月检查一次。

知识准备

一、转向助力装置概述

为了减轻驾驶员作用在转向盘上的操作力，使用外来动力产生转向助力的装置称为转向助力装置。

1. 转向助力装置的种类

常见的转向助力装置分为机械液压助力、电子液压助力、电动助力三种。其中，机械液压助力使用最为广泛。

2. 机械液压转向助力装置的结构

机械液压转向助力装置的结构如图 3–2–1 所示。这种助力方式是将一部分发动机动力输出转化成油泵的压力，当驾驶员转动转向盘时，对转向系统施加辅助作用力，转向摇臂摆动，通过直拉杆、横拉杆、转向节臂，使转向轮偏转，从而改变汽车的行驶方向。

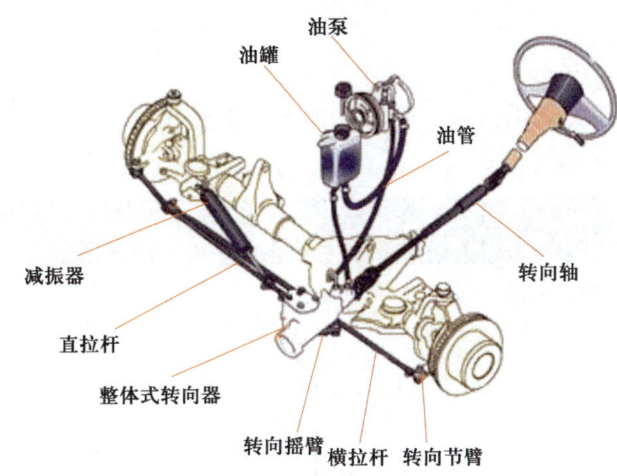

图 3–2–1　机械液压转向助力装置的结构

3. 机械液压转向助力装置的维护要求

对于机械液压转向助力装置而言，在使用过程中会出现转向助力油变白、产生气泡、浑浊、变质、液位下降等现象，致使动力转向装置性能下降或丧失，造成汽车转向沉重。其主要原因是转向助力油与空气混合、转向助力油达到更换周期或管路存在泄漏。因此，需要定期检查、补充添加、更换转向助力油。

注意：对于电动助力的车辆，则无须更换转向助力油。

二、认识汽车转向助力油

汽车转向助力油（图 3–2–2）是汽车液压转向助力系统的工作介质，长期以来一直选用自动变速器油（ATF）替代，但目前已有采用转向助力专用油的趋势。转向助力油中含有去污添加剂的成分，可以有效清洁转向助力系统。

图 3–2–2　汽车转向助力油

三、转向助力油的使用注意事项

1．转向助力油含有有毒成分，如果沾到皮肤上应及时清洗干净。

2．转向助力油具有腐蚀性，可能导致油漆失去光泽，也会导致橡胶配件老化，如有沾染应及时清洗。

任务实施

本任务以 1.6 手动挡配备机械液压转向助力装置的轿车为例，进行实训。

工具器材

序号	名称	规格	数量
1	实训车辆	1.6MT	1 辆
2	举升机	剪式	1 台
3	车轮挡块		4 块
4	车辆防护用品		1 套
5	尾气抽排装置		1 台
6	工作台		1 张
7	清洁用抹布		若干
8	常用工具和量具	世达	1 套
9	废油回收桶		1 个
10	转向助力油抽吸桶		1 个

一、转向助力油的检查

1. 转向助力油检查的准备工作

（1）车辆进入工位前，清理工位卫生，排除障碍物，准备好相关的工具、物品、耗材等，如图 3-2-3 所示。

（2）安装、铺设内三件套；将车辆停放在举升机的中央位置，拉紧驻车制动器；将变速器置于空挡，安装好车轮挡块；打开发动机舱盖，安装、铺设外三件套。

图 3-2-3　转向助力油检查常用工具设备

2. 转向助力油液位的检查

（1）操纵举升机将车辆举升到适当高度（位置 5），如图 3–2–4 所示，使转向轮离开地面，并可靠锁止托臂。

（2）如图 3–2–5 所示，调正转向盘，使车辆的两个前轮处于直线行驶的状态。

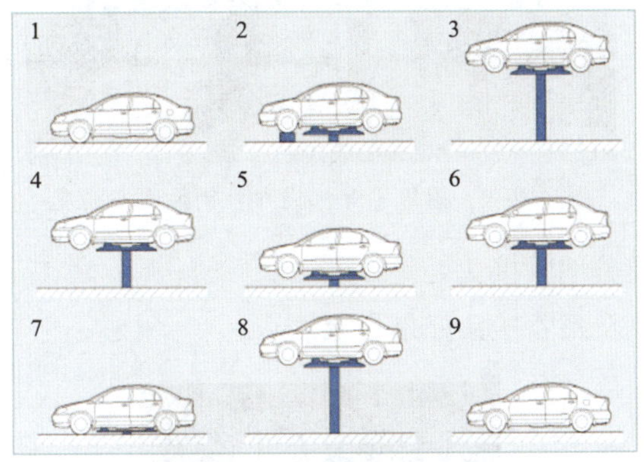

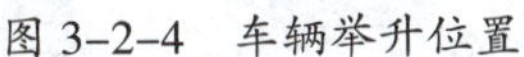
图 3–2–4　车辆举升位置

图 3–2–5　调正转向盘

（3）清洁转向助力油储液罐盖。转向助力油储液罐安装在发动机舱内发动机前方的位置，如图 3–2–6 所示。

（4）用手旋下储液罐盖，使用抹布擦净标尺上的油迹，如图 3–2–7 所示，观察标尺上的刻度线。有些车型的标尺与储液罐制成一体，罐体上注有“MAX”和“MIN”刻度线，指示液压油液面的最高和最低极限位置。

图 3–2–6　转向助力油储液罐的安装位置

图 3–2–7　用抹布擦净标尺

（5）先将储液罐盖旋紧在储液罐上，然后再将储液罐盖旋下，观察标尺上显示的液面位置，如图 3–2–8 所示。

（6）转向助力油液面高度应在标尺的“MAX”和“MIN”刻度线之间。如果液面过低，应适当添加转向助力油，并按下面的步骤检查系统是否有泄漏现象。

3. 转向助力油泄漏的检查

（1）如图 3–2–9 所示，操纵举升机提升车辆至适当高度，并可靠锁止托臂。

图 3-2-8　检查标尺上显示的液面位置

图 3-2-9　操纵举升机提升车辆至适当高度

（2）如图 3-2-10 所示，检查转向器壳体及各油管接头处是否漏油。

（3）如图 3-2-11 所示，检查转向助力油泵及各管接头处是否漏油。

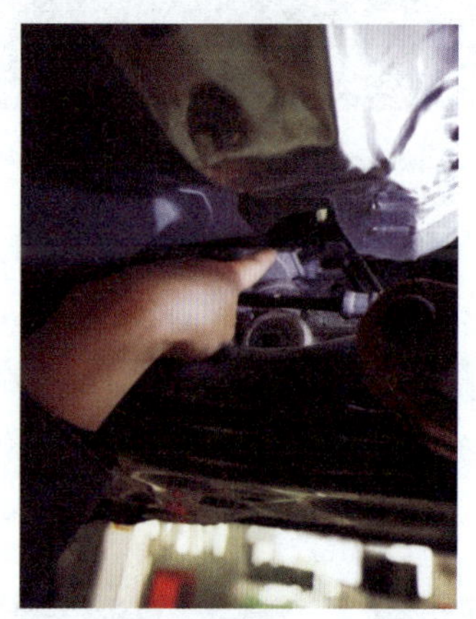

图 3-2-10　检查转向器壳体及油管处是否漏油

图 3-2-11　检查转向助力油泵及各管接头处是否漏油

（4）如图 3-2-12 所示，检查储液罐及各管接头处是否漏油。

（5）如图 3-2-13 所示，拨开防尘罩与转向器连接端，检查防尘罩内是否存留转向助力油。如果存留，说明转向器的动力油缸漏油，应更换转向器总成。

（6）检查完毕，降下举升器。

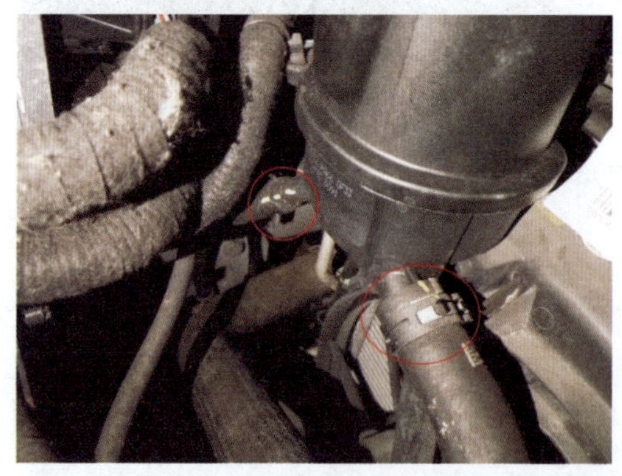

图 3-2-12　检查储液罐及各管接头处是否漏油

图 3-2-13　检查防尘罩内是否存留转向助力油

二、转向助力油的更换

经检查，若转向助力油油质不合格或达到了厂家规定的更换里程或年限，必须及时更换。以下是转向助力油更换的操作步骤。

1. 排放转向助力油

（1）如图 3-2-14 所示，用手旋下储液罐盖，连接好转向助力油抽吸桶上的压缩空气管，用吸管吸出储液罐内的转向助力油。

（2）操纵举升机，将车辆举升至轮胎最低点距离地面约 300 mm 的高度，并可靠锁止托臂。

（3）如图 3-2-15 所示，在储液罐回油管下方垫好抹布，然后使用鲤鱼钳将转向器油管与储液罐连接端的压紧卡箍拆离，拆下储液罐回油管。

图 3-2-14　吸出储液罐内的转向助力油

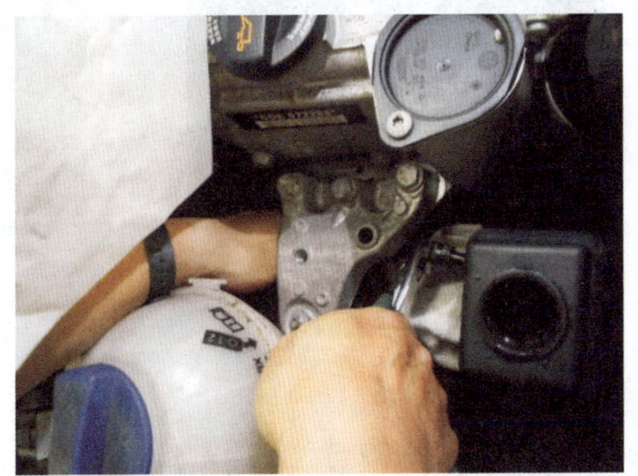

图 3-2-15　拆离储液罐回油管卡箍

（4）如图 3-2-16 所示，轻轻拉出回油管，将一适当长度的软管与回油管和接油容器连接起来。

图 3-2-16　连接回油管至放油容器

（5）启动发动机并保持怠速运转，同时左右转动转向盘至极限位置 10 次左右。

（6）排净转向助力油后，停止发动机运转。

2. 加注转向助力油

（1）如图 3-2-17 所示，将转向器的回油管插到储液罐的管接头上。

（2）使用鲤鱼钳将回油管卡箍安装到位。

（3）如图 3-2-18 所示，将转向助力油加注到储液罐内，并保持液面达到“MAX”刻度线。

图 3-2-17 安装储液罐回油管

图 3-2-18 加注转向助力油

3. 系统排气

（1）左右转动转向盘至极限位置 10 次左右，观察储液罐中空气的排放情况。

（2）当储液罐中不再有气泡出现后，操纵举升机将车辆降落到地面上。

（3）启动发动机并保持怠速运转，再次左右转动转向盘至极限位置 10 次左右。

（4）重新检查储液罐内的转向助力油液面高度，应位于“MAX”和“MIN”刻度线之间。如果液面过低，应补充添加转向助力油；若液面高于“MAX”刻度线，应吸出多余油液。

（5）再次举升车辆，检查有无转向助力油渗漏现象。

（6）结束工作。取下外三件套，合上发动机舱盖，收取驾驶室三件套、升起车窗玻璃，清洁整理车辆、场地、设备、工具等。

注意：废弃转向助力油应做集中回收处理。

任务 3 轮胎换位与动平衡检测

学习目标

1．了解轮胎标记、规格的标注方法。

2．熟悉轮胎动平衡机的使用和操作方法。

3．掌握轮胎动平衡的检查与调整方法。

任务描述

本任务按照汽车维护手册要求，对达到行驶里程车辆的轮胎进行换位，根据检查情况，进行轮胎动平衡检测。轮胎换位周期一般为每行驶 10 000 km 换位一次。

知识准备

一、车轮和轮胎

汽车车轮总成如图 3–3–1 所示，主要由车轮和轮胎两大部分组成，车轮上还放置平衡块。

1. 车轮的作用

车轮是介于轮胎和车桥之间承受负荷的旋转组件，其作用是安装轮胎，承受轮胎与车桥之间的各种载荷。

2. 车轮的构造

车轮一般由轮毂、轮辐和轮辋组成，如图 3–3–2 所示。轮毂用于连接车轮与车桥，通过圆锥滚子轴承装在车桥或转向节轴颈上。轮辐用于将轮毂和轮辋连接起来。轮辋也称为钢圈，用于安装和固定轮胎。

图 3–3–1 车轮总成

1—轮胎 2—车轮 3—平衡块

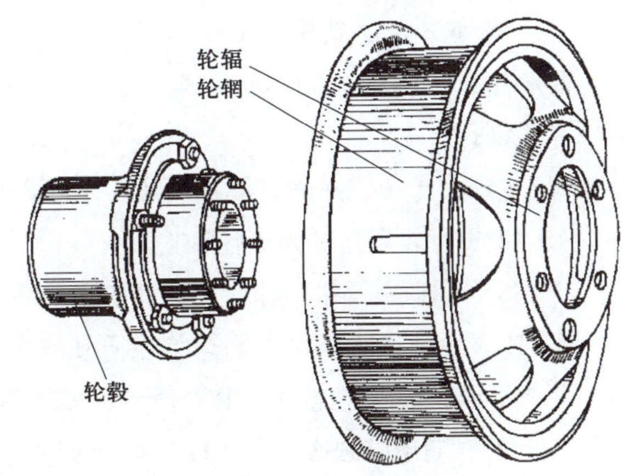

图 3–3–2 车轮的组成

轮辋是轮胎的装配基础，原则上每种轮胎只配用一种标准轮辋，必要时也可使用与标准轮辋相接近的允许轮辋。

3. 轮胎的标注

轮胎的尺寸标注如图 3–3–3 所示。

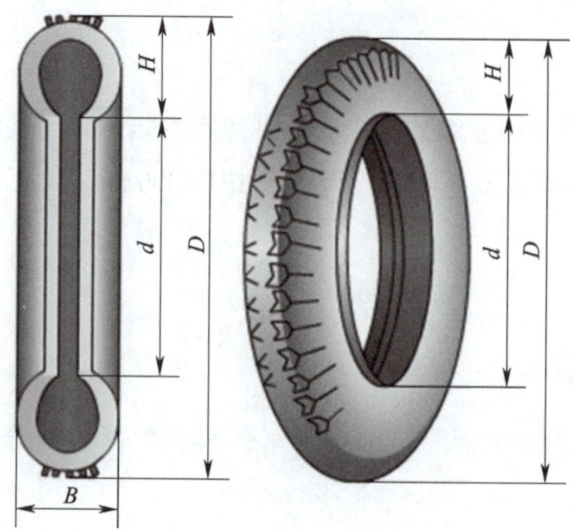

图 3-3-3 轮胎的尺寸标注

D—轮胎外径 *d*—轮胎内径或轮辋直径 *B*—轮胎宽度 *H*—轮胎高度

（1）斜交轮胎的规格

我国和大多数国家一样，斜交轮胎的规格用 *B*–*d* 表示，载货汽车斜交轮胎和轿车斜交轮胎的尺寸 *B* 和 *d* 均使用英寸为单位，例如 9.00–20 表示轮胎宽度为 9.00 英寸、轮胎内径为 20 英寸的斜交轮胎。

（2）子午线轮胎的规格

以轿车轮胎尺寸标注 195/60 R 14 86H 为例进行说明。

1）195 表示轮胎宽度为 195 mm。

2）60 表示扁平比为 60%。扁平比为轮胎高度 *H* 与宽度 *B* 之比，有 60、65、70、75、80 五个级别。

3）R 表示子午线轮胎，即“Radial”的第一个字母。

4）14 表示轮辋直径为 14 英寸。

5）86 表示荷重等级，即最大载荷质量。荷重等级为 86 的轮胎的最大载荷质量为 530 kg。

6）H 表示速度等级，表明轮胎能行驶的最高车速。

另外，在轮胎规格前加“P”表示轿车轮胎；在胎侧标有“REINFORCED”表示经强化处理；标有“TUBELESS”或“TL”表示无内胎（真空胎）；标有“M + S”表示适于泥地和雪地；标有“→”表示轮胎旋向，不可装反。

二、轮胎换位

1. 轮胎换位的必要性

受驱动轮的位置、载荷和行驶路况等因素的影响，汽车上各轮胎的磨损情况不一样。因此，为避免轮胎长时间受单一方向的磨损（偏磨），应定期交换轮胎位置，使轮胎磨损均衡，延长轮胎的使用寿命。

为保证前后胎使用寿命相对一致，应参照汽车生产厂商随车配备的产品使用手册给出的相关提示进行换位。如果厂商未对具体轮胎换位期限加以规定，建议每行驶 8 000 ~ 10 000 km 换位一次，四轮驱动车辆每行驶 6 000 km 换位一次。

2. 轮胎换位方式

根据车辆的驱动形式不同，轮胎换位方式也各不相同，如图 3-3-4 所示。

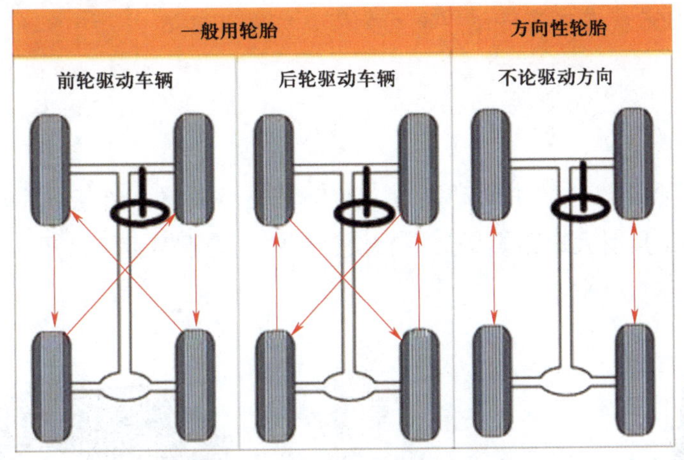

图 3-3-4　轮胎换位方式

前轮驱动车辆：将左后调至右前、右后调至左前、左前调至左后、右前调至右后。

后轮驱动车辆：将左前调至右后、右前调至左后、左后调至左前、右后调至右前。

四轮驱动车辆：前后左右全部交叉对调，即左前调至右后、右前调至左后、左后调至右前、右后调至左前。

以上换位适用于一般用轮胎，方向性轮胎同侧前后对调。方向性轮胎的单导向标识如图 3-3-5 所示。

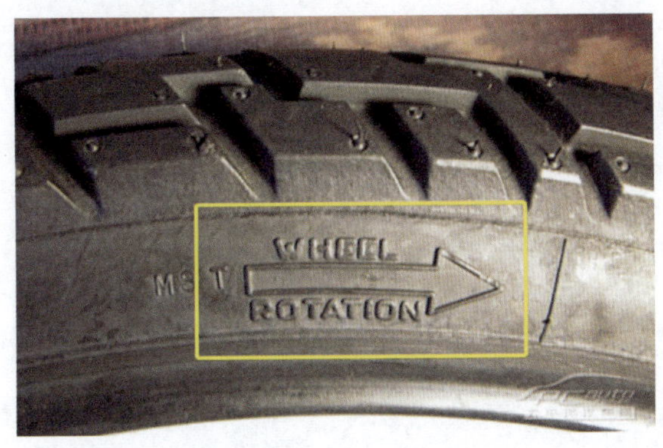

图 3-3-5　单导向标识

3. 轮胎换位中应注意的问题

（1）通常车辆前、后轮轮胎的气压是不同的，在换位后应按轮胎所在位置调整轮胎胎压。

（2）方向性轮胎的换位方法要特别注意，必须保持正确的旋转方向。只能前后轮直向对调、不能左右交叉。

（3）子午线轮胎的旋转方向应始终保持不变，推荐单边换位法。

三、车轮动平衡机

以 BRIGHT–CB66 离车式车轮动平衡机为例，如图 3–3–6 所示。

图 3–3–6　车轮动平衡机

1. 基本结构

离车式车轮动平衡机一般由驱动装置、转轴与支承装置、传感器、控制面板和安全罩等组成。相配套的工具有大螺距螺母、平衡块拆卸钳、轮辋宽度测量尺、大小锥体、平衡块等，如图 3–3–7 所示。

大螺距螺母

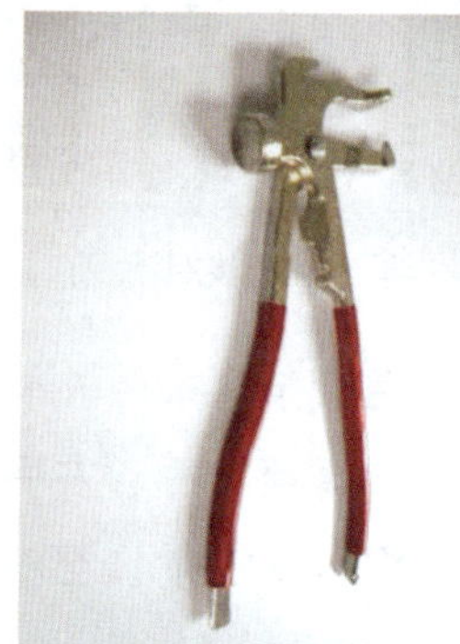

平衡块拆卸钳

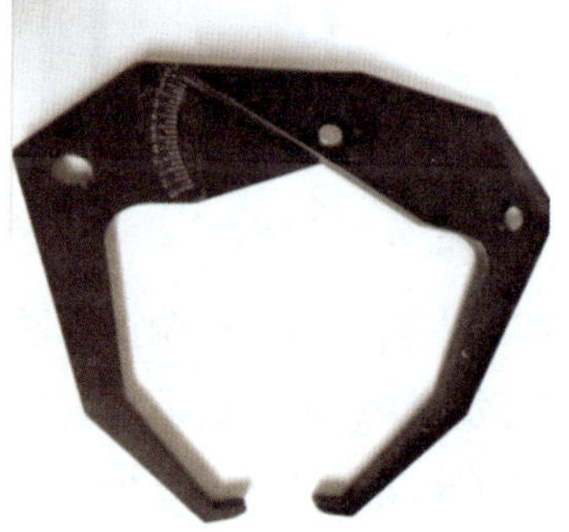

轮辋宽度测量尺

大小锥体

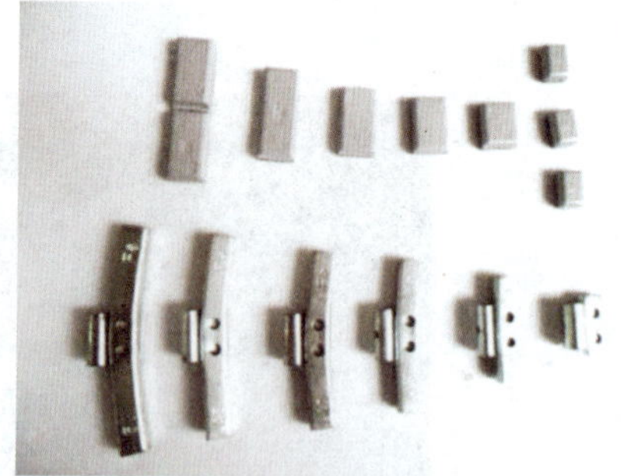

平衡块

图 3–3–7　车轮动平衡机配套工具

2. 控制面板及指示灯

（1）车轮动平衡机的控制面板如图 3–3–8 所示，各部分的功能见表 3–3–1。

（2）图 3–3–9 所示为动平衡机的轮胎参数输入按键。

图 3-3-8　车轮动平衡机的控制面板

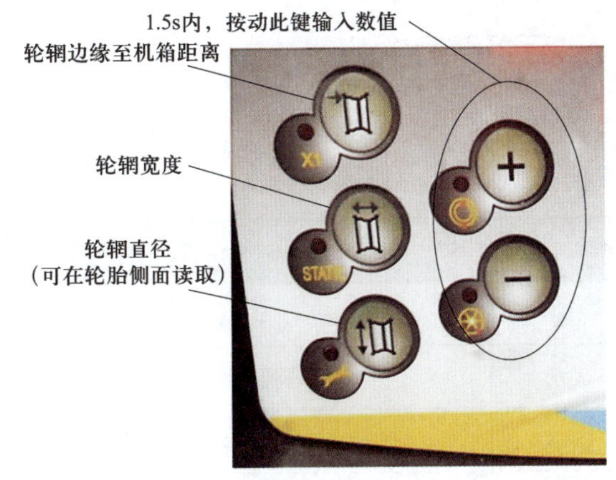

图 3-3-9　车轮动平衡机的轮胎参数输入按键

表 3-3-1　车轮动平衡机控制面板各部分的功能

位置	功能描述
1	CAR/MOT/SUV（轿车 / 摩托车 / 越野车）轮胎模式选择指示灯：三个红色指示灯用来显示选择的模式
2	测量单位指示灯（红色）：inch（亮），mm（灭）
3、8	内、外侧不平衡量显示
4、9	内、外侧不平衡量位置 / 角度显示
5	休眠状态指示灯
6	自动测量轮胎尺寸功能指示灯：开启（亮），关闭（灭）
7	平衡模式选择，一般选“STD”
10	启动按键
11	停止按键
12	F 功能按键，可进入其他按键的附属功能
13	各模式不平衡量位置指示灯，由 7 个红色的 LED 指示灯组成。灯点亮的具体位置取决于所选择的轮胎类型和平衡模式
14	每一个标准按键都有一个主功能（在大圆圈内）和附属功能（在小圆圈内）

3. 车轮动平衡机使用注意事项

（1）操作时应严格按使用要求进行，应小心安放车轮总成，防止动平衡机的中心轴变形，确保机器正常工作，延长其使用寿命。

（2）轮胎装夹必须牢固可靠，防止出现松动现象。检测前必须放下防护罩，才可启动动平衡机。

任务实施

本任务以普通轿车车轮总成为例，进行动平衡检测和轮胎换位。

工具器材

序号	名称	规格	数量
1	轮胎	205/65R15 94V	1 辆
2	车轮动平衡机	BRIGHT-CB66	1 台
3	平衡块	卡夹式	若干
4	专用工具		1 套
5	常用工具和量具	世达	1 套
6	轮胎气压表		1 只

一、车轮动平衡检测的准备工作

1. 车轮动平衡检测前处理与调整

（1）对被测车轮总成进行清洗，去掉泥土、砂石，拆掉旧平衡块，如图 3-3-10 所示。检查轮胎气压并充气至规定气压值，如图 3-3-11 所示。

图 3-3-10　拆掉旧平衡块

图 3-3-11　检查气压并充气

（2）根据轮辋中心孔的大小选择匹配的定位锥体，将车轮总成安装于动平衡机上，并用开合螺母锁紧，如图 3-3-12 和图 3-3-13 所示。

2. 注意事项

车轮在动平衡机主轴上的定位非常重要，必须根据轮辋中心孔的大小选择合适的定位锥

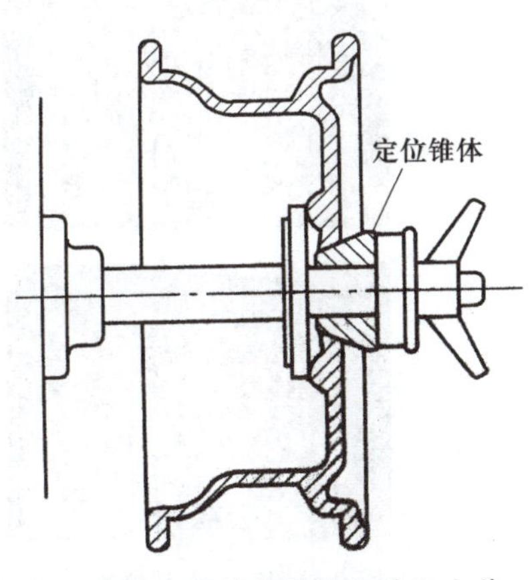

图 3-3-12　选择匹配的定位锥体进行安装

图 3-3-13　用开合螺母锁紧

体，将车轮总成安装于动平衡机主轴上，并用开合螺母压紧于主轴定位平台上，装夹牢固。离车式动平衡机的主轴固定装置装有精密的位移传感器和易碎裂的压电晶体传感器，因此严禁冲击和敲打主轴。

二、车轮动平衡检测

1．打开电源开关，检查指示装置是否正常。

2．拉出车轮动平衡机边缘上的标尺抵在轮辋边缘，测量轮辋边缘到机箱的距离，如图 3-3-14 所示。读出此时标尺的数值（93 mm），而后先按功能键，在 1.5 s 内按【+】或【-】键输入 93 mm，如图 3-3-15 所示。

图 3-3-14　测量轮辋边缘到机箱的距离

图 3-3-15　输入轮辋边缘到机箱的距离

3．用专用卡尺测量轮辋宽度（6.7 英寸），而后先按功能键，在 1.5 s 内按【+】或【-】键输入 6.7 英寸，如图 3-3-16 和图 3-3-17 所示。

4．在轮胎上读取轮辋直径（15 英寸），而后先按功能键，在 1.5 s 内按【+】或【-】键输入 15 英寸，如图 3-3-18 和图 3-3-19 所示。

图 3-3-16 测量轮辋宽度

图 3-3-17 输入轮辋宽度

图 3-3-18 从轮胎上读取轮辋直径

图 3-3-19 输入轮辋直径

5．放下车轮防护罩，使车轮旋转，动平衡测试开始，计算机自动采集数据。

6．当车轮自动停转后，从指示装置读出车轮总成内、外动不平衡量，如图 3-3-20 所示。

7．抬起车轮防护罩，用手慢慢旋转车轮，至内侧不平衡指示灯全亮，停止转动车轮，此时轮辋内侧最高点（时钟 12 点位置）为内侧不平衡位置，如图 3-3-21 所示。根据动平衡机显示的动不平衡量，在轮辋相应内侧的上部（时钟 12 点位置）位置，加装指示装置显示的相应质量的平衡块，如图 3-3-22 所示。重复上述操作，在轮辋外侧加上相应的平衡块，平衡块装卡要牢固。

图 3-3-20 显示车轮总成内、外动不平衡量

图 3-3-21 确定动不平衡位置

注意：当不平衡重量超过最大配重时，可将两个以上配重并列使用，但因多个配重占用较大的扇面会使其有效质量低于实际质量，因此在使用多个平衡配重时应慎重处理。加装轮辋内、外侧平衡块时，要分别在相应的动不平衡位置进行。

8．重新启动动平衡机，进行动平衡检测，直至动不平衡量小于 5 g，机器显示“0、0”时为止，如图 3-3-23 所示。

图 3-3-22 加装显示的相应质量的平衡块

图 3-3-23 重新检测后显示“0、0”

9．取下车轮，关闭电源，清洁整理场地，动平衡检测结束。

三、轮胎换位

1．车辆进入工位前，清理工位卫生，排除障碍物，准备好相关的工具、物品、耗材等。

2．将车辆停放在举升机的中央位置，拉紧驻车制动器；将变速器置于空挡，安装好车轮挡块。

3．操作举升机，将车辆略微抬起，但车轮不要离地，并在前后左右轮胎表面做好记号，如图 3-3-24 所示。

图 3-3-24 将车辆略微抬起并做好记号

4．拆卸轮胎，举升车辆至轮胎离地，取下车轮，如图 3-3-25 所示。

图 3-3-25　拆卸轮胎

5．轮胎换位（示意图）如图 3-3-26 所示。

注意：子午线轮胎的旋转方向应始终保持不变，一般采用单边换位法。

6．安装轮胎，如图 3-3-27 所示。

图 3-3-26　轮胎换位（示意图）

图 3-3-27　安装轮胎

7．结束工作，清洁整理车辆、场地、设备、工具等。

项目四　汽车 20 000 km 维护

进行汽车 20 000 km 维护时，除了实施 10 000 km 维护作业处，还需完成空气滤清器的更换、燃油滤清器的更换、空调滤清器的更换等作业。

本项目重点进行空气滤清器、燃油滤清器、空调滤清器的检查与更换等作业。

任务 1　空气滤清器的检查与更换

学习目标

1．了解空气滤清器的结构、类型等相关知识。

2．熟悉空气滤清器的维护要求。

3．能对空气滤清器进行检查与更换。

任务描述

本任务按照汽车维护手册要求，对达到行驶里程车辆的空气滤清器进行检查与更换。不同汽车企业对空气滤清器的更换里程的规定基本相同。例如，2015 款科鲁兹维护手册要求，每行驶 20 000 km 更换空气滤清器；2013 款大众朗逸维护手册要求，车辆行驶至 20 000 km 时首次更换空气滤清器，之后每行驶 30 000 km 更换一次。

知识准备

一、空气滤清器的结构和作用

1．空气滤清器简称空滤，位于发动机进气系统进气管的前端，是对空气进行净化的装置，它由壳体和滤芯组成，滤芯布置在壳体内，如图 4–1–1 所示。

图 4–1–1　空气滤清器的安装位置

2．空气滤清器的作用是过滤空气中的灰尘和杂质，给发动机气缸提供清洁的空气，减少杂质对活塞、气缸等的磨损，确保发动机正常、高效运转。

3．空气滤清器分为干式和湿式。干式空气滤清器的滤芯一般是纸质的，其制造方便、成本低，不能水洗，需要定期清洁和更换，是汽车上使用最为广泛的类型。湿式空气滤清器一般包括油浸式和油浴式两种，使用时浸有适量的机油，一般用在柴油车上。

二、空气滤清器的维护

如果空气滤清器滤芯被堵塞，则发动机的进气量将减少，输出功率降低，燃油经济性变差，所以必须定期检查和清洁空气滤清器滤芯，破损、脏污或发霉的滤芯必须及时更换。一般清洁间隔为每行驶 3 000 km 或三个月，更换间隔为每行驶 10 000 ~ 20 000 km 或 1 ~ 2 年。

任务实施

本任务以 1.6L 手动挡轿车为例，进行实训。

工具器材

序号	名称	规格	数量
1	实训车辆	1.6MT	1 辆
2	举升机	剪式	1 台
3	车轮挡块		4 块
4	车辆防护用品		1 套
5	尾气抽排装置		1 台
6	工作台		1 张
7	清洁用抹布		若干
8	常用工具和量具	世达	1 套
9	吹尘枪		1 个

一、空气滤清器的检查与维护

1. 空气滤清器检查与更换前的准备工作

（1）车辆进入工位前，清理工位卫生，排除障碍物，准备相关的工具、物品、耗材等。

（2）安装、铺设内三件套；将车辆停放在举升机的中央位置，拉紧驻车制动器；将变速器置于空挡，安装好车轮挡块；打开发动机舱盖，安装、铺设外三件套。

（3）准备好空气滤清器检查与更换所需的工具和设备。

2. 拆卸空气滤清器

（1）清洁空气滤清器外部，如图 4-1-2 所示。

（2）选用合适的十字旋具拆卸空气滤清器盖，如图 4-1-3 所示。

图 4–1–2　清洁空气滤清器外部

图 4–1–3　拆卸空气滤清器盖

（3）取出空气滤清器滤芯，如图 4–1–4 所示。

图 4–1–4　取出空气滤清器滤芯

3. 清洁空气滤清器

（1）用干净的抹布擦拭空气滤清器壳体内部，如图 4–1–5 所示。

图 4–1–5　清洁空气滤清器壳体内部

注意：不能用压缩空气直接吹洗，避免灰尘被吹入进气管道。

（2）用吹尘枪清洁滤芯，如图 4–1–6 所示。

注意：压缩空气应从滤芯的反面吹向正面，不能倒过来吹洗。

二、空气滤清器滤芯的更换

经检查，若空气滤清器滤芯已破损、受潮发霉或达到了厂家规定的更换里程或年限，必须及时更换。

1．空气滤芯的更换

选用相同型号、规格的滤芯更换。滤芯的安装方位应正确（滤芯是长方形的，将有编号的一面朝向自己），壳体的密封圈要安装到位，保持密封状态，如图 4–1–7 所示。

2．检查进气管路

如图 4–1–8 所示，检查进气管，应无破损或漏气；检查与进气管相连接的真空管、曲轴箱通风管等管路的安装情况，应无破损。

图 4–1–6 清洁空气滤清器滤芯

图 4–1–7 空气滤芯的安装

图 4–1–8 检查进气管

3．怠速运转发动机数分钟，检查有无漏气现象。

4．结束工作。取下外三件套，合上发动机舱盖，收取驾驶室三件套、升起车窗玻璃，清洁整理车辆、场地、设备、工具等。

注意：废弃滤芯应做集中回收处理。

任务 2 汽油滤清器的检查与更换

学习目标

1．了解汽油滤清器的结构、类型等相关知识。
2．熟悉汽油滤清器的维护要求。
3．能对汽油滤清器进行检查与更换。

任务描述

本任务按照汽车维护手册要求，对达到行驶里程车辆的汽油滤清器进行检查与更换。不同汽车企业对汽油滤清器的更换里程的规定基本相同。例如，2015 款科鲁兹维护手册要求每 20 000 km 更换汽油滤清器；2014 款速腾维护手册要求每 30 000 km 更换汽油滤清器。

知识准备

一、汽油滤清器的结构

1．燃油滤清器分为汽油滤清器和柴油滤清器两种。用在汽油发动机上的称为汽油滤清器，简称汽滤。按其安装位置不同，汽油滤清器可分为内装式和外装式两种。内装式汽油滤清器与燃油泵为一整体，直接装在燃油箱内；外装式汽油滤清器一般装在车辆底部的燃油管上，如图 4–2–1 所示。

图 4–2–1　外装式汽油滤清器的安装位置

2．汽油滤清器的作用是过滤燃油中的杂质，并使油水分离。

3．汽油滤清器分为直进直出式、带回油管路式、集成油泵总成式三种，如图 4–2–2 所示。其中，直进直出式、带回油管路式为单导向的汽油滤清器，因此在安装时要注意方向。

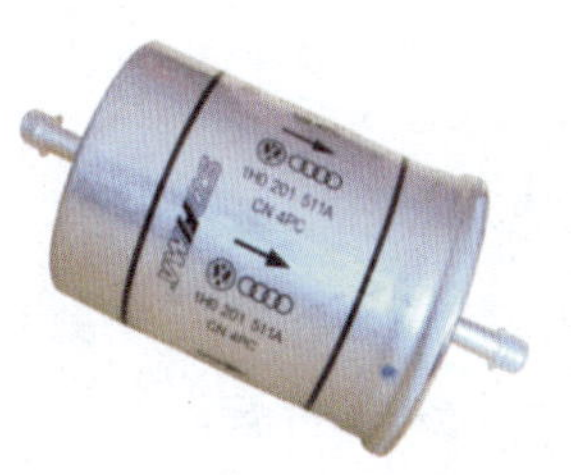

直进直出式

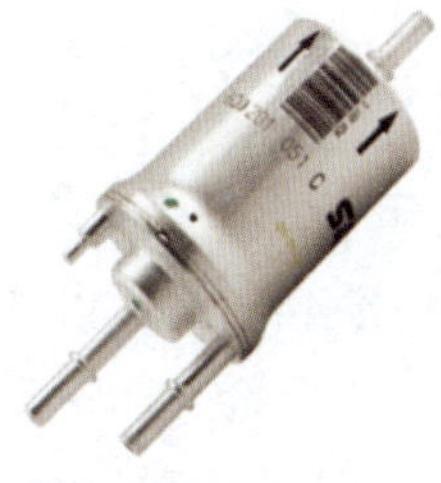

带回油管路式

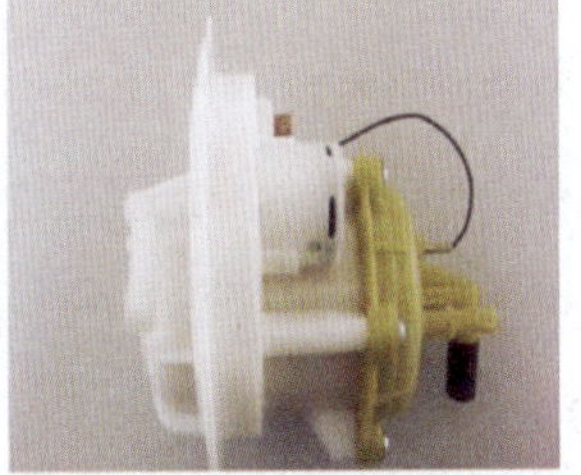

集成油泵总成式

图 4–2–2　三种汽油滤清器

二、汽油滤清器的维护

汽油滤清器使用到规定里程后必须及时更换。一般更换汽油滤清器的间隔周期为每行驶20 000 ~ 30 000 km更换1次。更换汽油滤清器时，所用到的一次性零件，如卡箍、密封圈等应同时更换。安装汽油滤清器时，安装方向一定要正确。对于可以拆解的汽油滤清器，可以将滤芯拆洗清洁后重复使用。

注意：为保证作业安全，在更换汽油滤清器前，应先对燃油系统进行泄压。

任务实施

本任务以1.6手动挡轿车为例，进行实训。

工具器材

序号	名称	规格	数量
1	实训车辆	1.6AT	1辆
2	举升机	剪式	1台
3	车轮挡块		4块
4	车辆防护用品		1套
5	尾气抽排装置		1台
6	工作台		1张
7	清洁用抹布、油盆		若干
8	常用工具和量具	世达	1套
9	吹尘枪		1个
10	照明灯		1台

一、汽油滤清器的检查与维护

1. 汽油滤清器检查与更换的准备工作

（1）车辆进入工位前，清理工位卫生，排除障碍物，准备相关的工具、物品、耗材等。

（2）安装、铺设内三件套；将车辆停放在举升机的中央位置，拉紧驻车制动器；将变速器置于空挡，安装好车轮挡块；打开发动机舱盖，安装、铺设外三件套。

（3）准备汽油滤清器检查与更换所需工具和设备，如吹尘枪、油盆、照明灯等，如图4-2-3所示。

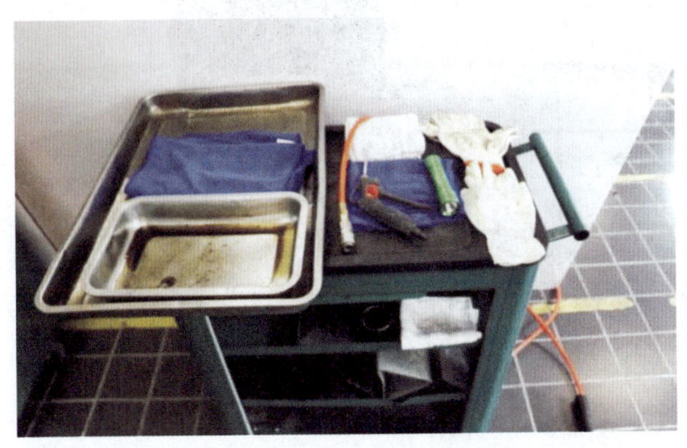

图 4-2-3　汽油滤清器检查与维护常用工具和设备

2. 燃油系统泄压

（1）找到燃油泵熔丝。打开熔丝盒，在盒盖的内侧有熔丝位置图，根据熔丝位置图，在熔丝盒中找到燃油泵熔丝，如图 4-2-4 所示。

（2）拔出燃油泵熔丝。用熔丝专用起拔器拔出燃油泵熔丝，如图 4-2-5 所示。

图 4-2-4　找到燃油泵熔丝

图 4-2-5　拔出燃油泵熔丝

（3）为燃油系统泄压。进入驾驶室，启动发动机。因燃油系统中有余压，有时发动机可短时启动，等待几秒钟让其自然熄火，然后再反复启动发动机数次，确保发动机不能启动，此时燃油系统中压力已泄除。

3. 拆卸汽油滤清器

（1）关闭点火开关，举升车辆至高位，如图 4-2-6 所示。

（2）用吹尘枪及干净的抹布擦拭汽油滤清器壳体及油管接头部位。

（3）拆卸汽油滤清器。雪佛兰科鲁兹轿车的汽油滤清器采用塑料快速油管接头。

注意：断开或连接接头时不要使用机械蛮力，断开方法如图 4-2-7 所示。

图 4-2-6 举升车辆至高位

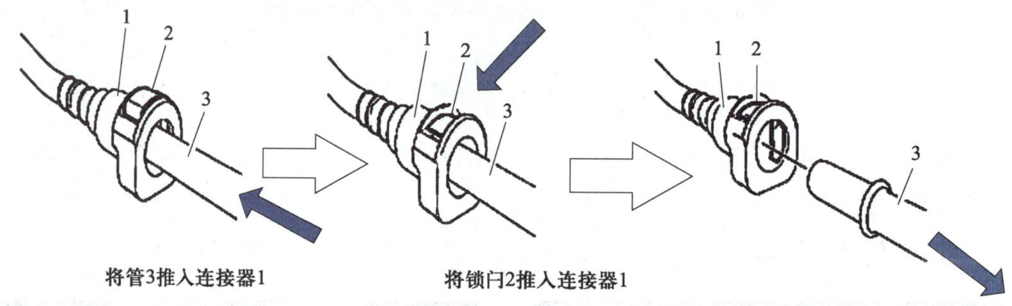

图 4-2-7 塑料快速油管接头的断开方法

按照图 4-2-8 所示，用手指将图中蓝色锁闩往下压，拆下油管接头，取下汽油滤清器。

图 4-2-8 油管接头的拆卸

二、汽油滤清器的更换

1．选用相同型号、规格的汽油滤清器进行更换，如图 4-2-9 所示。

注意：汽油滤芯有方向性，雪佛兰科鲁兹汽油滤清器的进出油管的直径不同，装配时一般不会装错。

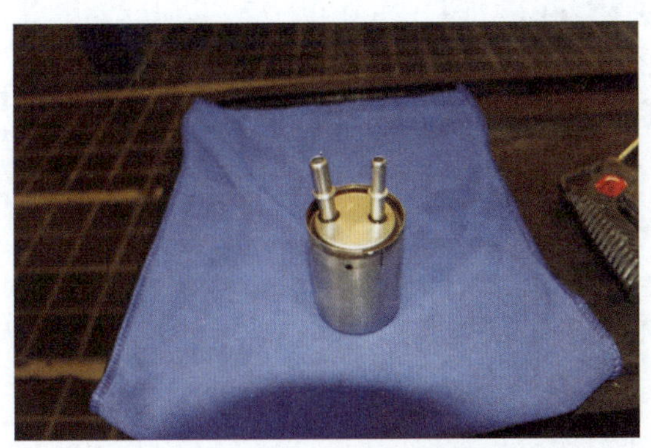

图 4-2-9　雪佛兰科鲁兹汽油滤清器

2．塑料快速油管接头的连接方法如图 4-2-10 所示。

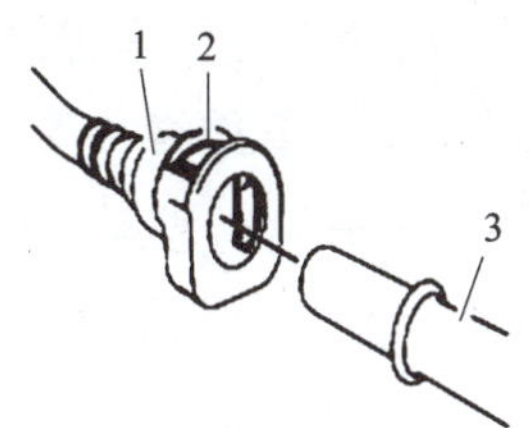

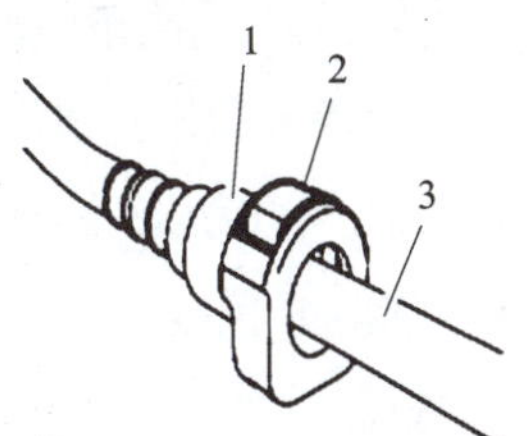

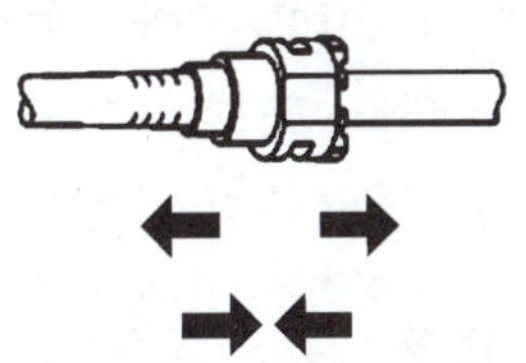

图 4-2-10　塑料快速油管接头的连接方法

3．检查汽油管路，如图 4-2-11 所示。检查汽油管路接头，应无破损或漏气，检查汽油管路的安装情况，应无破损。

图 4-2-11　检查汽油管路

4．放下车辆，怠速运转发动机数分钟，再次举升车辆，检查有无漏油现象。

5．结束工作。清洁整理车辆、场地、设备、工具等。

注意：废弃汽油滤芯应做集中回收处理。

任务 3　空调滤清器的检查与更换

学习目标

1．了解空调滤清器的结构、类型等相关知识。

2．熟悉空调滤清器的维护要求。

3．能对空调滤清器进行检查与更换。

任务描述

本任务按照汽车维护手册要求，对达到行驶里程车辆的空调滤清器进行检查与更换。不同汽车企业对空调滤清器的更换里程的规定基本相同。例如，2015 款科鲁兹维护手册要求，每行驶 20 000 km 更换空调滤清器；2013 款大众朗逸维护手册要求，车辆行驶至 20 000 km 时首次更换空调滤清器，之后每行驶 30 000 km 更换一次。

知识准备

一、空调滤清器的结构

1．空调滤清器位于蒸发器前部，雪佛兰科鲁兹汽车的空调滤芯位于副驾驶侧手套箱内部，如图 4-3-1 所示。空调滤清器是一种专门用于汽车客舱内空气净化的过滤装置。滤芯采用高效吸附材料（活性炭）与长丝无纺布复合，结构紧凑。

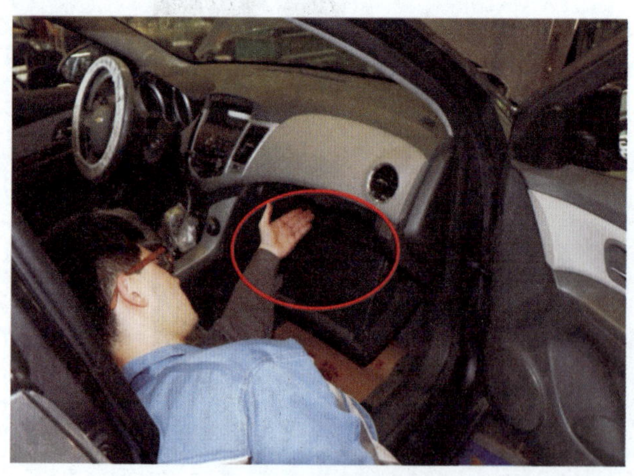

图 4-3-1　空调滤芯的位置

2．空调滤清器的作用是过滤外界进入车厢内部的空气，使空气的洁净度提高，能过滤空气中所包含的杂质、微小颗粒物、花粉、细菌和灰尘等，为车内人员提供良好的空气环境，保护车内人员的身体健康，同时还能防止玻璃雾化。

3．空调滤清器的类型和材质取决于汽车配套出厂时所配置的原厂空调滤清器。根据消费者的需求，可选用普通型的空调滤清器或是活性炭系列空调滤清器。

二、空调滤清器的维护

1．当汽车空调的挡位已经开到足够大，但是制冷或制热的出风量很小，若空调系统正常，则原因可能为使用的空调滤清器通风效果差，或是空调滤清器使用时间过长，未及时更换。

2．空调工作时吹出的风有异味，可能是空调系统已很久未使用，内部系统和空调滤清器因受潮发霉引起，建议清洗空调系统，更换空调滤清器。

3．空调滤清器滤芯脏污、堵塞，将影响汽车空调的制冷效果，影响汽车客舱内的空气质量。因此，必须定期检查和清洁空调滤清器滤芯，破损、脏污或发霉的滤芯必须及时更换。一般情况下，每行驶 5 000 km 或三个月需对空调滤清器进行清洁；每行驶 20 000 km 或 12 个月需更换空调滤芯。

任务实施

本任务以 1.6L 手动挡轿车为例，进行实训。

工具器材

序号	名称	规格	数量
1	实训车辆	1.6MT	1 辆
2	举升机	剪式	1 台
3	车轮挡块		4 块
4	车辆防护用品		1 套
5	尾气抽排装置		1 台
6	工作台		1 张
7	清洁用抹布		若干
8	常用工具和量具	世达	1 套
9	吹尘枪		1 个
10	照明灯		1 台

一、空调滤清器的检查与维护

1．空调滤清器检查与更换前的准备工作

（1）车辆进入工位前，清理工位卫生，排除障碍物，准备相关的工具、物品、耗材等。

（2）安装、铺设内三件套；将车辆停放在举升机的中央位置，拉紧驻车制动器；将变速

器置于空挡，安装好车轮挡块；打开发动机舱盖，安装、铺设外三件套。

（3）准备空调滤清器检查与更换所需的工具和设备，如图 4–3–2 所示。

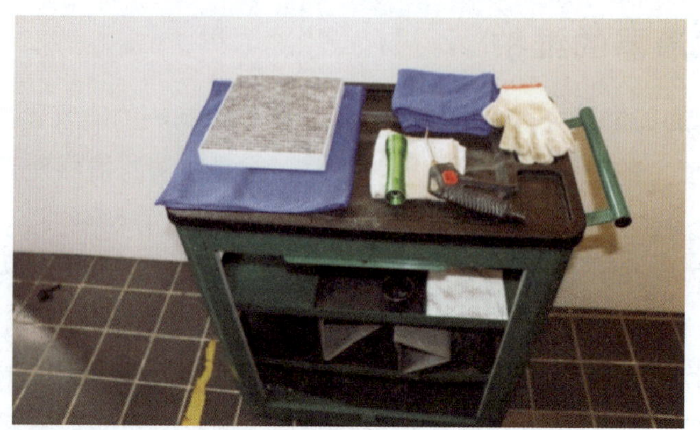

图 4–3–2 空调滤清器检查维护常用工具和设备

2. 拆卸空调滤清器

（1）如图 4–3–3 所示，打开手套箱，图中箭头位置是手套箱两侧的限位卡扣。

（2）取下手套箱的两个限位卡扣，如图 4–3–4 所示。

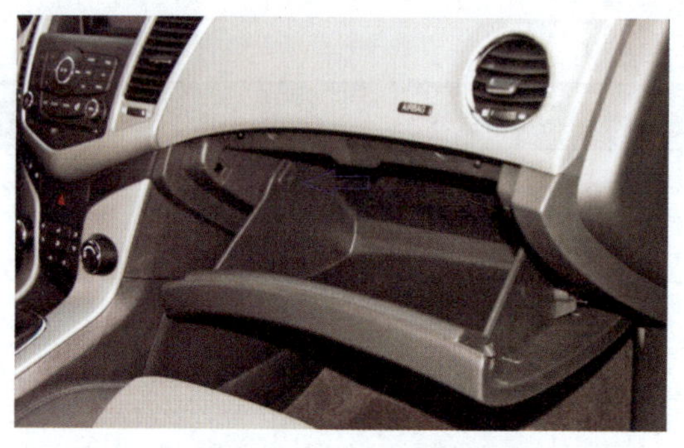

图 4–3–3 打开手套箱

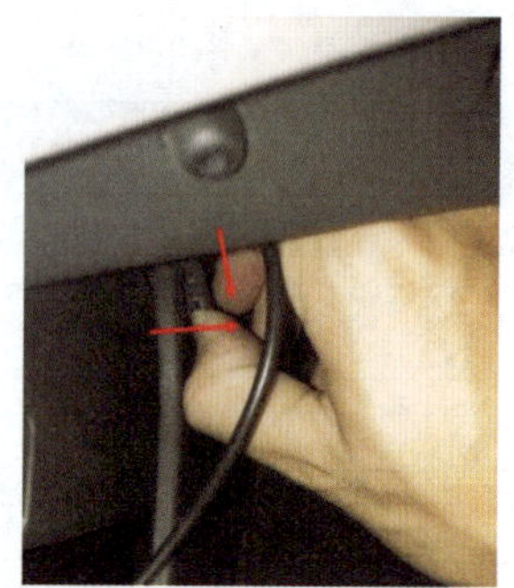

图 4–3–4 取下手套箱的两个限位卡扣

（3）取下手套箱后就可以看到背后的空调滤清器，滤芯盖板上面有三个卡扣，如图 4–3–5 中圆圈位置所示。

（4）拆卸滤芯盖板上的三个卡扣，左右两个卡扣比较容易拆，中间的卡扣需用手指用力抠一下，如图 4–3–6 所示。

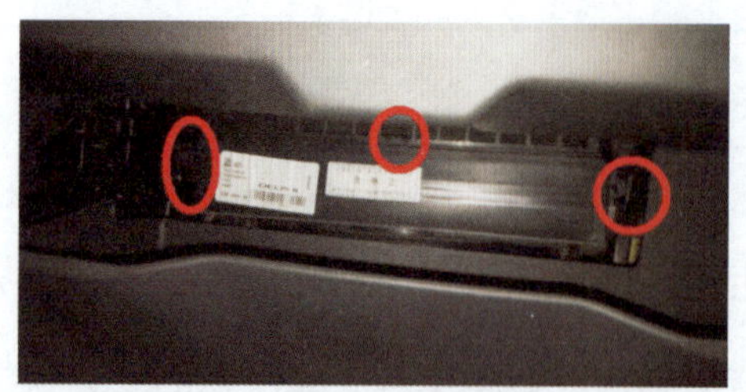

图 4–3–5 空调滤清器的三个卡扣

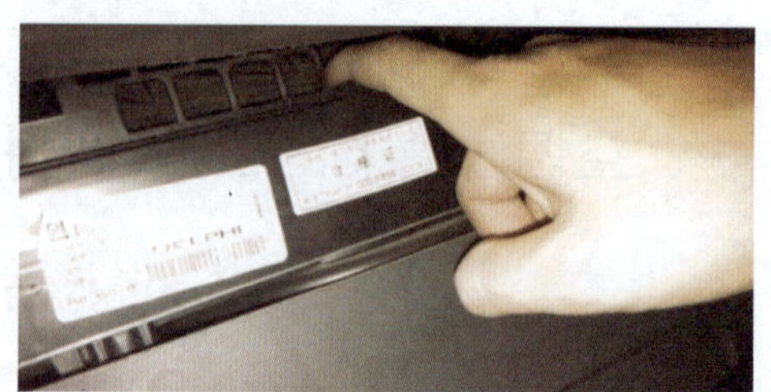

图 4–3–6 拆卸滤芯盖板卡扣

（5）取出空调滤清器滤芯，如图 4–3–7 所示。

图 4–3–7　取出空调滤清器滤芯

3. 清洁空调滤清器

（1）用干净的抹布擦拭空调滤清器壳体内部，如图 4–3–8 所示。

注意：不能用压缩空气直接吹洗，避免灰尘被吹入进气管道。

（2）用吹尘枪清洁空调滤清器滤芯，如图 4–3–9 所示。

注意：压缩空气从滤芯的反面吹向正面，不能倒过来吹洗，注意观察空调滤芯上的箭头方向。

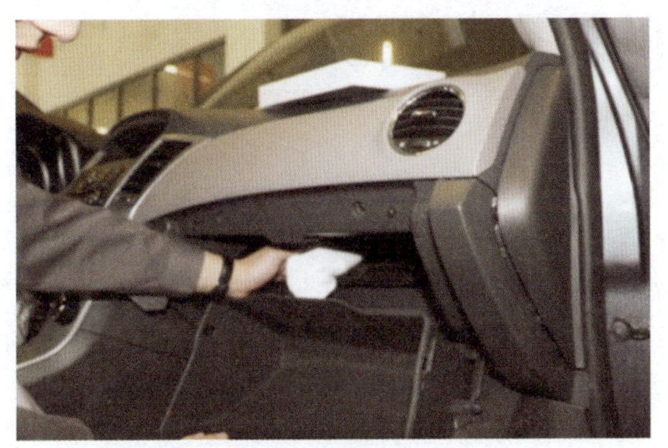
图 4–3–8　清洁空调滤清器壳体内部

图 4–3–9　清洁空调滤清器滤芯

二、空调滤清器的更换

经检查，若空调滤清器滤芯已破损、受潮发霉或达到了厂家规定的更换里程或使用年限，必须及时更换滤芯。

1．空调滤芯的更换。应选用相同型号、规格的滤芯更换。

注意：滤芯安装的方位应正确，有文字的一侧朝向自己，箭头向下，如图 4–3–10 所示。

2．安装滤芯盖板和手套箱。

3．将发动机怠速运转，打开空调，检查有无异常现象。

4．结束工作。关闭空调，将发动机熄火。取下外三件套，合上发动机舱盖，收取驾驶室三件套，升起车窗玻璃，清洁整理车辆、场地、设备、工具等。

注意：废弃滤芯应做集中回收处理。

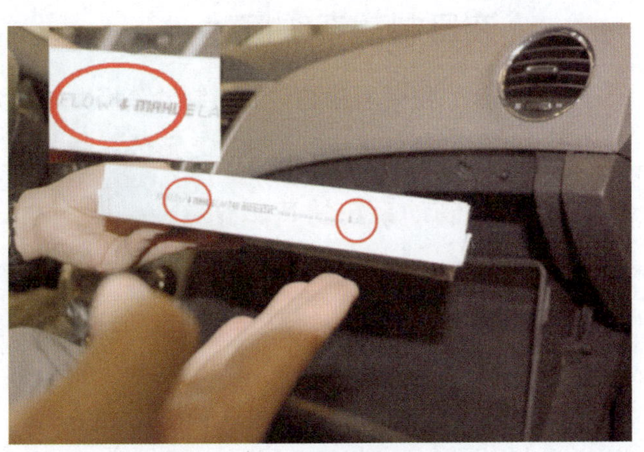
图 4–3–10　安装空调滤清器滤芯

项目五　汽车 30 000 km 维护

汽车 30 000 km 维护，除实施 20 000 km 维护作业外，还需完成制动液的检查与更换、离合器油液的更换、火花塞的更换、四轮定位检测、尾气检测等作业。

本项目重点进行制动液的检查与更换、火花塞的检查与更换、四轮定位检测、尾气检测等作业。

任务 1　制动液的检查与更换

学习目标

1．了解汽车液压制动系统的基本结构、工作原理及液压回路。

2．熟悉制动液选用的相关知识。

3．能对制动液进行检查、添加及更换。

任务描述

本任务是按照汽车维护手册要求，对达到行驶里程车辆的制动液进行检查，并根据检查情况添加或更换制动液。不同汽车企业对制动液检查与更换的行驶里程或年限的规定不同，例如，2015 款科鲁兹维护手册要求，每 2 年或行驶 30 000 km 更换制动液；2013 款朗逸维护手册要求，1.6L 车型的制动液建议更换时间为 24 个月或行驶 50 000 km（以先到者为准）。

知识准备

一、液压制动系统概述

液压制动系统是利用制动液将制动踏板力转换为液压力，通过管路传至车轮制动器，再将液压力作用到制动蹄或制动块上，形成制动力。

1．液压制动系统的基本结构

常见的液压制动系统主要由车轮制动器和液压传动机构组成。

车轮制动器主要由旋转部分、固定部分和调整机构组成。旋转部分是制动鼓（盘）；固定部分包括制动蹄（制动块）和制动底板（制动钳）；调整机构由偏心支承销和调整凸轮等组成，用于调整蹄鼓间隙（现在大部分轿车采用制动间隙自动调整机构）。

液压传动机构主要由制动主缸、制动轮缸、管路和制动液组成，如图 5-1-1 所示。

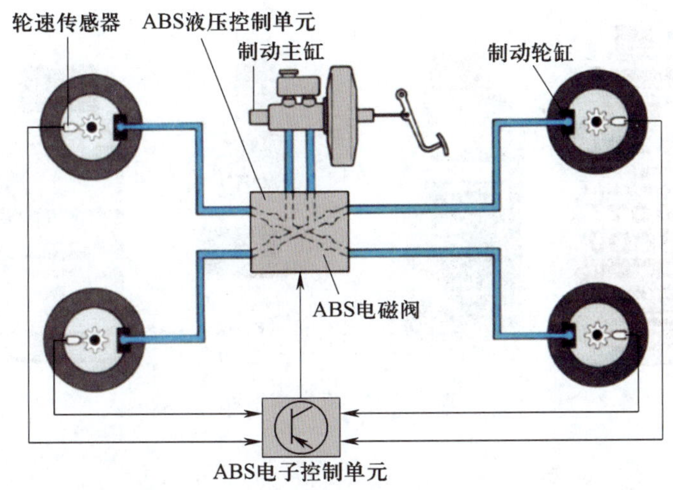

图 5-1-1　液压传动机构的组成

2. 液压制动系统的工作原理

（1）制动系统不工作时，制动摩擦片与制动鼓（盘）之间有间隙，车轮和制动鼓（盘）可一起自由旋转。

（2）制动时，用脚踩下制动踏板，通过推杆和主缸活塞使主缸油液在一定压力下流入轮缸，并通过每个车轮上的制动轮缸活塞推动制动摩擦片向制动鼓（盘）移动，使摩擦片压紧在制动鼓（盘）上，产生摩擦力矩。制动鼓（盘）的转动受到阻力，从而产生制动器制动力。

（3）解除制动：当放开制动踏板时，制动轮缸活塞回位，制动摩擦片返回原位，制动力解除。

3. 液压制动回路

液压制动回路是连接制动主缸与各个车轮制动轮缸的制动管路的布置形式。常见的液压制动回路有单回路和双回路两种。

（1）单回路液压制动系统

单回路液压制动系统的制动主缸只有一个输出口，与轮缸之间通过油管连接，制动液经油管流至四个车轮的制动轮缸。如果在该制动回路中任何地方发生泄漏，则车辆所有制动器都丧失制动能力。

（2）双回路液压制动系统

双回路液压制动系统有两套独立的液压回路，当其中的一套回路损坏漏油时，另一套仍能起制动作用，从而提高汽车制动的可靠性和安全性。

二、认识汽车制动液

制动液俗称刹车油，是液压制动系统中传递制动压力的液态介质，如图 5-1-2 所示。

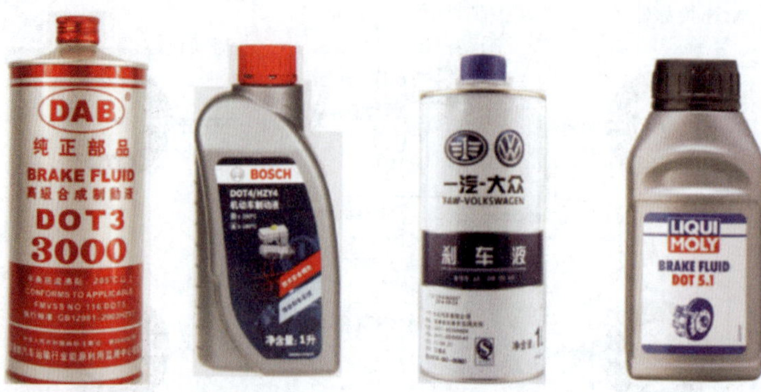

图 5-1-2　汽车制动液

1. 制动液的性能要求

（1）制动液的沸点应在 205℃以上，吸湿温度要高，在高温下不产生气阻，在常温下吸收水分要少。

（2）黏温性好，凝固点低，低温流动性好。

（3）使用过程中品质变化要小，不引起金属和橡胶件的腐蚀和变质。

2. 制动液的选用

应该按照车辆使用说明书上的规定选择相应的制动液，一般应遵循以下原则：

（1）选用的制动液类型应与车辆制造厂家规定的类型相同。

（2）选择正规厂家生产的、性能稳定、有质量保证的制动液。

（3）选用的制动液质量等级应等于或高于车辆制造厂家规定的质量等级。

（4）推荐使用合成制动液。

3. 制动液使用中应注意的问题

（1）车辆正常行驶 30 000 km 或连续使用 2 年，制动液容易因使用时间长而变质，应及时更换。

（2）应随时观察制动液的液面高度，液面应保持在最低容量刻度和最高容量刻度之间。当制动液不足时，应及时添加。

（3）不同类型和不同品牌的制动液严禁混合使用，对有特殊要求的制动系统，应加注特定牌号的制动液。在加注或更换制动液时要使用专业工具，防止水分和矿物油混入制动液中。

（4）制动液易挥发、易燃，在使用中要注意防火。制动液一般有一定的毒性，在更换时不能用嘴去吸取。制动液对车身涂层有一定的破坏作用，会产生“咬漆现象”，在使用过程中要防止制动液与车身接触。

任务实施

本任务以 1.6L 手动挡轿车为例，进行实训。

工具器材

序号	名称	规格	数量
1	实训车辆	1.6MT	1 辆
2	举升机	剪式	1 台
3	车轮挡块		4 块
4	车辆防护用品		1 套
5	尾气抽排装置		1 台
6	工作台		1 张
7	清洁用抹布、防护眼镜、橡胶手套		若干
8	常用工具和量具	世达	1 套
9	制动液收集器		1 台
10	制动液加注机		1 台

一、制动液的检查

1. 制动液检查的准备工作

（1）车辆进入工位前，清理工位卫生，排除障碍物，准备相关的工具、物品、耗材等。

（2）安装、铺设内三件套；将车辆停放在举升机的中央位置，拉紧驻车制动器；将变速器置于空挡，安装好车轮挡块；打开发动机舱盖，安装、铺设外三件套。

（3）准备制动液检查更换所需的工具和设备，如图 5-1-3 所示。

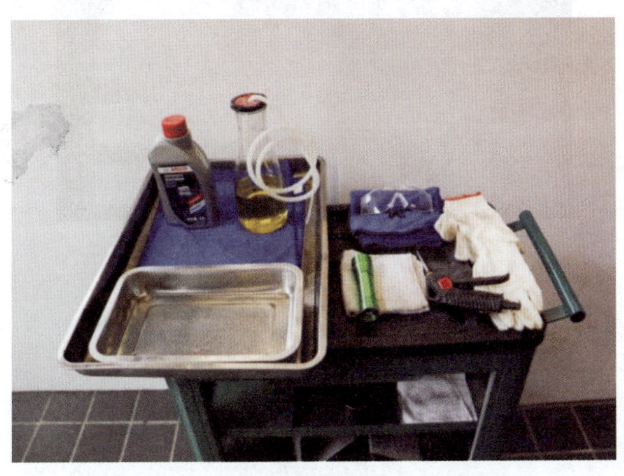

图 5-1-3　制动液检查所需的工具和设备

2. 制动液液位的检查

（1）使车辆处于举升机位置 1 的高度，如图 5-1-4 所示，检查车轮挡块。

（2）清洁制动液储液罐盖，制动液储液罐安装在发动机舱内靠近蓄电池的位置，如图 5-1-5 所示。

（3）使用工作灯或手电筒检查制动主缸储液罐内的制动液液面高度，应在上限“MAX”和下限“MIN”刻度线之间，如图 5-1-6 所示。如果液面过低，应适当添加制动液，并检查系统是否有泄漏现象。

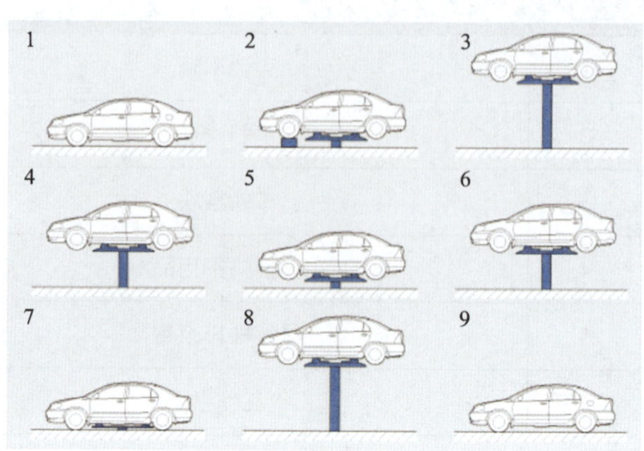

图 5-1-4 车辆举升位置

图 5-1-5 制动液储液罐的安装位置

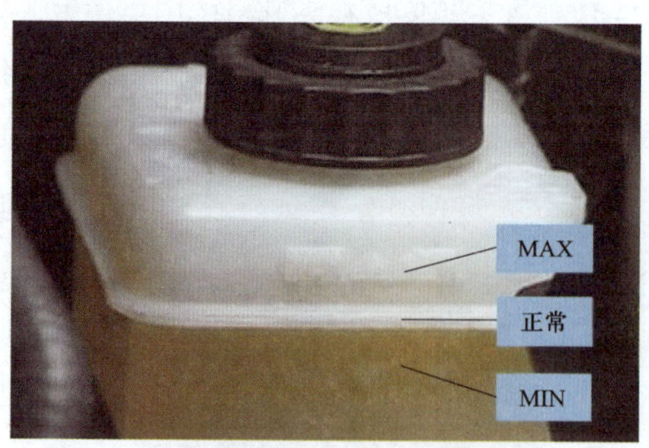

图 5-1-6 制动液液面高度

3. 制动液泄漏的检查

（1）在举升机位置 1 的高度，检查制动主缸及制动管、软管是否有泄漏。

（2）检查制动防抱死系统（ABS）是否有泄漏。

（3）如图 5-1-7 所示，操纵举升机，将车辆举升至位置 3 高度，并可靠锁止托臂。

（4）如图 5-1-8 所示，检查底盘的制动管路是否漏油。

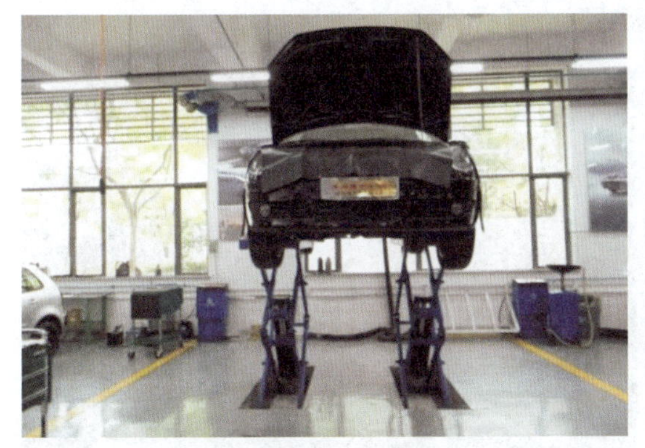

图 5-1-7　操纵举升机提升车辆至位置 3 高度

图 5-1-8　检查制动管路是否漏油

（5）检查前、后制动轮缸及管路是否漏油。

（6）上述检查中如有泄漏，必须马上进行修理。

4. 制动液的添加

（1）操作举升器至举升机位置 1 的高度，打开制动主缸储液罐密封盖，如图 5-1-9 所示。

（2）添加制动液，确认制动液量未超过上限（MAX）标线，迅速盖上储液罐密封盖。

注意：制动液具有较强的吸湿性，长时间打开储液罐密封盖，会导致制动液变质。

（3）在添加制动液时（或在检车时）应注意观察，如果制动液变色或乳化，出现异味，说明该制动液已经变质，应及时更换。

（4）整理作业工位。

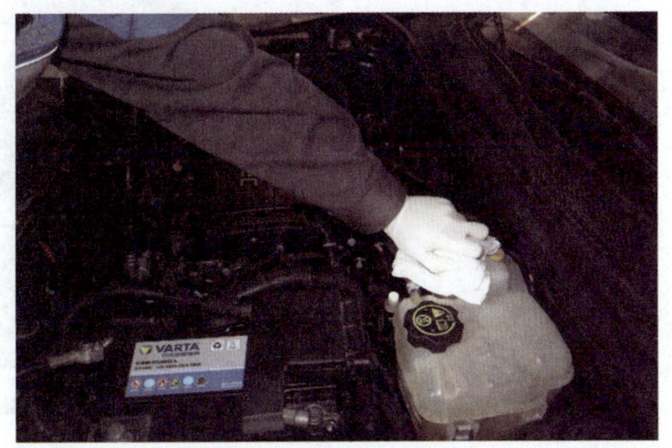

图 5-1-9　打开储液罐密封盖

二、制动液的更换

经检查，若制动液油质不合格或达到了厂家规定的更换里程或年限，必须及时更换。

1. 人工法更换制动液

制动液的更换需要 2 名维修工配合操作。1 号维修工负责在车下放出制动液，2 号维修工在车内负责踩制动踏板。

（1）2 号维修工进入驾驶室内。

（2）1 号维修工打开制动主缸储液罐的密封盖。

（3）1 号维修工使用油液抽吸设备抽取旧制动液，如图 5–1–10 所示。

（4）1 号维修工向储液罐内加注新制动液，液面到达“MAX”刻度线，如图 5–1–11 所示。

（5）1 号维修工操作举升机，将车辆举升至位置 3 高度，如图 5–1–12 所示。

图 5–1–10 抽吸旧制动液

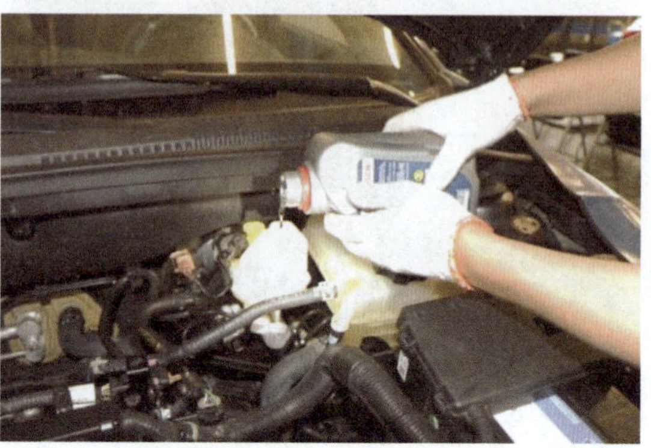

图 5–1–11 加注新制动液

图 5–1–12 将举升器升到高位

（6）1 号维修工在右后车轮制动轮缸放气螺栓上安装一个制动液收集器，如图 5–1–13 所示。

注意：将收集器中软管浸入油液，避免油液飞溅和便于观察。

（7）1 号维修工使用工具（10 mm 油管扳手）准备拧松制动轮缸上的放气螺栓，如图 5–1–14 所示。准备工作完成后，告知 2 号维修工。

（8）2 号维修工收到信号后，连续踩踏制动踏板 3 ~ 5 下并踩住，向 1 号维修工发送信号；1 号维修工收到信号后，迅速旋松放气螺栓 1 ~ 2 s 后再拧紧，如图 5–1–15 所示。此时可以观察软管中的出油情况，车内 2 号维修工的制动踏板会迅速降低。

注意：在放油的时候，制动踏板不能放松。

重复上述操作，直到管路中没有气泡、清亮的新制动液流出，拧紧放气螺栓，完成右后轮制动液的更换和管路排气。

注意：操作过程中需不断观察储液罐内的制动液，及时添加，否则会有空气进入系统，增加操作难度。

图 5-1-13　安装制动液收集器

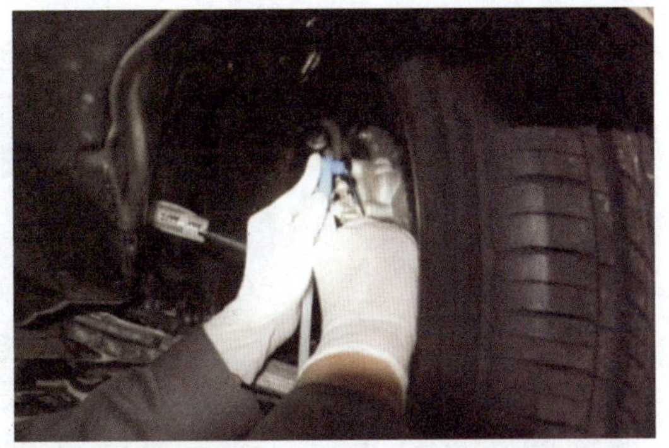
图 5-1-14　准备好放油操作

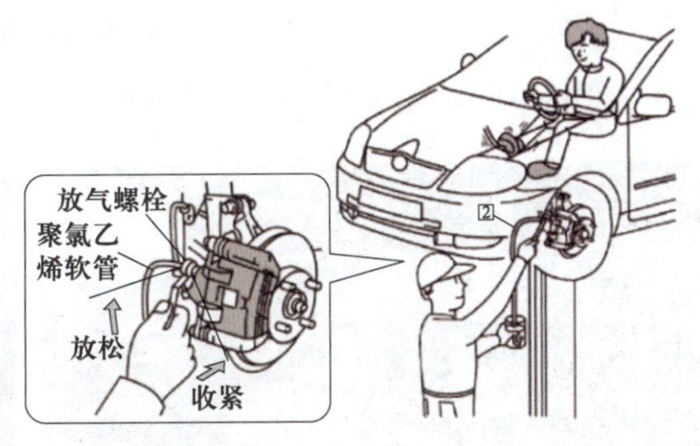

图 5-1-15　两名维修工相互配合完成制动液更换操作

（9）按照右后轮→左前轮→左后轮→右前轮的顺序（因为是双回路交叉的制动液压管路布置），逐个车轮更换制动液和排除空气。

2. 专用设备法更换制动液

单人操作即可，制动液更换专用工具如图 5-1-16 所示。

（1）打开制动主缸储液罐密封盖。

（2）使用油液抽吸设备抽吸旧制动液，如图 5-1-17 所示。

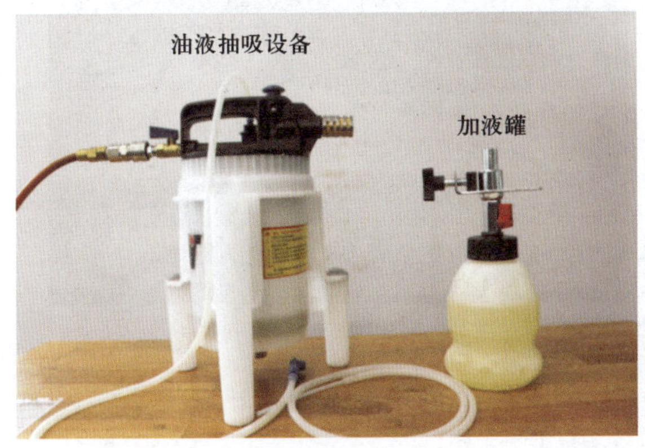

图 5-1-16　制动液更换专用工具

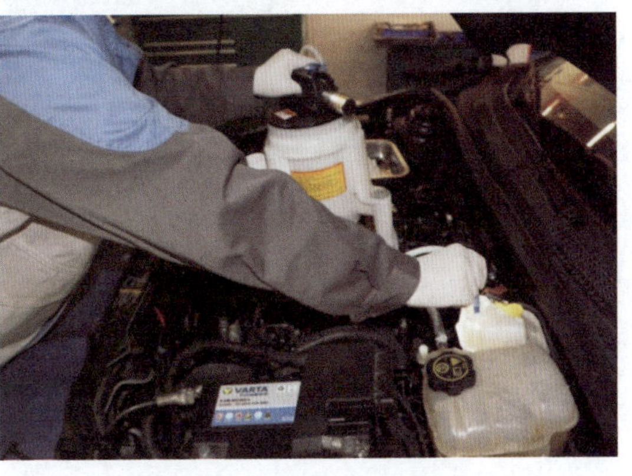

图 5-1-17　抽吸旧制动液

（3）旋下加液罐盖，将新制动液倒入加液罐，如图 5–1–18 所示。

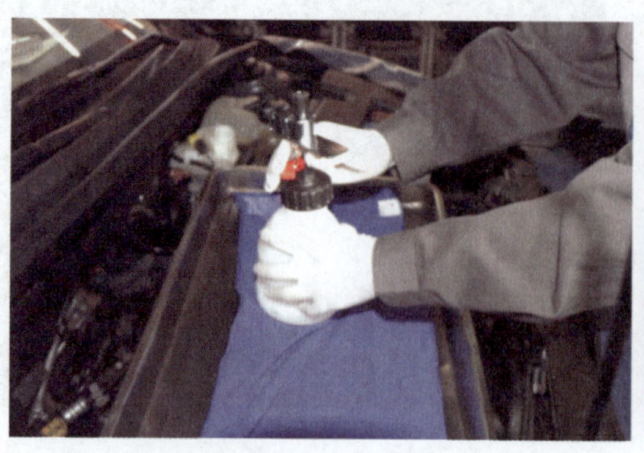

图 5–1–18　在加液罐中加入新制动液

（4）盖紧加液罐盖，并将中间的放油阀门关闭，如图 5–1–19 所示。

（5）将加液罐安装在制动主缸储液罐上方并固定牢固，如图 5–1–20 所示。

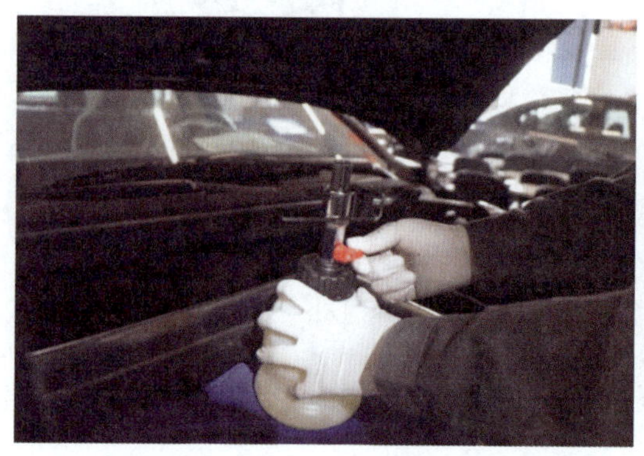

图 5–1–19　关闭加液罐放油阀门

图 5–1–20　固定加液罐至制动主缸储液罐加油口

（6）打开加液罐阀门，此时加液罐中新制动液进入储液罐，并且会随着储液罐内制动液面的降低自动补充至规定刻度线，如图 5–1–21 所示。

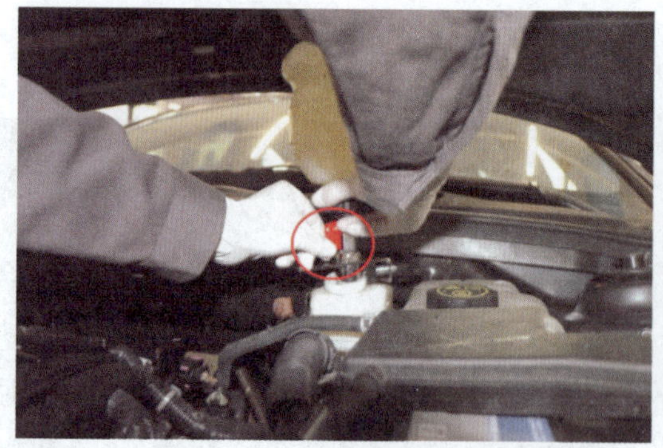

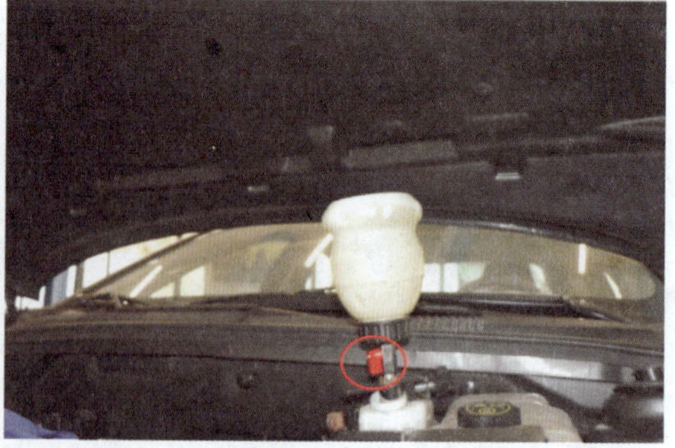

图 5–1–21　打开加液罐阀门

（7）操作举升机，将车辆举升至高位。

（8）清洁轮缸上放气螺栓橡胶防尘罩，如图 5–1–22 所示。

（9）如图 5-1-23 所示，安装油液抽吸设备，旋松放气螺栓，开启油液抽吸设备，观察管路中制动液的流出情况，直到管路中没有气泡、清亮的新制动液流出。拧紧放气螺栓，完成右后轮制动液的更换和管路排气。

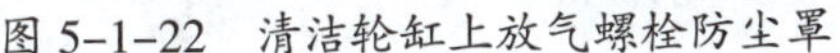

图 5-1-22　清洁轮缸上放气螺栓防尘罩

图 5-1-23　安装并开启油液抽吸设备进行更换制动液操作

（10）按照右后轮→左前轮→左后轮→右前轮的顺序，逐个车轮更换制动液并排除空气。

3. 空气排放后的检查

（1）检查 4 个放气螺栓是否存在泄漏现象，同时使用扳手检查放气螺栓是否拧紧。

（2）装好放气螺栓防尘套。

（3）用清水清洁溅落在轮胎、车身等部位的制动液。

（4）放下车辆，检查制动液储液罐内制动液液面高度，调整到规定刻度，并盖紧储液罐盖。

（5）启动发动机，踩踏制动踏板，检查制动踏板的硬度。若过软，还需要进一步排放空气。

（6）结束工作，检查车辆、收取驾驶室三件套、升起车窗玻璃，清洁整理车辆、场地、设备、工具等。

注意：制动液具有较强的腐蚀性，废弃制动液应集中管理。

任务 2　火花塞的检查与更换

学习目标

1．了解火花塞的结构、类型等相关知识。

2．熟悉火花塞的维护要求。

3．能对火花塞进行检查与更换。

任务描述

本任务是按照汽车维护手册要求，对达到行驶里程车辆的火花塞进行检查，根据检查情况进行维护或更换。不同汽车企业对火花塞检查与更换的行驶里程或年限的规定不同。例如，2013 款朗逸维护手册要求，1.6L 车型每行驶 30 000 km 更换；而 1.4TSI 车型则建议行驶 20 000 km 时首次更换，之后每行驶 30 000 km 更换。2015 款科鲁兹维护手册要求，每行驶 60 000 km 更换。

知识准备

一、火花塞概述

汽油发动机使用火花塞点燃混合气，频繁的点火会使火花塞产生一些损耗，从而影响火花能量，因此需要对火花塞进行定期检查与更换。

1. 火花塞的基本结构

火花塞的结构如图 5–2–1 所示。弯曲的侧电极焊接在钢制壳体的底端，使其直接搭铁；绝缘体由高氧化铅陶瓷制成；中心电极装在绝缘体的中心孔内，通过接线端与高压导线连接。

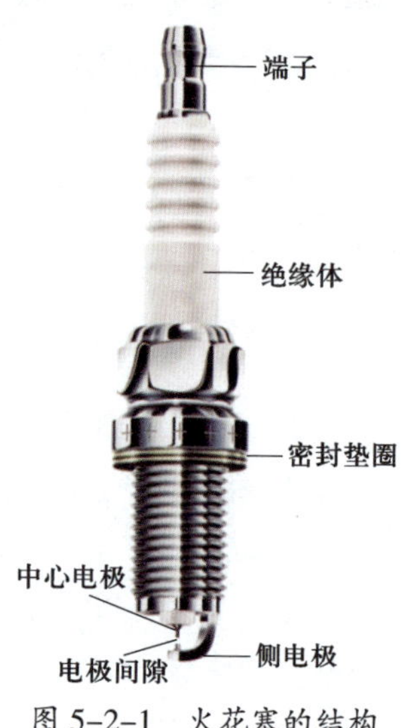

图 5–2–1　火花塞的结构

2. 火花塞的功用

火花塞将点火线圈或磁电机产生的脉冲高压电引入燃烧室，并在两个电极间产生电火花，来点燃气缸内的高压可燃混合气，使发动机正常工作。

3. 火花塞的种类

火花塞的种类繁多，按材料分为镍、铂金、铱合金三类；按电极结构分为单头、双头、三头、四头等，如图 5–2–2 所示；按耐热性能分为高温和低温两种。使用温度是火花塞的重要指标之一。

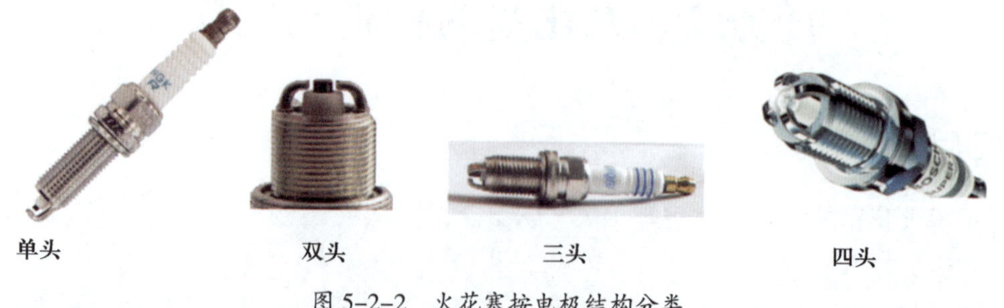

图 5–2–2　火花塞按电极结构分类

二、火花塞的定期维护

1. 火花塞使用一定的时间或里程后，电极会有积碳或烧蚀，电极间高压电火花将变弱，发动机燃油经济性变差，输出动力下降，甚至火花塞不能点火，发动机无法正常工作。

2. 火花塞的检查周期为每行驶 10 000 km 或 6 个月，更换周期为行驶 20 000 ~ 40 000 km。铂金火花塞和铱合金火花塞的使用寿命较长，更换周期为行驶 80 000 ~ 100 000 km，使用过程中无须调整火花塞间隙。

任务实施

本任务以 1.6L 手动挡轿车为例，进行实训。

工具器材

序号	名称	规格	数量
1	实训车辆	1.6MT	1 辆
2	举升机	剪式	1 台
3	车轮挡块		4 块
4	车辆防护用品		1 套
5	尾气抽排装置		1 台
6	工作台		1 张
7	清洁用抹布		若干
8	常用工具和量具	世达	1 套
9	预置式扭力扳手	世达，5 ~ 25 N • m	1 套
10	照明灯		1 个
11	吹尘枪		1 个
12	火花塞专用套筒		1 个
13	火花塞间隙规		1 个

一、拆卸火花塞

1. 拆卸火花塞的准备工作

（1）车辆进入工位前，清理工位卫生，排除障碍物，准备相关的工具、物品、耗材等。

（2）安装、铺设内三件套；将车辆停放在举升机的中央位置，拉紧驻车制动器；将变速器置于空挡，安装好车轮挡块；打开发动机舱盖，安装、铺设外三件套。

（3）准备常用工具及火花塞专用套筒，如图 5-2-3 所示；准备火花塞更换辅助工具，如图 5-2-4 所示。

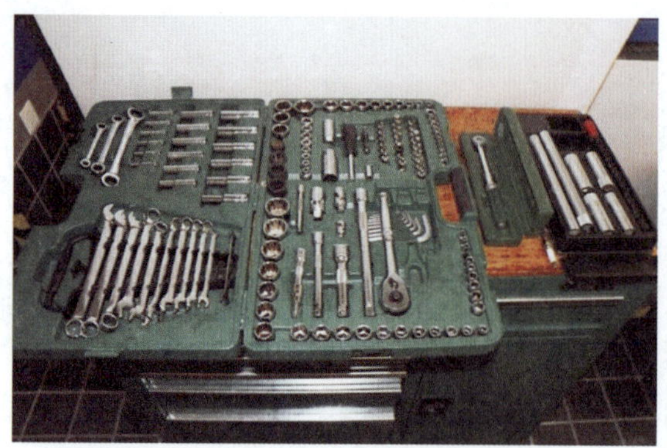
图 5-2-3 常用工具及火花塞专用套筒

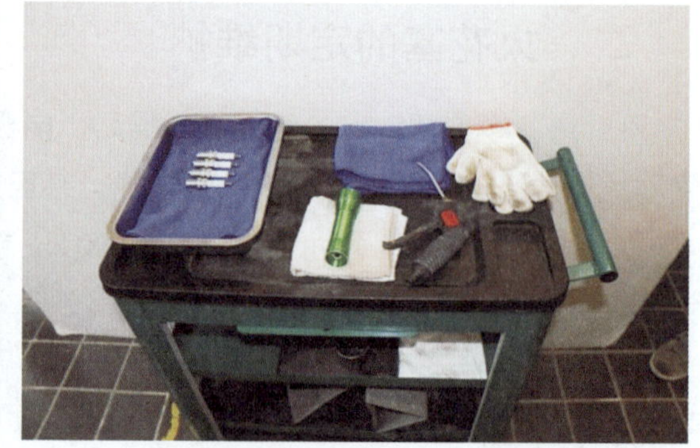
图 5-2-4 火花塞更换辅助工具

2. 拆卸点火线圈组件

（1）清洁点火线圈上盖表面，如图 5-2-5 所示。

（2）拆下点火线圈上盖（无须工具），如图 5-2-6 所示。

图 5-2-5 清洁点火线圈上盖表面

图 5-2-6 拆下点火线圈上盖

（3）拔下点火线圈线束插头，如图 5-2-7 所示。

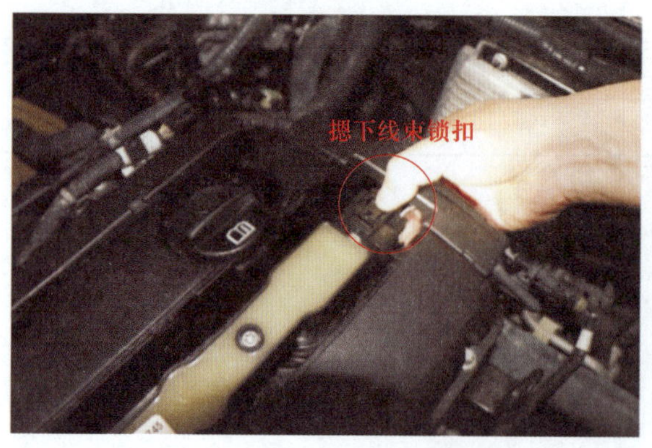

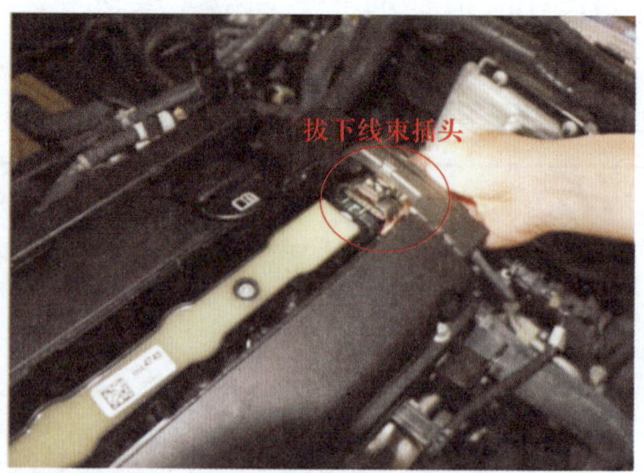

图 5-2-7 拔下点火线圈线束插头

（4）使用小号棘轮扳手加梅花内六角套筒，拆卸点火线圈总成固定螺栓（2 个），如图 5-2-8 所示。

图 5-2-8　拆卸点火线圈总成固定螺栓

（5）拔出点火线圈总成并妥善摆放，如图 5-2-9 所示。

图 5-2-9　拔出点火线圈总成

3. 拆卸火花塞

（1）选择棘轮扳手和 16 mm 火花塞专用套筒拆卸火花塞，如图 5-2-10 所示。

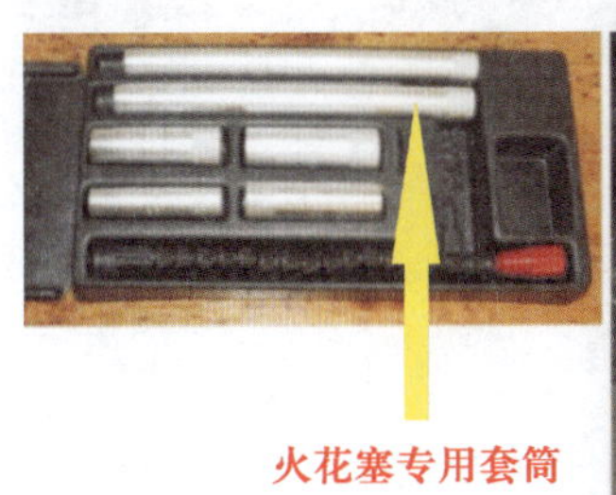

图 5-2-10　拆卸火花塞

（2）取出火花塞，如图 5-2-11 所示。

注意：取出火花塞的过程中，避免其跌落砸坏火花塞电极或火花塞座孔；不要清洁火花塞座孔周围，防止灰尘落入气缸内部；火花塞座孔可用干净的抹布盖住，防止异物落入气缸内部。

图 5-2-11　取出火花塞

二、检查火花塞

1. 检查火花塞外观

（1）检查火花塞电极磨损状态。检查火花塞电极边缘是否完全磨损或变圆，如图 5-2-12 所示。

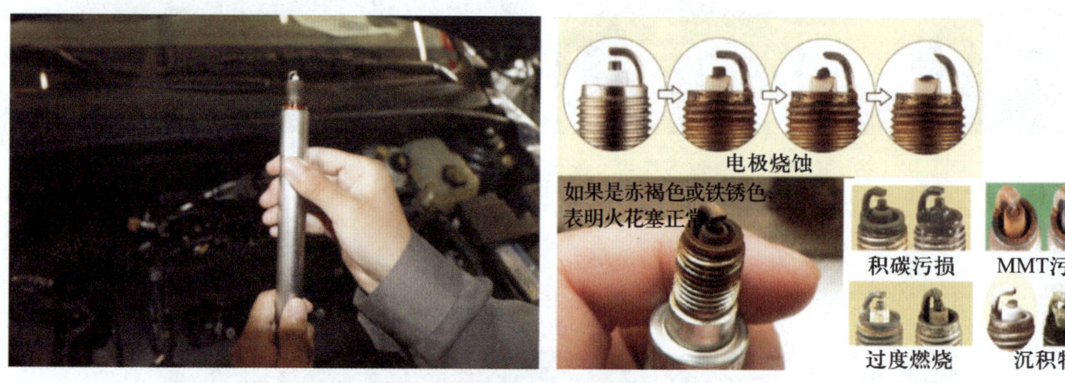

图 5-2-12　检查火花塞外观

（2）检查火花塞是否损坏。检查绝缘体是否有裂纹，端子有无腐蚀、松动或磨损，金属体有无锈蚀或断裂，密封圈有无损坏，螺纹有无损伤等。

2. 检查火花塞间隙

（1）测量火花塞间隙。用火花塞间隙规测量火花塞电极与侧电极的间隙，一般为 0.8 ~ 1.0 mm。如超出标准，应调整火花塞间隙。

（2）调整火花塞间隙。若间隙不符合标准，可用火花塞间隙规进行调整。调整火花塞间隙时，将火花塞侧电极放入火花塞间隙规的缺口部分进行调整。

注意：在弯曲火花塞侧电极时，不要将火花塞间隙规与中心电极接触，避免损坏中心电极。

三、安装火花塞

1. 安装火花塞

经检查，若火花塞积碳严重、电极烧蚀严重、绝缘体破损漏电等，或达到了厂家规定的更换里程或年限，必须及时更换火花塞。

（1）选用规定型号的火花塞，如图 5-2-13 所示。

（2）选用火花塞专用套筒，用手旋入火花塞，如图 5-2-14 所示。

注意：不能用扳手直接旋紧，防止螺纹未对准而造成火花塞螺纹孔损坏。

图 5-2-13　选用火花塞

图 5-2-14　用手旋入火花塞

（3）用预置式扭力扳手和 16 mm 火花塞专用套筒拧紧火花塞，拧紧力矩为 25 N·m，如图 5-2-15 所示。

图 5-2-15　按规定力矩拧紧火花塞

2. 安装点火线圈组件

（1）装入点火线圈组件，如图 5-2-16 所示。

注意：需左右手均匀用力压入点火线圈组件，不能歪斜。

（2）用预置式扭力扳手加梅花内六角套筒扳手拧紧点火线圈组件，拧紧力矩为 8 N·m，如图 5-2-17 所示。

注意：两个固定螺栓需均衡用力，分 2 ~ 3 次拧紧到规定力矩。

（3）连接点火线圈线束插头。

图 5-2-16　装入点火线圈组件

图 5-2-17　按规定力矩拧紧点火线圈组件

（4）安装点火线圈组件盖板。

（5）启动发动机，怠速运行，观察发动机的运转情况。

3. 结束工作

取下外三件套，合上发动机舱盖，收取驾驶室三件套，升起车窗玻璃，清洁整理车辆、场地、设备、工具等。

注意：废弃火花塞应做集中回收处理。

任务 3　四轮定位检测

学习目标

1．了解 CCD 镜式汽车四轮定位仪的基本结构。

2．熟悉汽车四轮定位的基础知识。

3．掌握汽车四轮定位检测的基本操作。

任务描述

在车辆出现转向沉重、轮胎异常磨损、方向不稳、油耗增大等故障，或者在汽车更换轮胎、减振器、悬架、转向系统的主要零部件及车辆发生碰撞后，都应进行四轮定位检测。本任务是按照汽车维护手册要求，对汽车进行四轮定位检测作业。

知识准备

一、汽车车轮定位参数

1. 前轮外倾角

前轮安装后，其上端向外倾斜，于是前轮的旋转平面与纵向垂直平面间形成一个夹角，称为前轮外倾角（α），如图 5-3-1 所示。其作用是使转向操纵轻便，使车轮紧靠轮毂内轴承，以减少外轴承及轮毂螺母的负荷，有利于安全行驶。

2. 前轮前束

前轮安装后，两前轮的前端距离 B 小于后端距离 A，其差值 $A-B$ 即为前轮前束值，如图 5-3-2 所示。其作用是消除在行驶中因前轮外倾而引起的不利影响，使转向轮直线滚动而无横向滑拖现象。

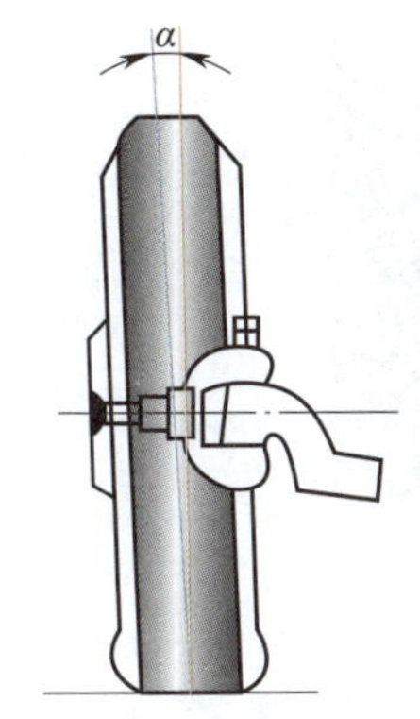

图 5-3-1　前轮外倾角

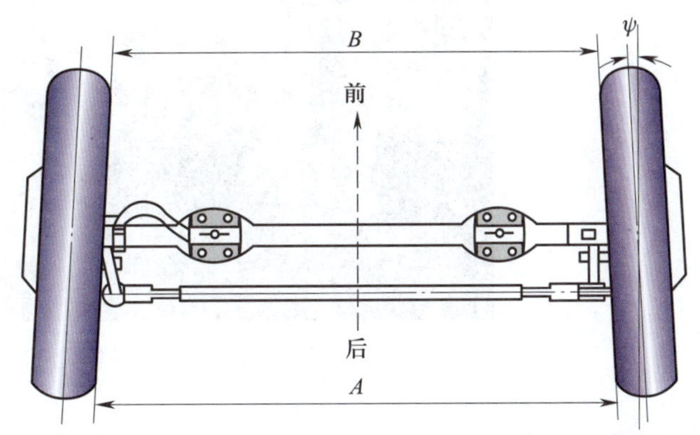

图 5-3-2　前轮前束

3. 主销内倾角

主销安装在前轴上，其上端略向内倾斜，于是主销轴线与地面垂线之间在汽车横向平面内形成一个夹角，称为主销内倾角（β），如图 5-3-3 所示。其作用是使转向轮自动回正，转向操纵轻便。

4. 主销后倾角

主销安装在前轴上，其上端略向后倾斜，于是主销轴线与通过前轮中心线的地面垂线之间在汽车纵平面内形成一个夹角，称为主销后倾角（γ），如图 5-3-4 所示。其作用是当汽车直线行驶时保持其稳定性，并能使汽车转向后前轮自动回正。

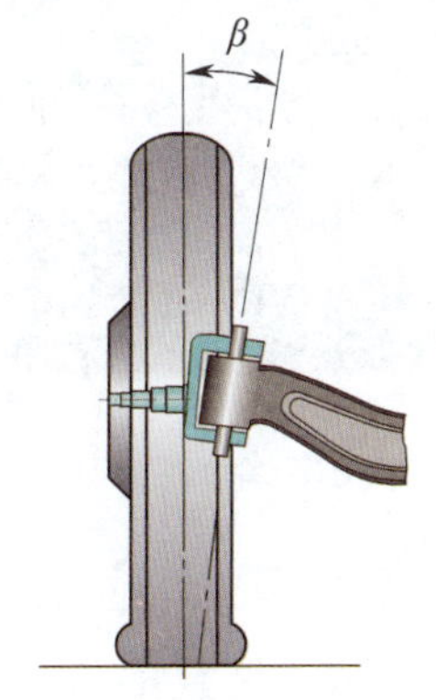

图 5-3-3　主销内倾角

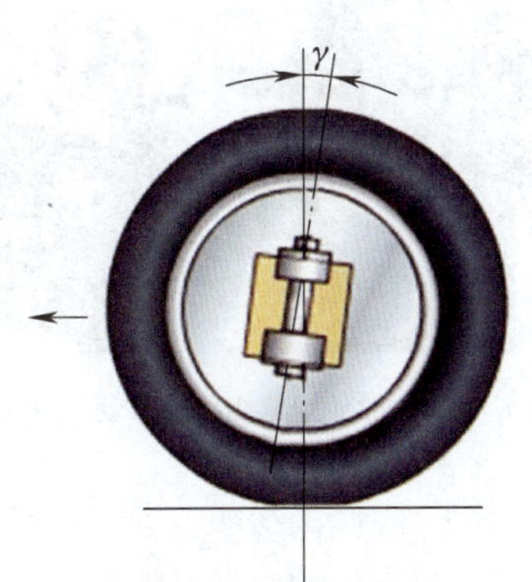

图 5-3-4　主销后倾角

二、汽车四轮定位仪（以百斯巴特 ML8RTech 为例）

百斯巴特 ML8RTech 四轮定位仪属于 CCD 镜式四轮定位仪，如图 5-3-5 所示。四轮定位仪主要由机箱、计算机、CCD 镜式传感器和附件等组成。

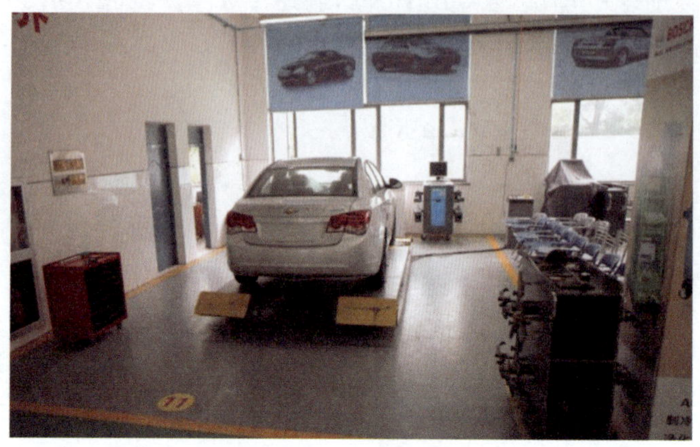

图 5-3-5　四轮定位仪

1. 机箱

如图 5-3-6 所示，机箱主要用来承载 CCD 镜式传感器和计算机。在机箱两侧，各有两个传感器充电座，能够给 4 个传感器的蓄电池充电；在机箱的右侧，有 2 个电源插座。

2. 计算机

计算机包括主机、显示器、键盘、鼠标、打印机等。计算机内预装四轮定位检测软件，如图 5-3-7 所示。

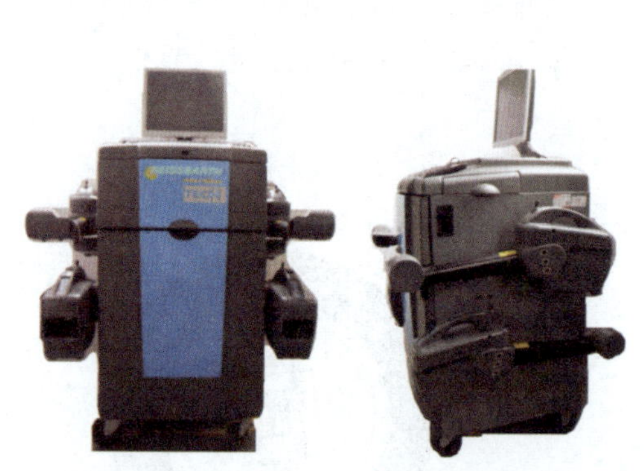

图 5-3-6　百斯巴特 ML8RTech 四轮定位仪机箱

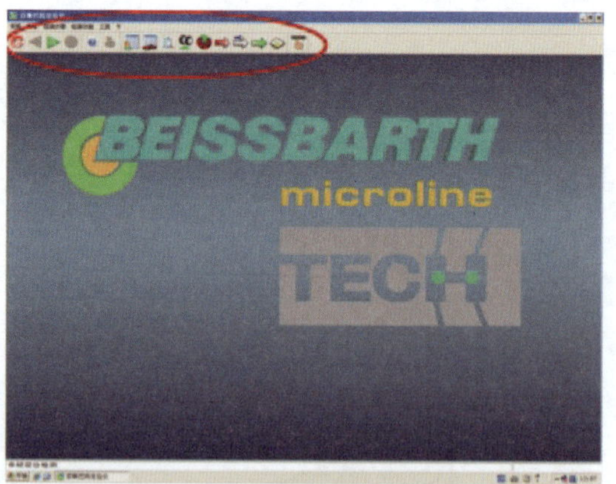

图 5-3-7　四轮定位检测软件

打开软件，在显示屏上显示的功能键从左至右分别为复位检测、后退、前进、退出、帮助、打印、客户选择、车辆选择、车辆状况、准备工作、偏位补偿、调整前检测、定位调整、调整后检测、检测报告、切换检测功能，如图 5-3-8 所示。

图 5-3-8　显示屏上的功能键图标

3. CCD 镜式传感器

CCD 镜式传感器有 4 个，每个传感器经标定后分别贴上 1、2、3、4 的标签。在进行四轮定位时，1 号传感器安装在左前轮的卡具上，2 号传感器安装在右前轮的卡具上，3 号传感器安装在左后轮的卡具上，4 号传感器安装在右后轮的卡具上。不能安装错误，否则定位的线束信号将中断，数据不能传输。

4. 定位仪附件

附件包括卡具、线束、转向盘锁、刹车锁等，如图 5-3-9 所示。

卡具

线束

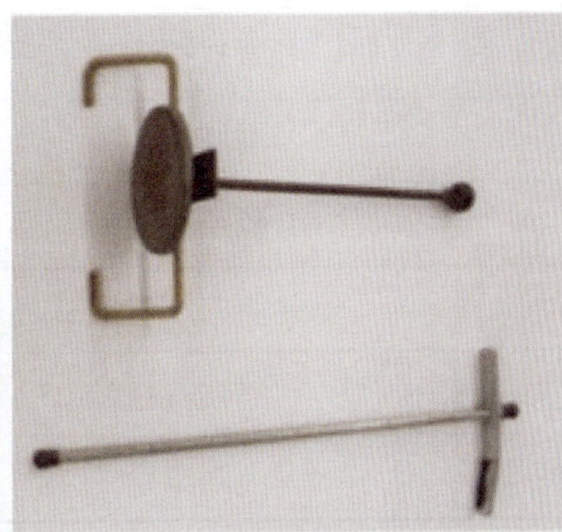

转向盘锁和刹车锁

图 5-3-9　定位仪附件

三、二次举升机

在进行四轮定位操作过程中，需要使用二次举升机，二次举升机的操作方法与剪式举升机基本相同，如图 5-3-10 所示。举升机操作台如图 5-3-11 所示。

图 5-3-10　举升机

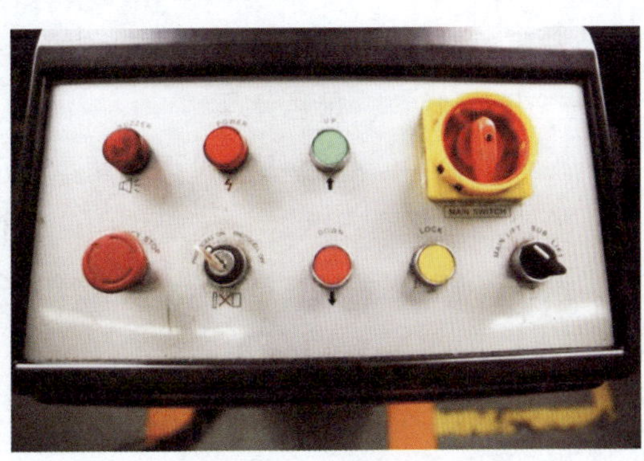

图 5-3-11　举升机操作台

任务实施

本任务以 1.6 自动挡轿车为例，进行实训。

工具器材

序号	名称	规格	数量
1	实训车辆	1.6AT	1 辆
2	举升机	剪式	1 台
3	车轮挡块、举升机支撑垫块		各 4 块
4	车辆防护用品		1 套
5	汽车四轮定位仪	百斯巴特 ML8RTech	1 套
6	预置式扭力扳手	SATA96445	1 个
7	定位呆扳手	13 号、21 号、24 号	各 1 个
8	预置式扭力扳手	世达，40 ~ 340 N • m	1 个
9	轮胎套筒	19 mm	1 个
10	轮胎气压表		1 个
11	轮胎花纹深度规		1 个
12	转向盘锁		1 个
13	刹车锁		1 个

一、准备操作（举升机未升起，在最低位）

1．车辆进入工位前，清理工位卫生，排除障碍物，准备相关的工具、物品等。

2．将车辆停放在举升机的中央位置，安装、铺设内三件套。

3．降下驾驶员侧门窗玻璃，检查转向盘是否在正中位置，拉紧驻车制动器，将换挡杆置于 P 挡，检查仪表板上燃油箱油位并记录，关闭点火开关。

4．安装好车轮挡块，检查驾驶室和行李舱载荷是否符合定位检测要求；目视检查车身前后、左右有无倾斜、是否水平。

5．检查前轮中心是否基本对正转角盘中心，销子是否在锁定状态，如图 5-3-12 所示。

6．检查后轮是否基本对正后滑板中间部位，销子是否在锁定状态。

7．读取车辆型号 /VIN 码 / 车辆生产年份（见车辆铭牌，在右前车门框下方），并记录在作业表上，如图 5-3-13 所示。

8．查找原厂要求的前后车轮的轮胎型号和标准胎压（在左后车门下方），并记录在作业表上，如图 5-3-14 所示。

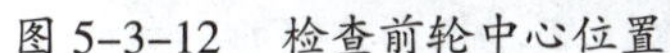
图 5-3-12　检查前轮中心位置

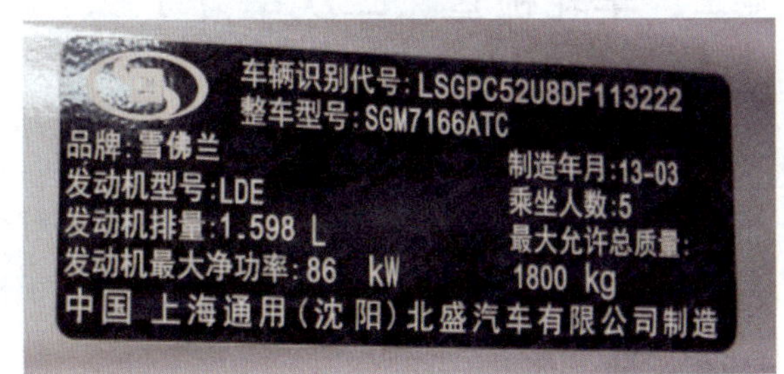

图 5-3-13　车辆铭牌

9．检查和调整轮胎气压，检查实车安装轮胎型号是否与轮胎铭牌要求一致。

10．测量前后桥车身高度并记录（轮毂中心至轮眉下沿的距离）。

11．在定位仪程序中建立用户和车辆档案，如图 5-3-15 所示；在数据库中找到相应车型，完成车型数据选择，如图 5-3-16 所示。

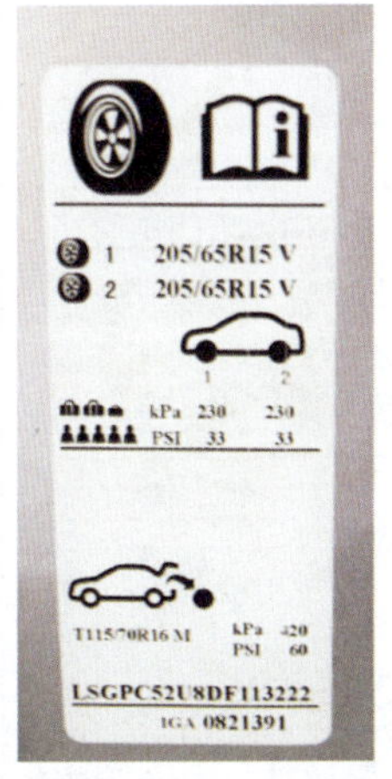

图 5-3-14　轮胎铭牌

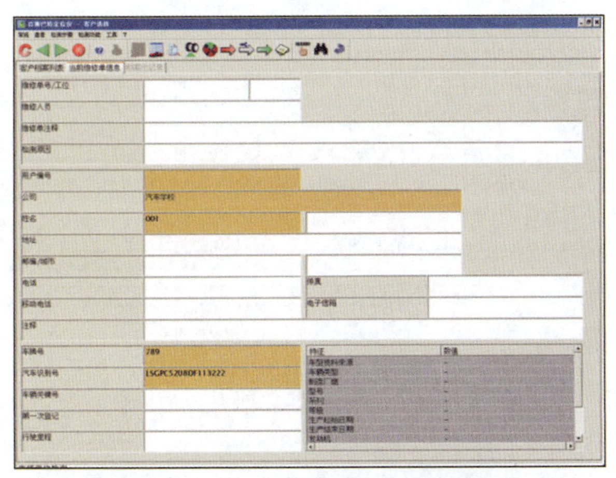
图 5-3-15　建立用户和车辆档案

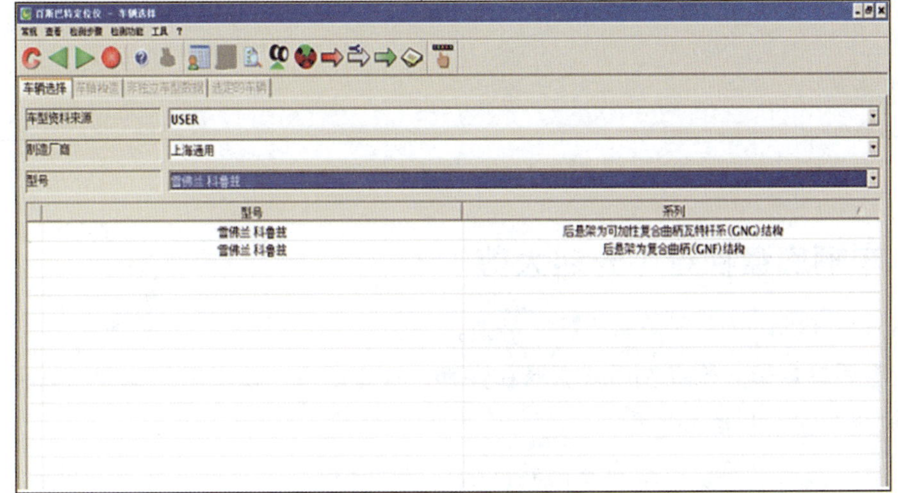

图 5-3-16　车型数据选择

二、车轮检查（二次举升）

图 5-3-17　测量胎纹深度

1．将变速器换挡杆置于空挡位置并释放驻车制动器。

2．放置二次举升支撑垫块，二次举升小剪顶在车辆中间部位的底盘托点上，使车轮离开举升机充分悬空后落锁。

3．检查两前轮轴承是否松旷。

4．检查四轮轮胎是否有裂纹、损坏、异常磨损，测量四轮胎纹深度，如图 5-3-17 所示。

5．在车辆状况表中输入轮胎型号和胎纹深度，如图 5-3-18 所示。

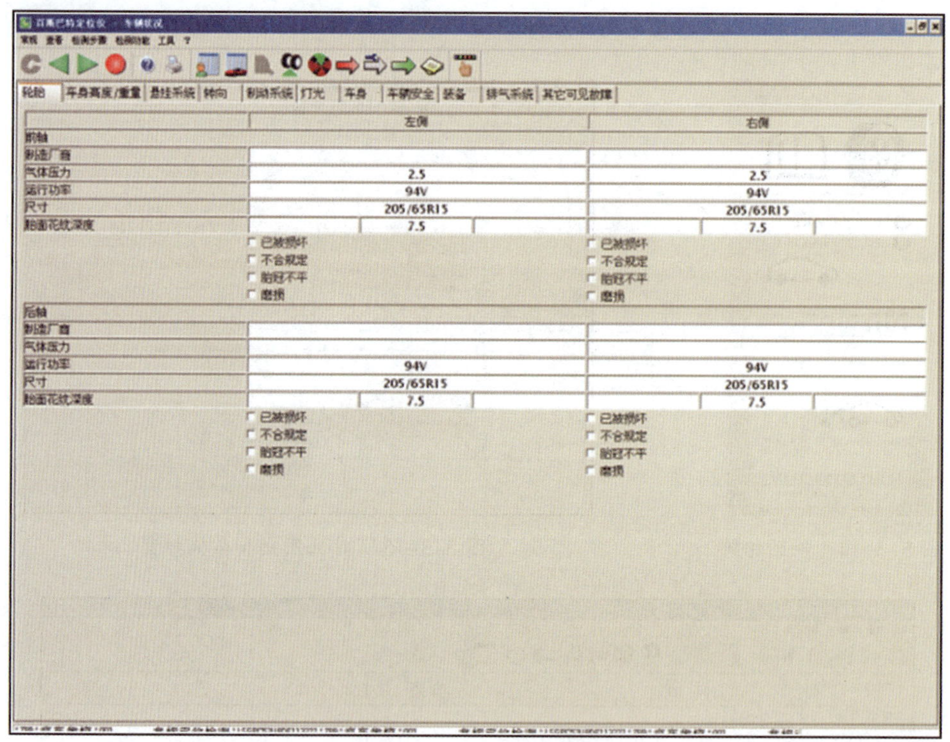

图 5-3-18　输入车辆状况

三、车辆底盘检查（升起大剪）

1．操作举升机，升高到较高位置后落锁。

2．检查后轴悬架：检查左后减振器和弹簧，检查后桥，检查后悬架锁闩连杆和中心枢轴球节；检查右后减振器和弹簧。

3．检查转向连接机构：检查左前转向横拉杆、转向节、球头，检查右前转向横拉杆、转向节、球头。

4．检查前轴悬架：检查左前下控制臂、球节、前后衬套，检查前稳定杆，检查右前下控制臂、球节、前后衬套。

四、轮毂偏位补偿及调整前检测

1. 定位仪安装

（1）降低大剪举升平台至适合的落锁位置。

（2）悬架复位：拔出转向盘固定销，举升机小剪缓慢回落，移开车轮挡块至合适位置；按压前后车身数次，使车辆悬架复位；将车辆向后推离转角盘并插上转角盘固定销；向前推动车辆使前轮停在转角盘中心位置。

（3）定位仪定位准备：安装左前轮、右前轮、左后轮、右后轮传感器卡具，如图 5–3–19 所示；安装左前轮、右前轮、左后轮、右后轮传感器，如图 5–3–20 所示；安装传感器线束并按下传感器上的“R”键，启动传感器。

（4）将变速器置于空挡，释放驻车制动器。

图 5–3–19　安装传感器卡具

图 5–3–20　安装传感器

2. 偏位补偿

（1）放置二次举升支撑垫块，升起举升机小剪，使车轮离开大剪平台 10 cm 左右，充分悬空，以便进行轮毂补偿，如图 5–3–21 所示。

（2）点击显示屏上的功能键“前进”，或点击键盘上的“F3”键，显示屏上显示“偏位补偿”界面，出现 4 个红色的车轮偏位补偿图标，如图 5–3–22 所示。

（3）完成右前轮的偏位补偿。取下卡具安全钩并挂好，松开卡具上的传感器轴固定螺栓，调整传感器至水平位置，锁止传感器轴固定螺栓，如图 5–3–23 所示。按下传感器上的偏位补偿键，此时偏位补偿灯（橘黄色）点亮，当偏位补偿灯熄灭后，屏幕上右前轮的图标出现 1 个绿色指示块，如图 5–3–24 所示。松开传感器轴固定螺栓，按照车轮的前进行驶方向，转动右前轮至第 1 个 90° 位置，保持传感器水平，锁止传感器轴固定螺栓。

图 5-3-21 二次举升

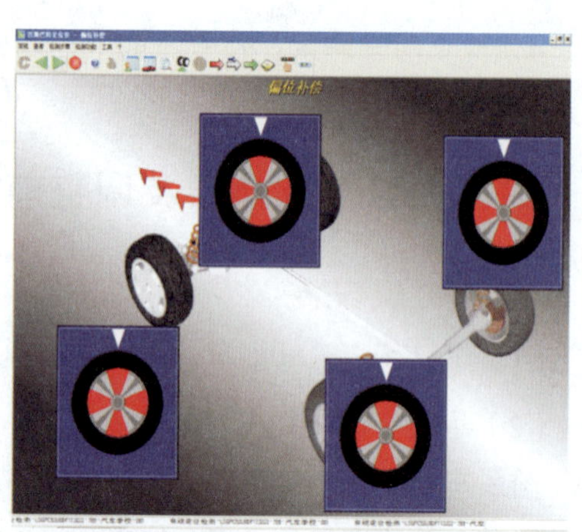

图 5-3-22 “偏位补偿”界面

图 5-3-23 偏位补偿

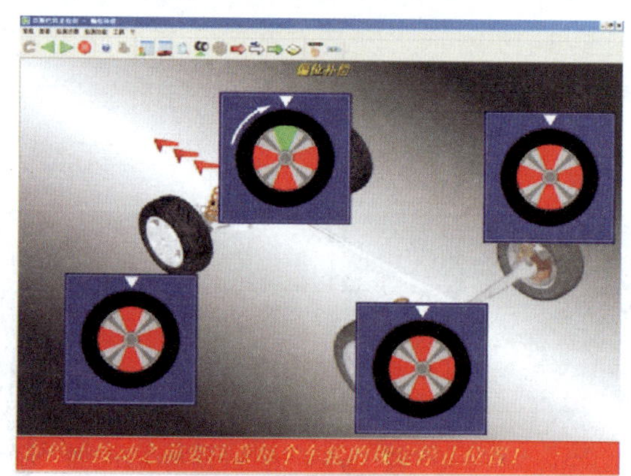

图 5-3-24 偏位补偿 1

按下传感器上的偏位补偿键，此时偏位补偿灯（橘黄色）点亮，当偏位补偿灯熄灭后，屏幕上左后轮的图标出现 2 个绿色指示块，如图 5-3-25 所示。按照上述方法，继续转动，第 2 个 90° 位置、第 3 个 90° 位置，屏幕上显示分别如图 5-3-26 和图 5-3-27 所示。

检查卡具，使传感器保持水平，锁止传感器轴固定螺栓。按下计算键（“M”键），计算键灯点亮，当计算键灯熄灭后，屏幕上出现右前轮偏位补偿的数值，如图 5-3-28 所示。

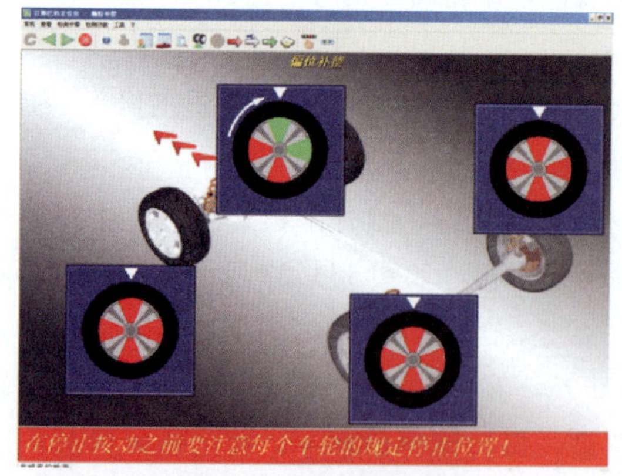

图 5-3-25 偏位补偿 2

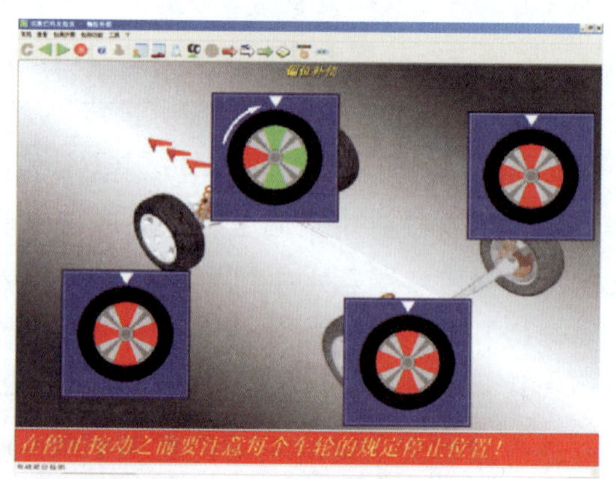

图 5-3-26 偏位补偿 3

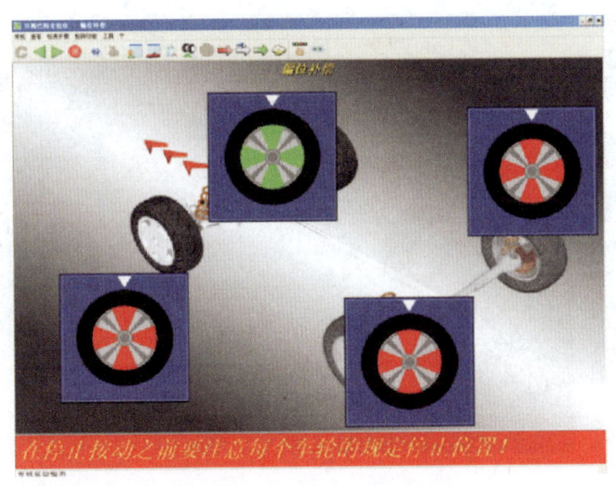

图 5-3-27 偏位补偿 4

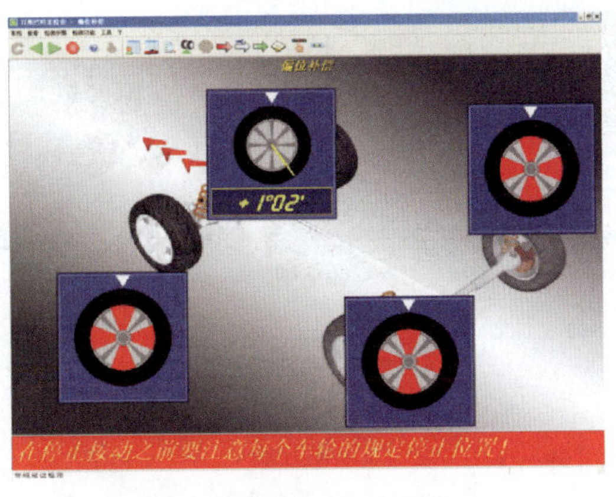

图 5-3-28 右前轮偏位补偿数值

（4）按照上述方法，分别完成左前轮、右后轮、左后轮的偏位补偿，屏幕上显示偏位补偿的数值，如图 5-3-29 所示。

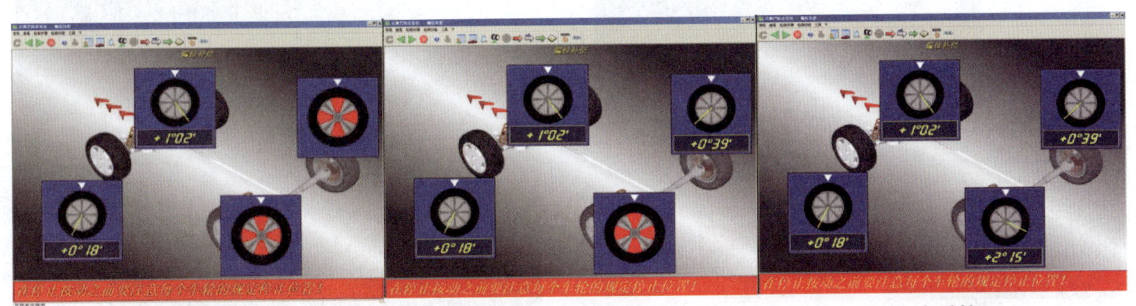

左前轮 右后轮 左后轮

图 5-3-29 其他三轮偏位补偿数值

3. 调整前检测

（1）拔出 2 个转角盘固定销并放好，拔出 2 个后滑板固定销并放好，移开后轮挡块，拉紧驻车制动器，将换挡杆置于 P 挡，将小剪缓慢降到最低位置。

（2）检查两前轮是否处于转角盘中心位置，检查两后轮是否落在后滑板中间位置，按压车辆前后，使减振器复位。

（3）安装刹车锁，如图 5-3-30 所示，检查制动灯是否点亮。

（4）单击屏幕上的“前进”图标，进入“调整前检测 – 转向操作”界面，如图 5-3-31 所示。

（5）正前打直：按屏幕显示“向正前方行驶”字样，按照白色箭头指示的方向打正方向。当白色三角形尖头移至橙色半圆形中间绿色区域时，操作完成，系统自动进入下一个界面。

（6）传感器水平调整：如果 4 个传感器中有的不水平，屏幕上将显示该传感器的红色图标，如图 5-3-32 所示。将所有不水平的传感器调整到水平状态，调整完毕后，所有传感器的图标将都变成绿色，如图 5-3-33 所示，系统将自动进入下个界面。

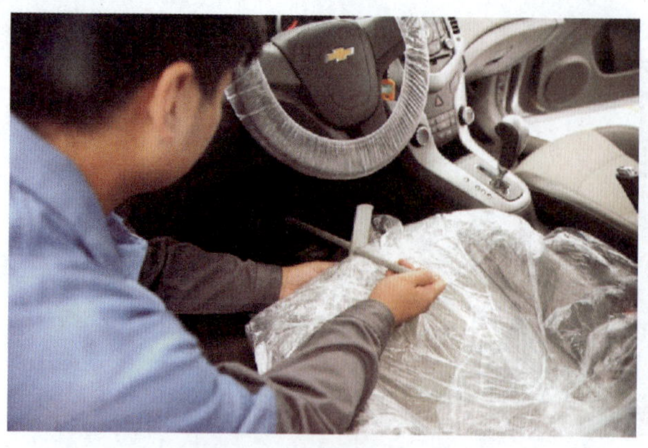
图 5-3-30　安装刹车锁

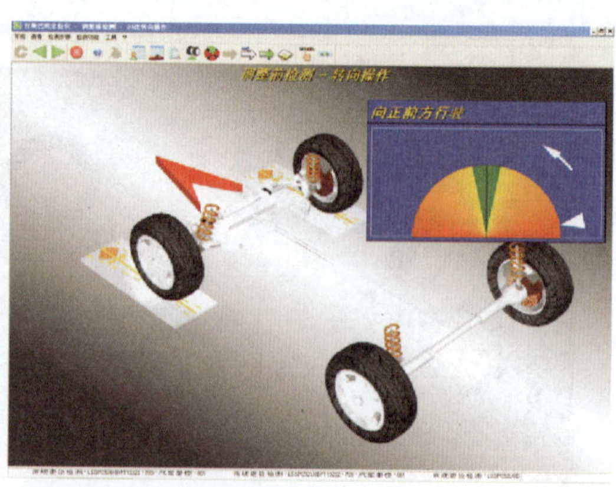

图 5-3-31　“调整前检测－转向操作”界面

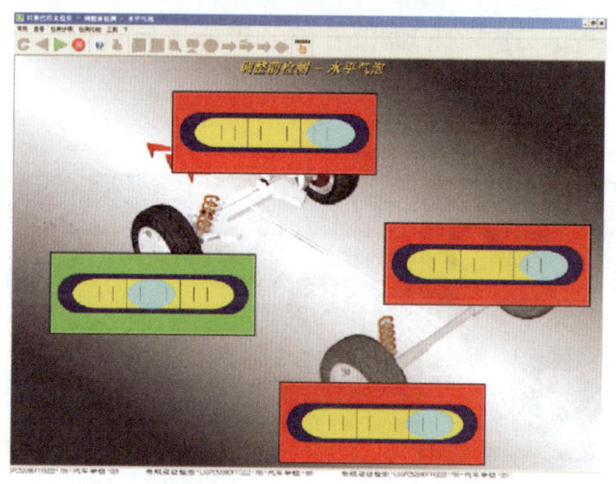

图 5-3-32　传感器水平调整前

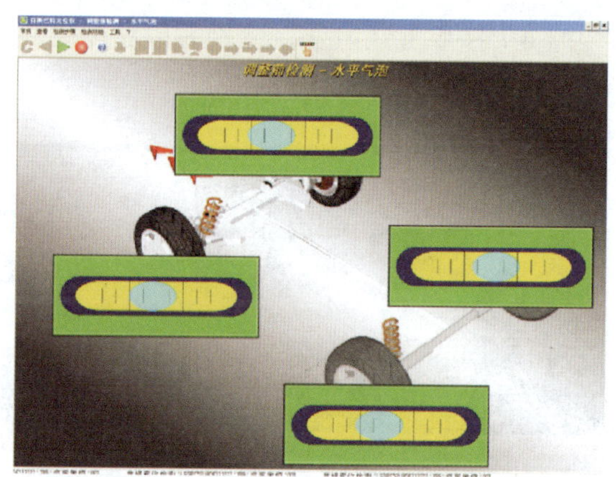

图 5-3-33　传感器水平调整后

（7）向左 20° 转向操作：根据图 5-3-34 白色箭头指示，逆时针轻打转向盘，直至白色的三角尖头移至橙色半圆形中间绿色区域，如图 5-3-35 所示。屏幕自动进入下一个界面。

（8）向右 20° 转向操作：与上一步操作方法类似，顺时针打转向盘，如图 5-3-36、图 5-3-37 所示。

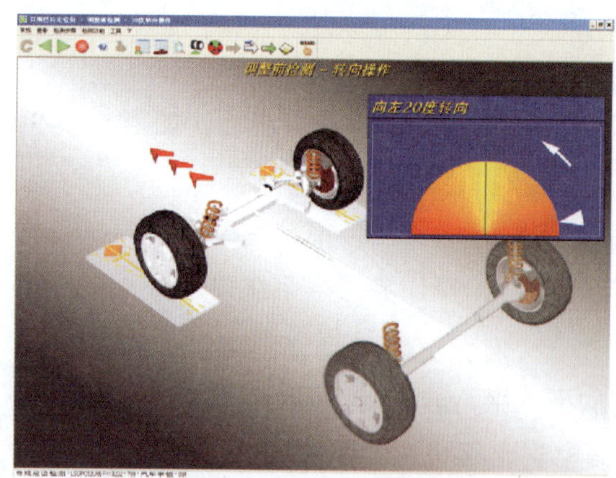

图 5-3-34　“向左 20° 转向”界面

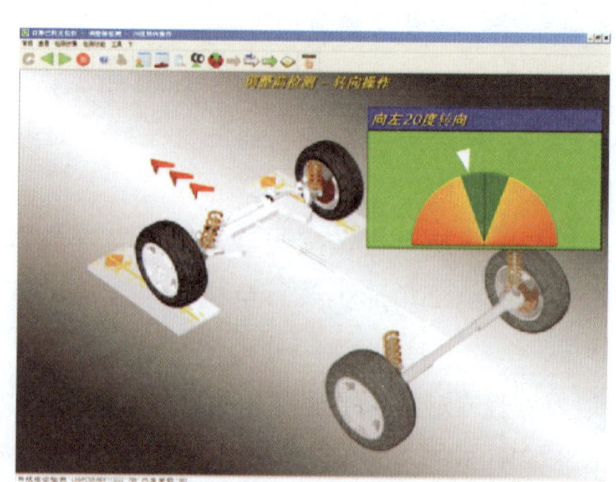

图 5-3-35　“向左 20° 转向”完成界面

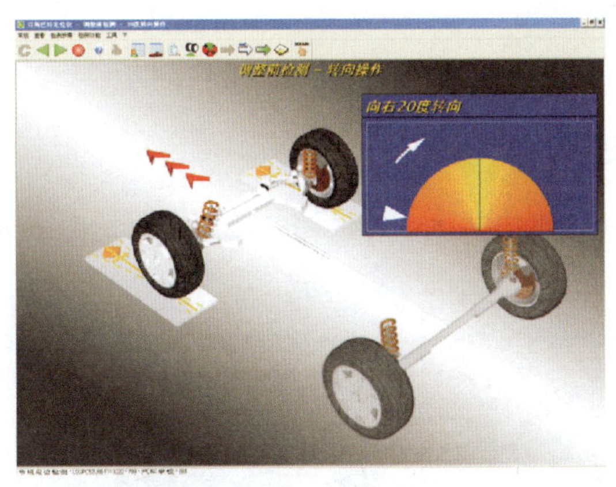

图 5-3-36　“向右 20° 转向”界面

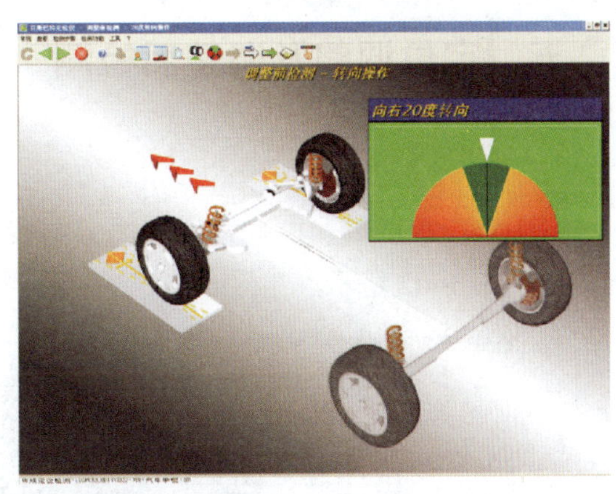

图 5-3-37　“向右 20° 转向”完成界面

（9）等值单独前束。按照程序引导，使车轮方向对中；当屏幕显示“等值单独前束”时，如图 5-3-38 所示，根据白色箭头指示，打正转向盘，直至白色的三角尖头移至橙色半圆形中间绿色区域，如图 5-3-39 所示。待上述检测步骤操作完毕后，屏幕上将自动跳出前轴单独前束检测数据，如图 5-3-40 所示。

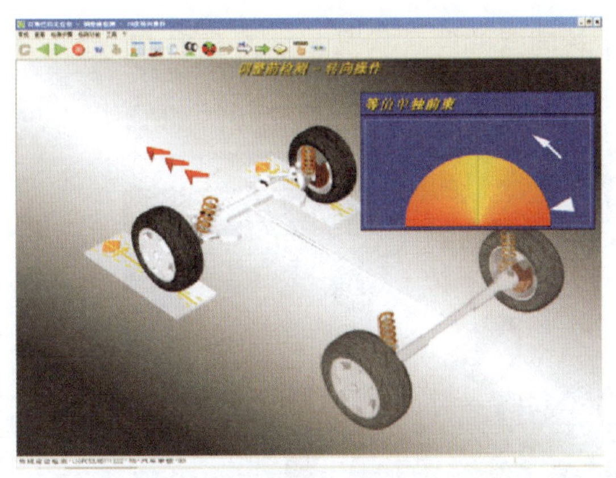

图 5-3-38　“等值单独前束”界面

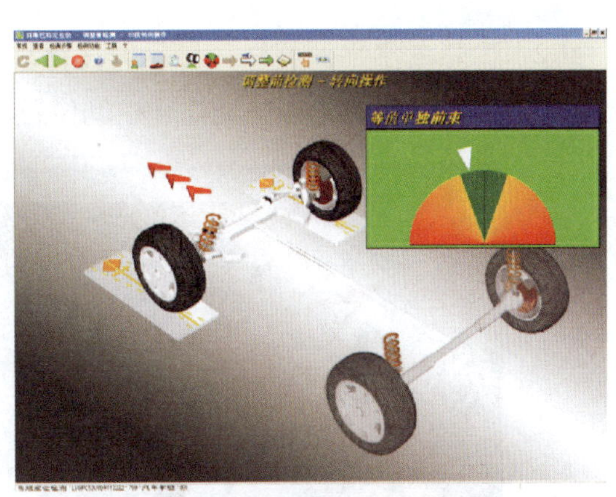

图 5-3-39　“等值单独前束”完成界面

（10）单击“前进”图标，屏幕将显示定位参数检测报告，如图 5-3-41 所示。

图 5-3-40　前轴单独前束检测数据

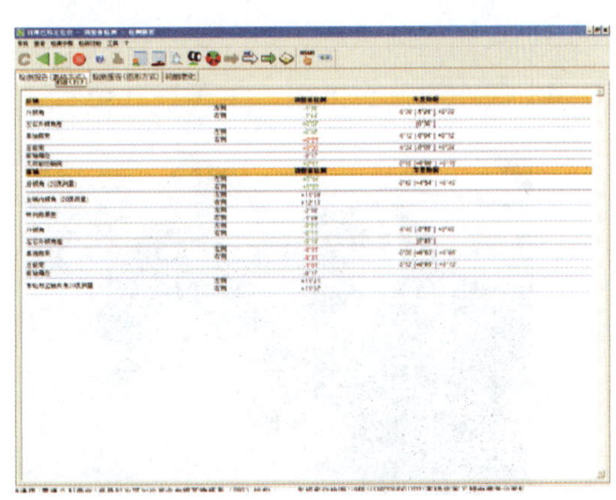

图 5-3-41　定位参数检测报告

五、定位调整及调整后检测

1. 定位调整

（1）单击“前进”图标，屏幕将显示传感器的水平状况，将传感器全部调整到水平状况，如图 5–3–42 所示。

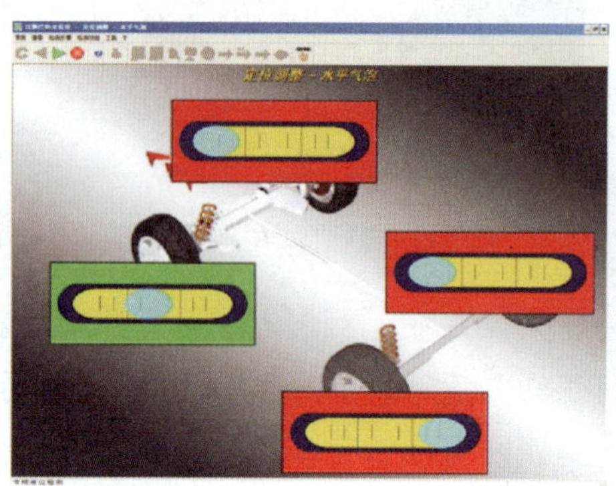

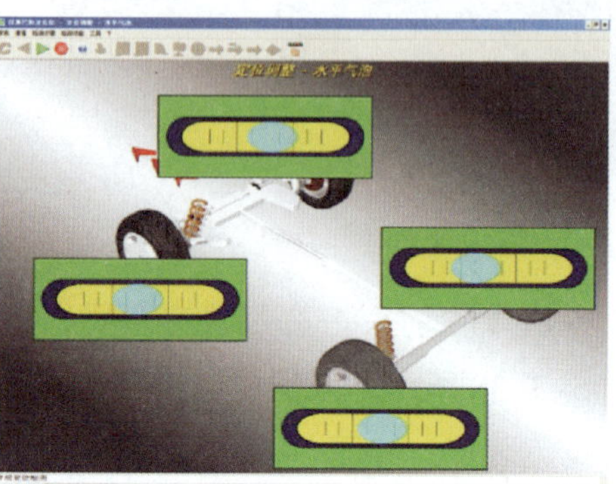

图 5–3–42 调整传感器水平

（2）传感器水平调整后，显示屏将自动显示转向盘的摆正状况，如图 5–3–43 所示。按显示屏指示，调整转向盘使其处于中间位置。

图 5–3–43 调正转向盘位置

（3）安装转向盘锁，如图 5–3–44 所示。

（4）操作举升机大剪，将车辆升至合适高度并安全落锁，如图 5–3–45 所示。

图 5–3–44 安装转向盘锁

图 5–3–45 举升车辆至合适高度

（5）操作程序，屏幕显示“后轴检测数据”，如图 5-3-46 所示。

（6）单击“前进”图标，屏幕显示“前桥前束和后倾角调整”，如图 5-3-47 所示。

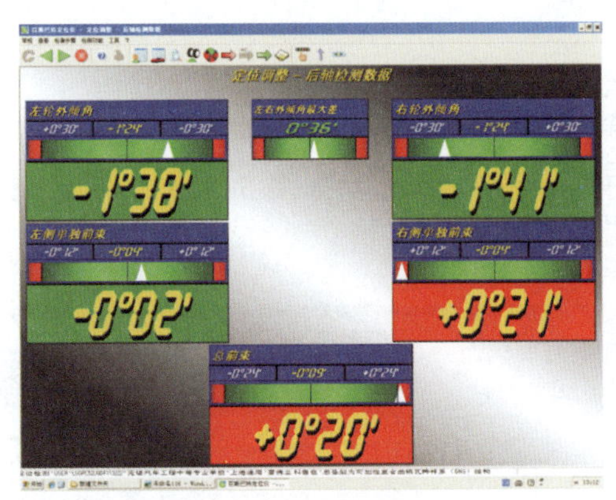

图 5-3-46　后轴检测数据

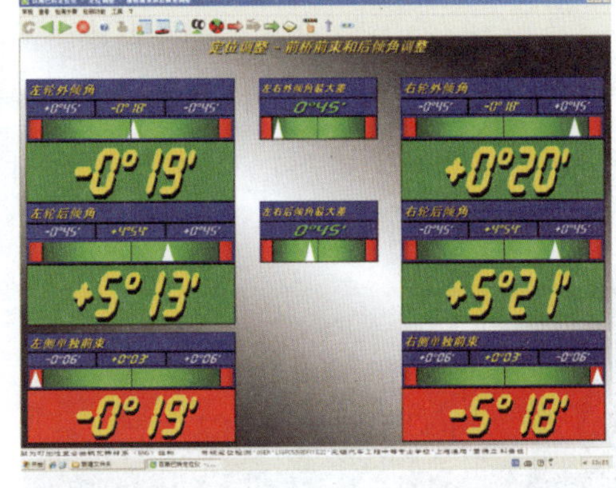

图 5-3-47　前桥前束和后倾角调整

（7）调整前轮前束。用 21 号呆扳手固定横拉杆球头处，用 24 号呆扳手松开横拉杆锁止螺母；用 21 号呆扳手继续固定横拉杆球头处，用 13 号呆扳手通过转动横拉杆来进行前束的调整，如图 5-3-48 所示。

观察程序上前束值的变化，当指示箭头到达标准范围内时即完成了前束的调整，如图 5-3-49、图 5-3-50、图 5-3-51 所示；将预置式扭力扳手的力矩调整为 45 N·m，用 21 号呆扳手固定横拉杆球头处，用扭力扳手将锁止螺母锁紧，如图 5-3-52 所示。

图 5-3-48　前轮前束调整部位

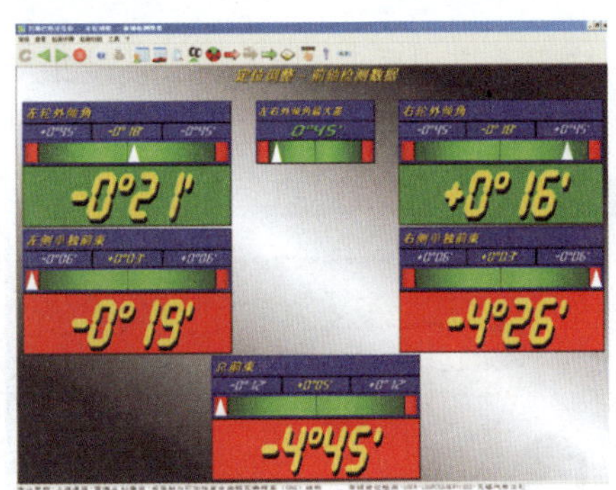

图 5-3-49　前轴检测数据

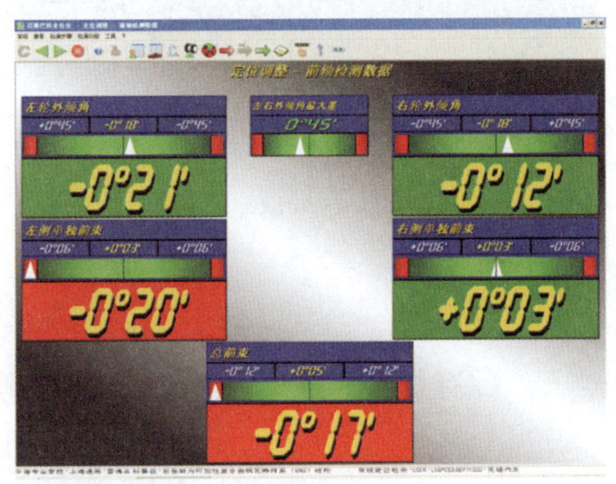

图 5-3-50　右侧前束调整，数据合格

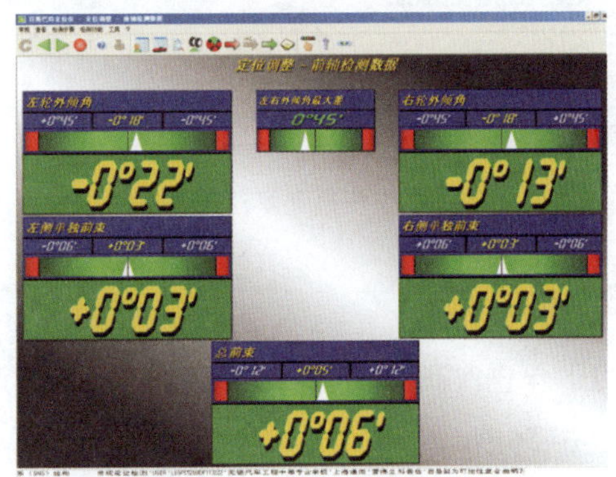

图 5-3-51　左侧前束调整，数据合格

2. 调整后检测

（1）降低大剪举升平台到合适操作的位置落锁。

（2）取下转向盘锁，检查转向盘对中。

（3）检查刹车锁是否顶住制动踏板，如果刹车锁松开或脱离，应重新锁牢。

（4）单击“前进”图标，系统进入“向正前方行驶”界面，如图 5–3–53 所示。按图示提示，打正方向。

图 5–3–52　锁止横拉杆固定螺母

图 5–3–53　“向正前方行驶”界面

（5）屏幕将显示传感器水平位置，如图 5–3–54 所示。将不水平的传感器调整到水平状态。

（6）按照程序引导，分别进行向左 20°、向右 20° 转向操作，完成后屏幕显示前轴单独前束检测数据，如图 5–3–55 所示。

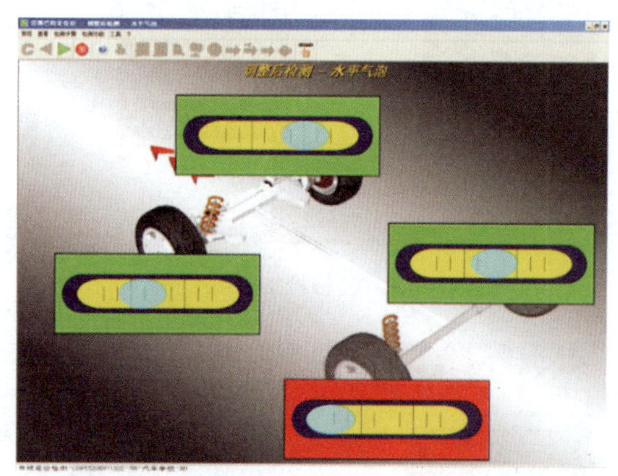

图 5–3–54　“传感器水平”界面

图 5–3–55　调整后检测值

3. 检测报告

（1）单击“前进”图标，系统进入“检测报告”，保存检测报告。图形方式的检测报告如图 5–3–56 所示。

（2）表格方式的检测报告如图 5–3–57 所示。

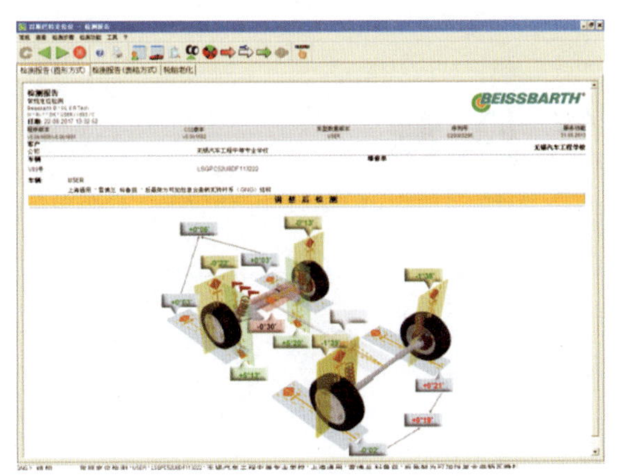

图 5-3-56　图形方式的检测报告

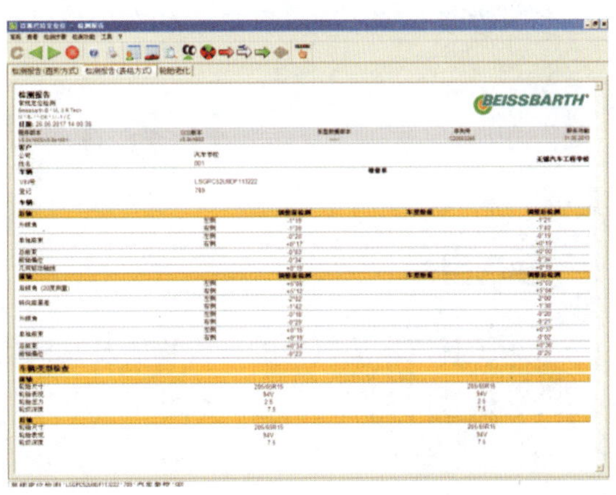

图 5-3-57　表格方式的检测报告

（3）轮胎老化检测报告如图 5-3-58 所示。

（4）查看状态如图 5-3-59 所示。

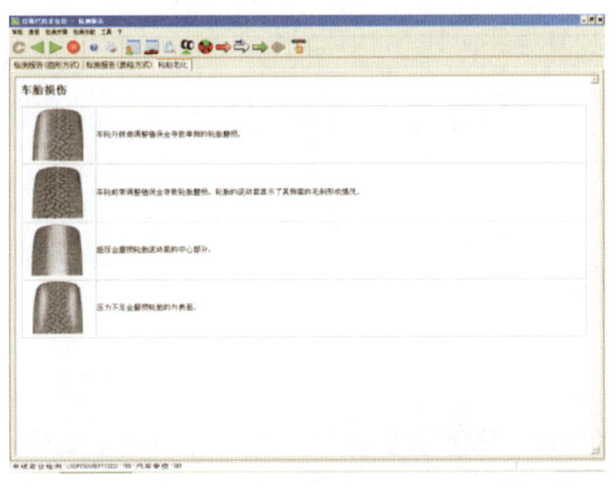

图 5-3-58　轮胎老化检测报告

图 5-3-59　查看状态

六、退出测试程序

1．将定位仪程序复位。

2．取下传感器线束、传感器、卡具并放回初始位置。

3．拆除刹车锁并放至规定位置。

4．升起举升机小剪，使车轮悬空。

5．插入转角盘和后滑板的固定销。

6．操作举升机，使车辆完全下降到大剪平面上，小剪完全复位。

七、结束工作

1．操作举升机大剪回到最低位置。

2．取下车内三件套，升起车窗玻璃，关闭车门（不锁）。

3．收取车辆二次举升垫块和车轮挡块。

任务4　尾 气 检 测

学习目标

1．了解汽车尾气中的有害物质及其危害。

2．熟悉汽车尾气的检测标准。

3．掌握汽车尾气检测的操作技能。

任务描述

本任务是按照《汽车维护、检测、诊断技术规范》（GB/T 18344—2016）的要求，对进行二级维护的车辆进行尾气检测。

实施汽车尾气检测的目的是使汽车尾气达到环保要求，限制和减少有害气体及颗粒物的排放，并有效提高汽车的动力性和燃油经济性。

知识准备

一、汽车尾气中的有害物质及其危害

1. 汽车尾气主要有害物质

汽车尾气污染物主要包括一氧化碳、碳氢化合物、氮氧化合物、二氧化硫、烟尘微粒、臭气等。

2. 汽车尾气对环境的影响

汽车尾气最主要的危害是形成光化学烟雾。汽车尾气中的碳氢化合物和氮氧化合物在阳光作用下发生化学反应，生成臭氧，臭氧与大气中的其他成分结合就形成光化学烟雾。其对健康的危害主要表现为刺激眼睛，引起红眼病；刺激鼻、咽喉、气管和肺部，引起慢性呼吸系统疾病。光化学烟雾还可能使树木枯死，农作物大量减产；使大气的能见度降低，妨碍交通。

二、汽车排放标准

1. GB 18352.5—2013

2013 年 9 月 17 日，环境保护部发布《轻型汽车污染物排放限值及测量方法（中国第五阶段）》（GB 18352.5—2013），该标准于 2018 年 1 月 1 日起在全国实施。之前，北京、上海、南京等城市及广东部分城市已经开始执行国五标准。表 5-4-1 所示为轻型汽车国Ⅴ排放标准的Ⅰ型试验排放值。

表 5-4-1　轻型汽车国Ⅴ排放标准的Ⅰ型试验排放值

类别	级别	基准质量（RM）（kg）	限值													
			CO		THC		NMHC		NO*x*		THC+NO*x*		PM		PN	
			L_1 (g/km)		L_2 (g/km)		L_3 (g/km)		L_4 (g/km)		L_2+L_4 (g/km)		L_5 (g/km)		L_6（个/km）	
			PI	CI	PI	CI	PI	CI	PI	CI	PI	CI	PI[(1)]	CI	PI	CI
第一类车	—	全部	1.00	0.50	0.100	—	0.068	—	0.060	0.180	—	0.230	0.004 5	0.004 5	—	6.0×10^{11}
第二类车	Ⅰ	RM ≤ 1 305	1.00	0.50	0.100	—	0.068	—	0.060	0.180	—	0.230	0.004 5	0.004 5	—	6.0×10^{11}
	Ⅱ	1 305 < RM ≤ 1 760	1.81	0.63	0.130	—	0.090	—	0.075	0.235	—	0.295	0.004 5	0.004 5	—	6.0×10^{11}
	Ⅲ	1 760 < RM	2.27	0.74	0.160	—	0.108	—	0.082	0.280	—	0.350	0.004 5	0.004 5	—	6.0×10^{11}

注：PI= 点燃式　CI= 压燃式

（1）仅适用于装有缸内直喷发动机的汽车

2. GB 18352.6—2016

目前，汽车排放的最新国家标准是《轻型汽车污染物排放限值及测量方法（中国第六阶段）》（GB 18352.6—2016），将代替 GB 18352.5—2013，于 2020 年 7 月 1 日起实施。表 5-4-2 和表 5-4-3 所示为轻型汽车国Ⅵ排放标准的Ⅰ型试验排放值。

3. GB 18285—2018

《汽油车污染物排放限值及测量方法（双怠速法及简易工况法）》（GB18285—2018）是目前汽车检测站对车辆排放污染物检测的依据。表 5-4-4 所示为双怠速法检验排放污染物排放限值，表 5-4-5 所示为稳态工况法排放污染物排放限值，表 5-4-6 所示为瞬态工况法排放污染物排放限值，表 5-4-7 所示为简易瞬态工况法排放污染物排放限值。

表 5-4-2　　轻型汽车国Ⅵ排放标准的Ⅰ型试验排放限值：Ⅰ型试验排放限值（6a）

		测试质量（TM）/（kg）	限值						
			CO/(mg/km)	THC/(mg/km)	NMHC/(mg/km)	NOx/(mg/km)	N_2O/(mg/km)	PM(mg/km)	PN[1]/(个/km)
第一类车	—	全部	700	100	68	60	20	4.5	6.0×10^{11}
第二类车	Ⅰ	TM ≤ 1 305	700	100	68	60	20	4.5	6.0×10^{11}
	Ⅱ	1 305 ＜ TM ≤ 1 760	880	130	90	75	25	4.5	6.0×10^{11}
	Ⅲ	1 760 ＜ TM	1000	160	108	82	30	4.5	6.0×10^{11}

注：（1）2020 年 7 月 1 日前，汽油车过渡限值为 6.0×10^{12} 个 /km

表 5-4-3　　轻型汽车国Ⅵ排放标准的Ⅰ型试验排放限值：Ⅰ型试验排放限值（6b）

		测试质量（TM）/（kg）	限值						
			CO/(mg/km)	THC/(mg/km)	NMHC/(mg/km)	NOx/(mg/km)	N_2O/(mg/km)	PM(mg/km)	PN[1]/(个/km)
第一类车	—	全部	500	50	35	35	20	3.0	6.0×10^{11}
第二类车	Ⅰ	TM ≤ 1 305	500	50	35	35	20	3.0	6.0×10^{11}
	Ⅱ	1 305 ＜ TM ≤ 1 760	630	65	45	45	25	3.0	6.0×10^{11}
	Ⅲ	1 760 ＜ TM	740	80	55	50	30	3.0	6.0×10^{11}

注：（1）2020 年 7 月 1 日前，汽油车过渡限值为 6.0×10^{12} 个 /km

排放检测的同时，应进行过量空气系数（λ）的测定，发动机在高怠速转速工况时，λ 应在 1.00 ± 0.05 之间，或者在制造厂规定的范围之内。

表 5-4-4　　双怠速法检验排放污染物排放限值

类别	怠速		高怠速	
	CO（%）	HC（$\times10^{-6}$）1）	CO（%）	HC（$\times10^{-6}$）1）
限值 a	0.6	80	0.3	50
限值 b	0.4	40	0.3	30

注：1）对于装用以天然气为燃料的点燃式发动机汽车，该项目为推荐性要求

表 5-4-5　　稳态工况法排放污染物排放限值

类别	ASM5025			ASM2540		
	CO（%）	HC（$\times10^{-6}$）1）	NO（$\times10^{-6}$）	CO（%）	HC（$\times10^{-6}$）1）	NO（$\times10^{-6}$）
限值 a	0.50	90	700	0.40	80	650
限值 b	0.35	47	420	0.30	44	390

注：1）对于装用以天然气为燃料的点燃式发动机汽车，该项目为推荐性要求

表 5-4-6　　瞬态工况法排放污染物排放限值

类别	CO（g/km）	HC+NO*x*（g/km）
限值 a	3.5	1.5
限值 b	2.8	1.2

表 5-4-7　　简易瞬态工况法排放污染物排放限值

类别	CO（g/km）	HC（g/km）1）	NO*x*（g/km）
限值 a	8.0	1.6	1.3
限值 b	5.0	1.0	0.7

注：1）对于装用以天然气为燃料的点燃式发动机汽车，该项目为推荐性要求

三、汽车尾气分析仪（以博世 BEA 060 为例）

博世 BEA 060 尾气分析仪如图 5-4-1 所示。在进行尾气检测时，需在车间内安装专用通风设施，避免汽车尾气对人体产生伤害。

博世 BEA 060 尾气分析仪的主机如图 5-4-2 所示。在搬运时，不要倾斜，否则可能导致冷凝水外流损坏测量盒。启用机器前，需保证插座电压与 BEA 060 标称电压吻合。主机中预装 BEA-AU-OBD 系统测试软件。

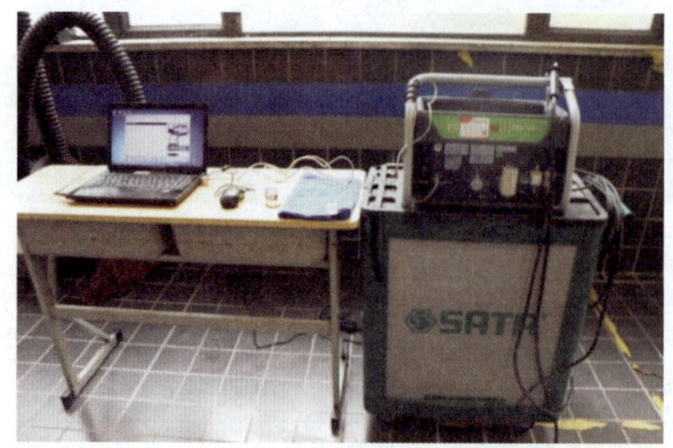

图 5-4-1 博世 BEA 060 尾气分析仪

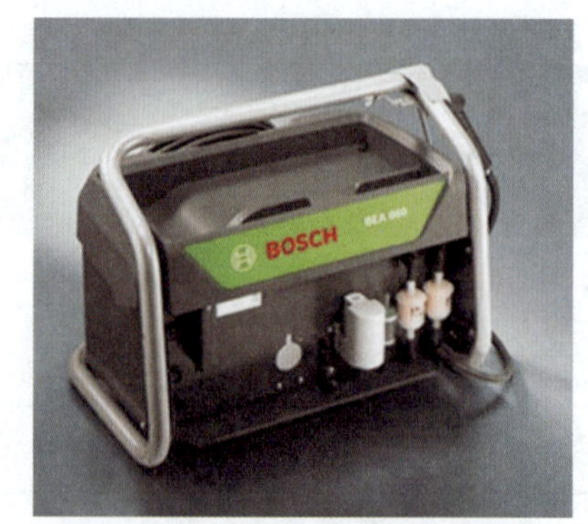

图 5-4-2 博世 BEA 060 尾气分析仪的主机

博世 BEA 060 尾气分析仪的面板如图 5-4-3 所示。

博世 BEA 060 尾气分析仪的尾气取样探测杆如图 5-4-4 所示。

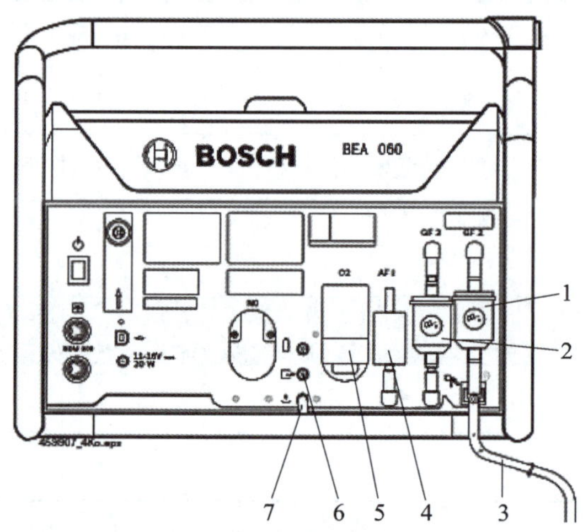

图 5-4-3 博世 BEA 060 尾气分析仪的面板

1—粗滤器（CF2） 2—粗滤器（CF3） 3—8 m 长软管 4—活性炭罐过滤器 5—O_2 传感器 6—测气输出端（PVC 透明软管） 7—排气口和冷凝水排水口

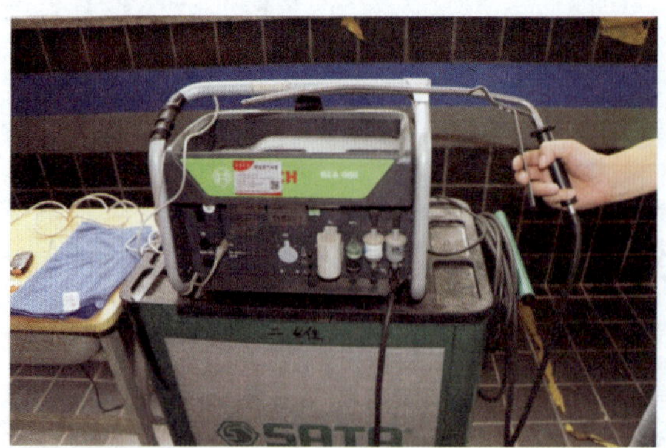

图 5-4-4 尾气取样探测杆

任务实施

本任务以 1.6L 自动挡轿车为例，进行汽车尾气检测实训。

工具器材

序号	名称	规格	数量
1	实训车辆	1.6AT	1 辆
2	举升机	剪式	1 台
3	车轮挡块		4 块
4	车辆防护用品		1 套
5	尾气抽排装置		1 台
6	工作台		1 张
7	清洁用抹布		若干
8	尾气分析仪	博世 BEA 060	1 台

一、准备工作

1．车辆进入工位前，清理工位卫生，排除障碍物，准备相关的工具、物品等。

2．安装、铺设内三件套；将车辆停放在举升机的中央位置，拉紧驻车制动器；将换挡杆置于 P 挡，安装好车轮挡块。

3．接上尾气抽排装置，启动发动机，保持怠速状态，暖机直至发动机冷却液温度达到约 80℃，关闭发动机，如图 5-4-5 所示。

图 5-4-5　接上尾气抽排装置，预热发动机

二、博世 BEA 060 尾气分析仪开机

1．连接博世 BEA 060 尾气分析仪电源线至外部供电电源。

2．按下尾气分析仪面板上的电源开关键，启动设备，如图 5-4-6 所示。

3．如图 5-4-7 所示，观察设备电源指示灯状态：橙色和绿色间隔 1 s 交替闪烁。如果电源指示灯不点亮，则说明 BEA 060 供电有问题；如果指示灯闪烁状态异常，则为设备硬件故障。

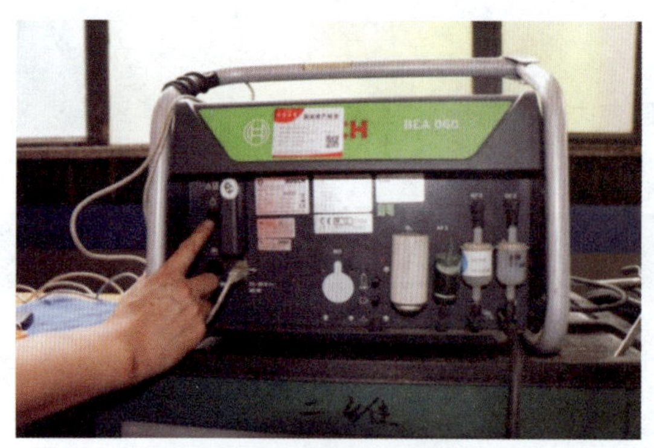

图 5-4-6 启动尾气分析仪

图 5-4-7 观察设备电源指示灯

三、启动测试程序软件

1．单击计算机桌面上的 Bosch Emision Analysis 图标，启动尾气排放分析仪测试软件。

2．在测试程序的启动初始界面，单击功能键 F5【诊断测试】，测试程序进入诊断测试界面，如图 5-4-8 所示。

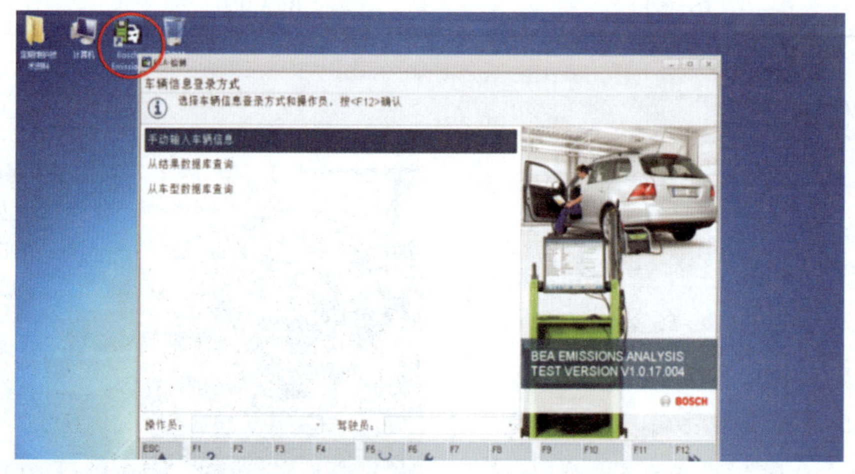

图 5-4-8 启动分析仪进入诊断测试界面

3．在诊断测试界面，单击功能键 F12【下一步】。此时测试程序默认为：发动机和尾气数据采集测试项，测试程序进入“零点校准”及“HC 残留测试”阶段，如图 5-4-9 所示。

4．待设备完成自检测过程，计算机屏幕上会出现测试参数数值（如氧气值的显示）。

四、测量并记录数据

1．车辆暖机 1 min 后即可将尾气分析仪的取样管插入车辆的排气管中（深度不小于 400 mm）进行尾气检测，如图 5-4-10 所示，在室内检测时，将尾气收集器接在汽车排气管上。在室外空旷场地检测时，可将取样管直接插入车辆的排气管中。

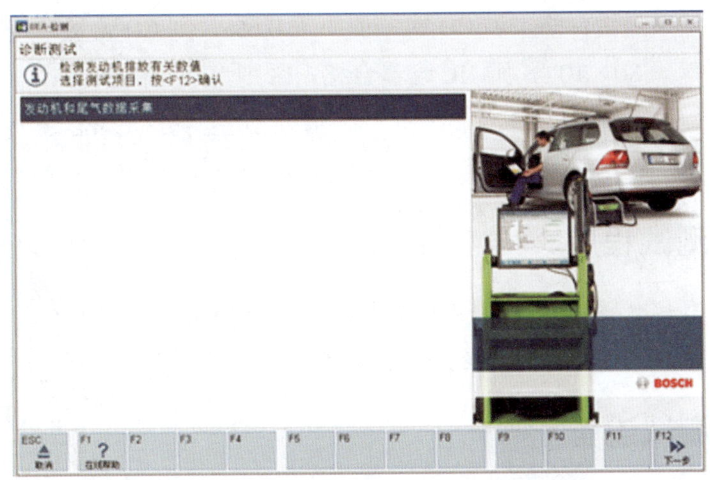

图 5-4-9　进入发动机和尾气数据采集测试项

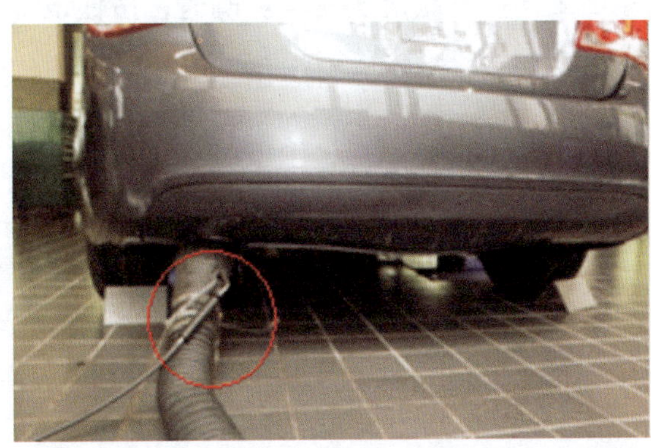

图 5-4-10　插入尾气分析仪的取样管

2．观察屏幕，当计算机屏幕上的 CO_2 数值大于 6% 后，开始记录 CO、CH、CO_2、O_2、λ 数值，分别记录它们的最高值和最低值，并取平均值，如图 5-4-11 所示。

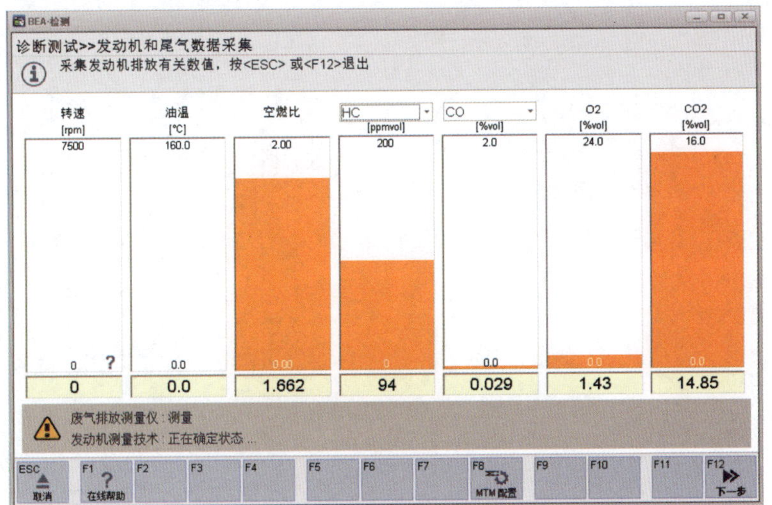

图 5-4-11　读取屏幕上的尾气数值

3．判断检测结果是否合格。若 CO 检测值小于 0.6%，则 CO 含量合格，否则为不合格；HC 检测值小于或等于 80×10^{-6}，则 HC 含量合格，否则为不合格。

备注：以上是根据《汽油车污染物排放限值及测量方法（双怠速法及简易工况法）》（GB 18285—2018），测量汽车双怠速工况下排气污染物测量值。

五、退出测试程序

1．单击 ESC（退出键）然后按 F4（确认键），退出测试程序。

2．将尾气分析仪的取样管回收至指定位置放置。

六、关闭测试设备

1．退出程序后，BEA 060 尾气分析仪将进行气路清洗，约 3 min。

2．待 BEA 060 尾气分析仪的抽气泵停止工作，气路清洗完毕。此时，按住电源开关键 3 s，即可关闭尾气分析仪的电源。

3．关闭电源后，电源指示灯熄灭。

4．清洁取样探测杆。

5．结束工作。收驾驶室三件套，升起车窗玻璃，清洁整理车辆、场地、设备、工具。

注意：废弃抹布应做集中回收处理。

项目六　汽车 60 000 km 维护

进行汽车 60 000 km 维护时，除了实施 30 000 km 维护作业外，还需完成正时传动带的检查与更换、节气门体的清洗、制动摩擦片的检查与更换、自动变速器油（ATF）的检查与更换等操作项目。

任务 1　正时传动带的检查与更换

学习目标

1．了解发动机正时机构的重要性。

2．熟悉正时传动的类型及结构。

3．能更换正时传动带。

任务描述

发动机的正时传动带是绝对不可以发生跳齿或断裂的。如果发生跳齿现象，发动机不能正常工作，便会出现怠速不稳，加速不良或不着车等现象；如果正时传动带断裂，发动机就会立刻熄火，多气门发动机还会导致活塞将气门杆顶弯，严重的会损坏发动机。因此，汽车应该按照要求定期检查与更换正时传动带。不同汽车企业对正时传动带检查及更换的行驶里程或年限基本相同，例如，2012 款雪佛兰科鲁兹规定每行驶 60 000 km 检查与更换正时传动带组件。

知识准备

正时系统是发动机配气机构的重要组成部分，通过控制气门的开闭时刻，准确地定时开启和关闭相应的进气门和排气门，使充足的新鲜空气及时进入气缸、废气及时排出气缸，从而保证发动机具备良好的动力输出表现。

一、发动机正时的重要性

正时系统准确、可靠，是发动机正常工作的前提条件。如果正时不正确、不可靠，会严重影响发动机的正常工作。

轻者，造成点火提前或点火滞后，会出现怠速不稳、加速无力、发动机抖动、动力降低等现象。若点火过迟，会导致启动困难或动力不足；若点火过早，发动机在运转过程中突然加“油门”，会发出“嘎、嘎”的金属敲击声。

重者，会引起发动机无法启动、气门顶活塞，甚至造成活塞报废、气门杆弯曲、曲轴断裂等严重后果。

二、正时传动的类型

目前，轿车发动机正时机构有链传动和同步带传动两种传动方式，如图 6-1-1 所示。传动装置分别为正时链条和正时传动带（俗称皮带）。一般正时传动带 60 000 ~ 80 000 km 应更换，正时链条则只需定期检查。

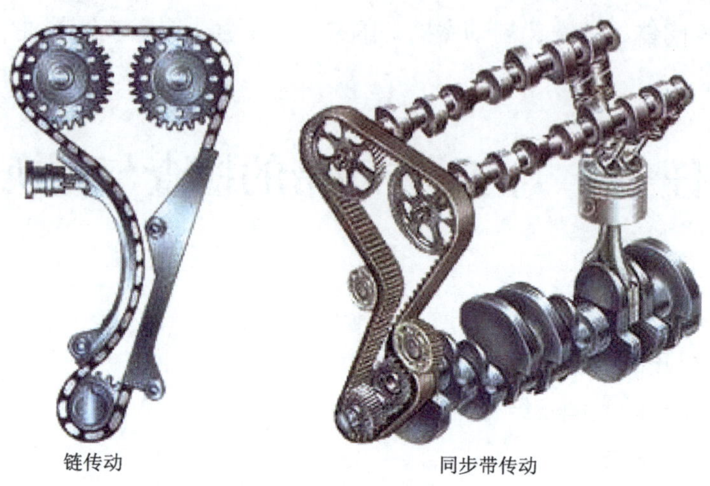

图 6-1-1 发动机正时机构传动方式

链传动的优点是使用寿命长、故障率低，且不易发生传动故障，缺点是传动噪声大、传动阻力大、传动惯性大，从一定角度来说增加了油耗。

同步带传动带噪声小、传动阻力小、传动惯性也小，能够提高发动机的动力性。

三、正时传动带机构

正时传动带机构通常由正时传动带、曲轴带轮、凸轮轴带轮、张紧器、导向轮等组成，如图 6-1-2 所示。

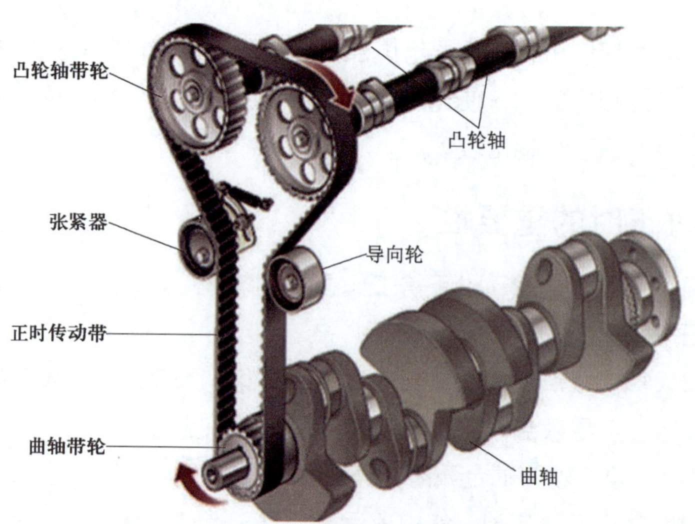

图 6-1-2 正时传动带传动机构

导向轮的作用是改变正时传动带的传动方向。

张紧器是正时传动带的张紧装置，能根据传动带的不同松紧程度，自动调整张紧力，使传动系统稳定、安全、可靠。张紧器是易损件。

正时传动带在曲轴的带动下将力量传递给相应机件。正时传动带属于橡胶部件，随着发动机工作时间的增加，正时传动带及其附件，如张紧器、导向轮和水泵等会发生磨损或老化，当其中任何一个配件发生损坏时，都可能导致正时传动带损坏，如图 6–1–3 所示。

图 6–1–3　正时传动带破裂

现代发动机配气机构的设计是活塞和气门占据着相同空间，一旦正时传动带断裂，曲轴与凸轮轴在各自的惯性力作用下高速运行，必然导致气门与活塞撞击而造成严重损坏，如气门杆弯曲、活塞受损等，如图 6–1–4 所示。因此，正时传动带一定要按照指定的行驶里程或年限更换。

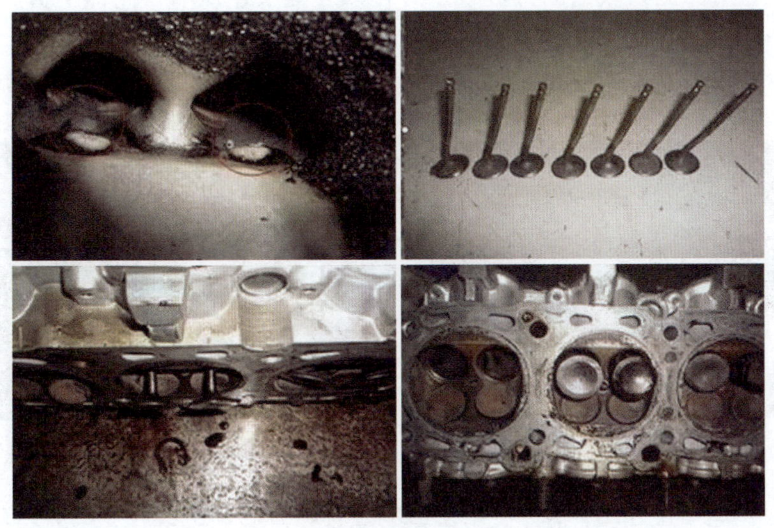

图 6–1–4　正时传动带断裂导致的严重后果

任务实施

本任务以通用克鲁兹 1.6MT 轿车为例，进行实训。

工具器材

序号	名称	规格	数量
1	实训车辆	1.6MT	1 辆
2	举升机	剪式	1 台
3	车轮挡块		4 块

续表

序号	名称	规格	数量
4	车辆防护用品		1套
5	尾气抽排装置		1台
6	工作台		1张
7	清洁用抹布		若干
8	常用工具和量具	世达	1套
9	千斤顶		1个
10	预置式扭力扳手		1个
11	正时专用工具		1套

一、拆卸步骤

1．进行车辆防护，断开蓄电池负极电缆。

2．从空气滤清器出口软管断开进气温度传感器插头，从节气门体上拆卸空气滤清器出口软管，如图 6–1–5 所示。

3．拆卸空气滤清器壳体螺栓，然后拆卸空气滤清器壳体，如图 6–1–6 所示。

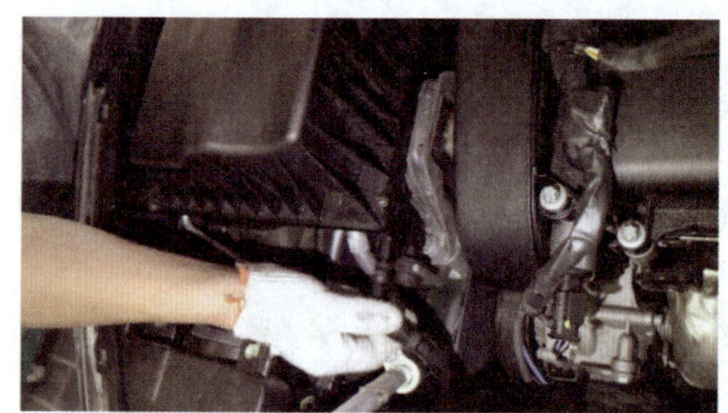

图 6–1–5　拆卸空气滤清器出口软管

图 6–1–6　拆卸空气滤清器壳体

4．正确使用举升机支撑车辆，使用合适的工具松开右前轮螺栓；举升车辆至合适高度。

5．拆卸右前轮，拆卸右前轮防溅罩，如图 6–1–7 所示。

6．拆卸蛇形附件和传动带，如图 6–1–8 所示。

图 6–1–7　拆卸右前轮防溅罩

图 6–1–8　拆卸蛇形附件和传动带

7．拆卸曲轴传动带轮螺栓，拆卸曲轴传动带轮，如图 6–1–9 所示。

8．拆卸前上正时传动带罩螺栓，拆卸前上正时传动带罩。

9．使用千斤顶托住发动机油底壳，拆卸右侧发动机支座，如图 6–1–10 所示。

图 6–1–9　拆卸曲轴传动带轮

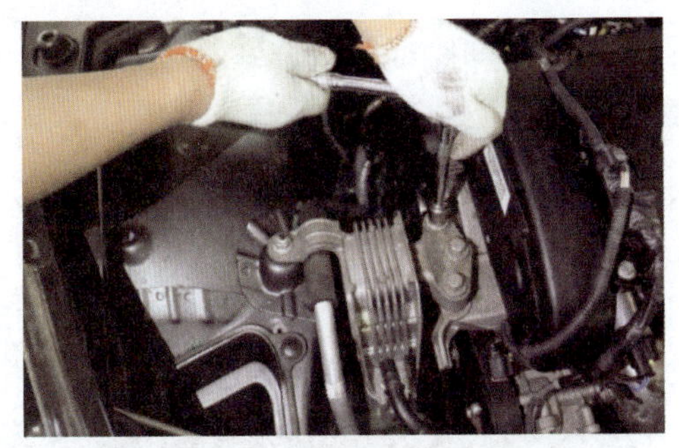

图 6–1–10　拆卸右侧发动机支座

10．拆卸前下正时传动带罩螺栓，拆卸前下正时传动带罩，如图 6–1–11 所示。

图 6–1–11　拆卸前下正时传动带罩

11．安装曲轴传动带轮螺栓，用曲轴传动带轮螺栓顺时针转动曲轴至少一整圈，将曲轴正时齿轮上的标记对准后正时带罩底部的缺口，对准凸轮轴正时齿轮正时标记，如图 6–1–12 所示。

12．松开张紧器，拆卸正时传动带，如图 6–1–13 所示。

图 6–1–12　对准曲轴齿轮正时标记

图 6–1–13　拆卸正时传动带

二、检查步骤

1. 检查曲轴油封、凸轮轴油封漏油情况

通过检查曲轴油封、凸轮轴油封处是否存在油渍，判断油封是否漏油。如果存在漏油，则需要更换对应油封。

将曲轴油封、凸轮轴油封处清洁干净。

2. 检查导向轮、张紧器

将导向轮、张紧器从发动机上拆下，如图 6–1–14 所示，检测其磨损情况。

图 6–1–14 拆卸导向轮、张紧器

当车辆实际行驶 60 000 km 后，在更换正时传动带时，需要将导向轮、张紧器整套部件进行更换，防止对新正时传动带产生影响。

3. 拆检水泵

对于通过正时传动带驱动冷却水泵的发动机，在更换正时传动带时，应检查冷却水泵是否漏水，拆卸水泵检查水泵叶轮磨损情况，必要时进行更换。

三、安装步骤

1．安装正时专用工具，转动进、排气凸轮轴，使正时标记对齐，如图 6–1–15 所示。使用专用工具固定进、排气凸轮轴齿轮，如图 6–1–16 所示。

2．检查曲轴齿轮的正时标记，应对准后正时传动带罩底部缺口，如图 6–1–17 所示。

3．安装导向轮。

4．安装张紧器，确保弹簧卡扣位于卡槽内，如图 6–1–18 所示。使用内六角扳手顺时针旋转张紧器，并插入锁止销，如图 6–1–19 所示。

图 6-1-15 对进、排气凸轮轴正时

图 6-1-16 固定进、排气凸轮轴齿轮

图 6-1-17 检查曲轴齿轮的正时标记

图 6-1-18 安装张紧器

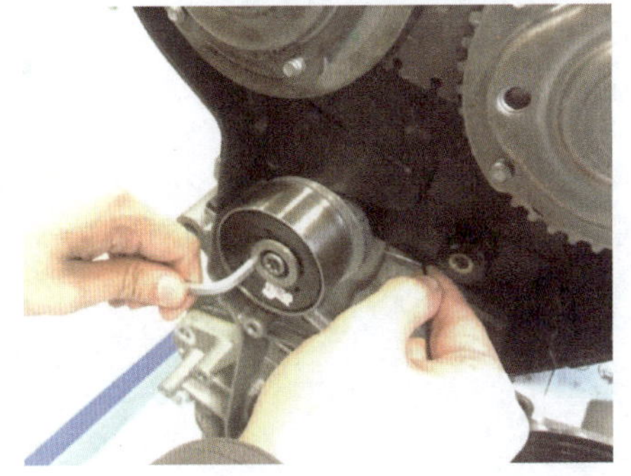

图 6-1-19 插入锁止销

5．安装正时传动带。先安装曲轴齿轮处，沿着导向轮、排气凸轮、进气凸轮进行安装，需拉紧正时传动带，避免产生空齿，如图 6–1–20 所示。

6．拔掉张紧器上的锁止销，张紧正时传动带，如图 6–1–21 所示。

图 6–1–20　安装正时传动带

图 6–1–21　张紧正时传动带

7．取下发动机正时专用工具，如图 6–1–22 所示。

8．安装曲轴传动带轮螺栓，顺时针转动曲轴两整圈，再次检查发动机正时状况。

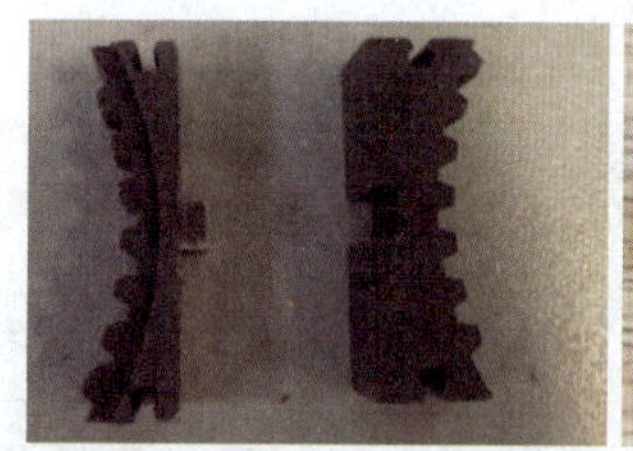

图 6–1–22　取下发动机正时专用工具

9．拆卸曲轴传动带轮螺栓，安装前上和前下正时传动带罩。使用扭力扳手将前正时传动带罩螺栓紧固至 10 N · m。

10．安装曲轴传动带轮，安装曲轴传动带轮螺栓。使用扭力扳手和角度规将曲轴传动带轮螺栓分三次紧固：95 N · m+30° +15°。

11．安装发动机右侧支座。

12．安装蛇形附件和传动带。

13．安装右前轮防溅罩，安装右前轮。

14．安装空气滤清器壳体及其螺栓，将空气滤清器出口软管连接到节气门体上，将进气温度传感器插头连接到空气滤清器出口软管上。

15．连接蓄电池负极电缆。

16．整理工具、清洁车辆、清理场地。

任务 2　节气门体的清洗

学习目标

1．了解节气门结构与使用的相关知识。

2．熟悉节气门匹配的方法。

3．能对节气门体进行拆装和清洁。

任务描述

节气门是发动机工作过程中的重要部件，在发动机工作一段时间后，在节气门部位会产生积碳，对发动机的正常工作造成影响。通常情况下，规定车辆每行驶 2~4 万公里要对节气门体进行清洗，否则累积的积碳会影响发动机的正常工作。

知识准备

节气门是控制空气进入发动机的一道可控阀门，气体进入进气管后会与汽油混合成可燃混合气，从而燃烧做功。它上接空气滤清器、下接发动机缸体，被称为是汽车发动机的咽喉，如图 6–2–1 所示。

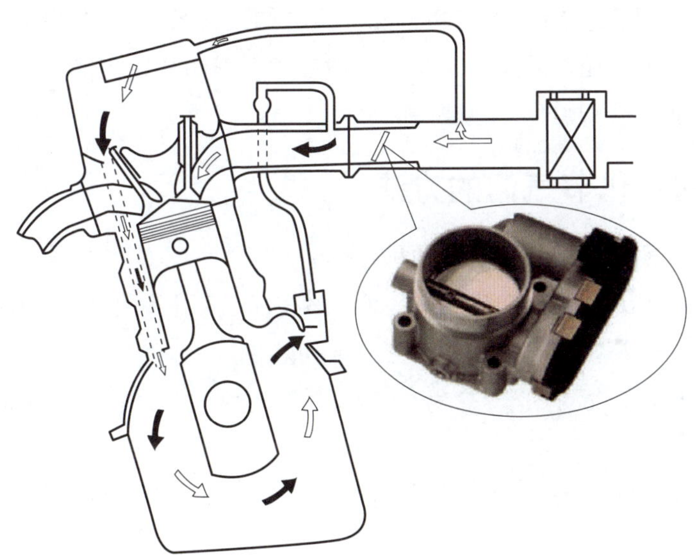

图 6–2–1　节气门的安装位置

一、节气门定期维护

汽油在燃烧过程中，不可能完全充分燃烧，总会在发动机内留下残留，这些残留在高温状态下遇到空气中的杂质，慢慢就会变成胶状物。这种胶状物就是积碳，如图 6–2–2 所示。

发动机行驶一定里程后，在节气门或怠速稳定阀处的表面会积聚很多油泥，出现怠速不稳，特别是打开空调、前照灯时更加明显，严重时行驶过程中可能会出现熄火的现象。节气门是发动机的进气口，也是发动机最容易积碳的地方，一般来说清洗积碳就是清洗节气门。

图 6-2-2　节气门积碳

二、节气门使用中的注意事项

1. 尽量减少原地怠速着车的时间。

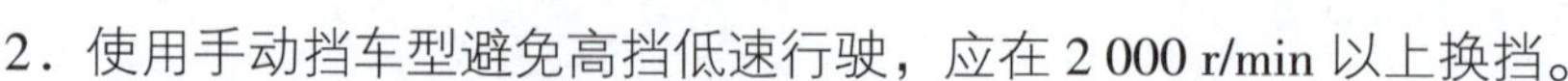

2. 使用手动挡车型避免高挡低速行驶，应在 2 000 r/min 以上换挡。

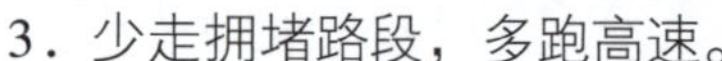

3. 少走拥堵路段，多跑高速。
4. 空气滤芯要按要求定期更换，不要使用劣质的空气滤芯。
5. 要使用合适的机油。

三、初始化节气门

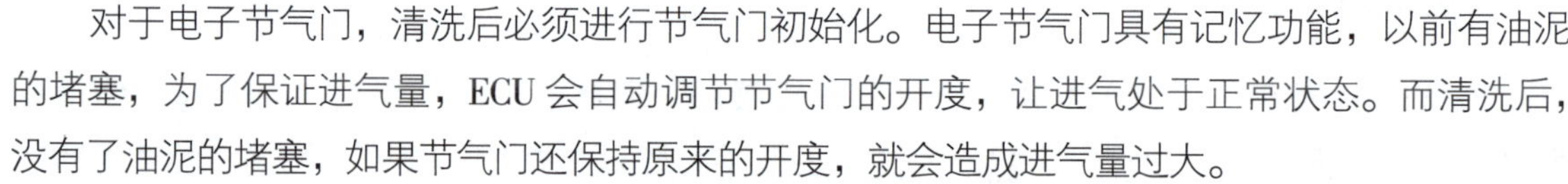

对于电子节气门，清洗后必须进行节气门初始化。电子节气门具有记忆功能，以前有油泥的堵塞，为了保证进气量，ECU 会自动调节节气门的开度，让进气处于正常状态。而清洗后，没有了油泥的堵塞，如果节气门还保持原来的开度，就会造成进气量过大。

如果清洗节气门后不进行初始化，ECU 与怠速控制元件的工作会出现不协调，表现为怠速控制不精确、不稳定，如怠速忽高忽低。但这种不良表现只是暂时的，这是因为 ECU 具有学习并自动适应的功能，只是这个学习与适应过程不如初始化快速、准确。有些车型清洗节气门后，不但要进行初始化，还要清除原学习值。

四、手工初始化节气门的方法

根据车型不同，初始化方法主要有两种：

方法 1：通电（不要发动汽车），等待 20 s 后将加速踏板踩到底，保持 10 s 左右后，松加速踏板，关闭点火开关，拔出钥匙，即可完成初始化。

方法 2：通电（不要发动汽车），等待 30 s 后关闭点火开关，拔出钥匙，即可完成初始化。

需要注意的是，两种方法做完后都要等待一段时间。一般等待 15 ~ 20 s，然后点火，看看怠速是否正常。

如果一次不成功，就做第二次，一直到成功为止。

不同车型初始化的方法是不一样的，某些车型必须通过专用诊断设备才能完成节气门初始化。

任务实施

本任务以通用克鲁兹 1.6MT 轿车为例，进行实训。

工具器材

序号	名称	规格	数量
1	实训车辆	1.6MT	1 辆
2	车辆防护用品		1 套
3	尾气抽排装置		1 台
4	工作台		1 张
5	清洁用抹布		若干
6	常用工具和量具	世达	1 套
7	镊子		1 个
8	节气门清洗剂		1 瓶

一、拆卸节气门

1．打开发动机舱盖，进行必要的车辆防护。

2．使用工具松开连接空气滤清器与节气门软管两端的圆形卡箍，如图 6–2–3 所示。

3．脱开软管与空气滤清器、节气门的连接，并取下软管，如图 6–2–4 所示。

注意：由于软管可能不常拆卸或安装得比较紧，所以不太好卸，不要生拉硬拽，容易损坏软管，可以在使劲的同时尝试左右晃动，整体松动后再使劲退下。

图 6–2–3　松开连接空气滤清器与节气门软管两端的卡箍

图 6–2–4　脱开软管与空气滤清器、节气门的连接

4．脱开节气门上的插头、水管，如图 6–2–5 所示。

图 6–2–5　脱开节气门上的插头、水管

5．使用合适的工具拆卸节气门固定螺栓，取下节气门，如图 6–2–6 所示。

注意：拆下节气门后，最好用干净的抹布等物体盖住进气道的入口，防止有杂物进入。

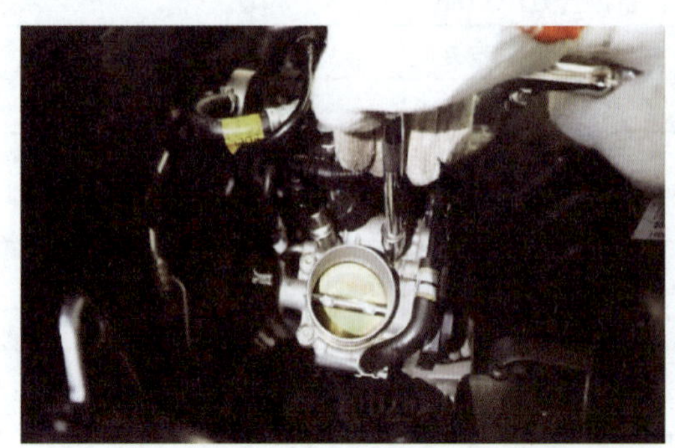

图 6–2–6 拆卸节气门固定螺栓

二、清洗节气门

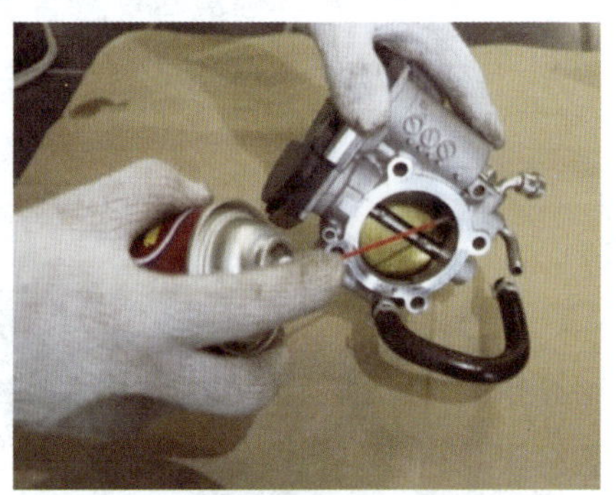

图 6–2–7 清洗节气门

1．进行清理工作前，应佩戴好手套、口罩。

2．安装好清洗喷剂的喷管，对准节气门内部的油垢、积碳进行喷射，如图 6–2–7 所示。

注意：由于清洗剂具有一定的腐蚀性，在使用中，尽量减少清洗剂与皮肤、车身漆面的接触。清洗节气门时，流下的清洗液需要用容器接住。

3．为了清洗更彻底，在全部喷涂到位以后，可以使用蘸有清洗液的棉布擦拭节气门内部，如图 6–2–8 所示。

注意：节气门中间的翻板尽量不要用手去触动，因为翻板本身比较脆弱，是一个高精度配件，用手触动很容易影响它的开度，从而影响车辆状况。若必须用手触动清洗，一定要轻拿轻放。

4．清洗结束后，将节气门内外检查一遍，确保清洗干净，如图 6–2–9 所示。

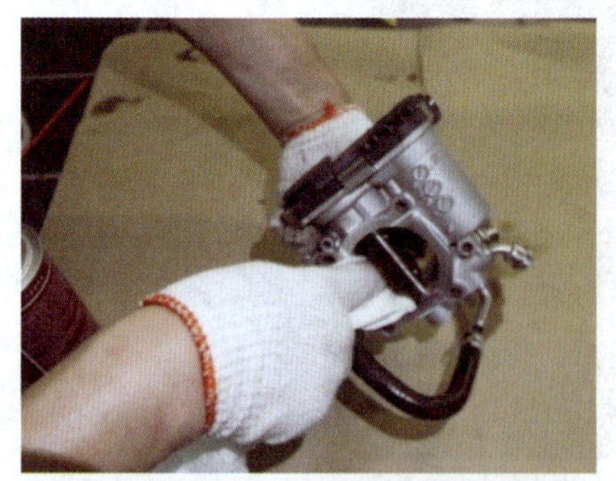

图 6–2–8 通过擦拭清洗节气门

图 6–2–9 清洗后的节气门

三、安装节气门

1．检查、清洁节气门安装平面。

注意：节气门安装最重要的就是保证密封，避免产生漏气。

2．安装节气门，先将 4 个连接螺栓安装到位，然后用手拧紧，再用扭力扳手按标准扭矩紧固，如图 6–2–10 所示。

注意：避免直接用扭力扳手将螺栓拧歪，导致螺纹损坏。

3．正确连接节气门插头、水管。

4．安装连接空气滤清器与节气门的软管，如图 6–2–11 所示。软管的两侧会有两个小凹槽，一大一小，分别对准两侧一大一小的凸起标识处。软管要完全套进两头中，如果安装困难，可以在左右拧动的同时进行安装。

图 6–2–10　安装节气门

图 6–2–11　安装连接空气滤清器与节气门的软管

注意：软管安装不到位会导致进气系统漏气，进而使发动机工作不良。

5．使用工具拧紧软管两端的圆形卡箍。

四、初始化节气门

节气门体清洗或更换后需执行初始化程序（以 2013 款雪佛兰科鲁兹 1.6L 为例）

1．将点火开关置于“ON（打开）”位置，关闭发动机，使用故障诊断仪执行“Module Setup（模块设置）”中的“Idle Learn Reset（怠速读入复位）”。

2．启动发动机，监测“TB Idle Airflow Compensation（节气门怠速空气流量补偿）”参数。节气门怠速空气流量补偿值应该等于 0%，发动机应该以一个正常的怠速运转。

3．清除故障诊断码。大部分车辆都有自学习功能，清洗节气门参数后除了怠速会升高，并不会有其他不良反应，并且怠速升高是正常现象，不用担心，行驶一段里程（约 50 km）后怠速就会恢复正常。

五、工具场地清洁整理

任务 3　制动摩擦片的检查与更换

学习目标

1．了解盘式制动器的类型、结构等相关知识

2．熟悉盘式制动器日常维护检查的内容。

3．能对盘式制动器进行检查与更换。

任务描述

当制动摩擦片和制动盘磨损到一定程度时，需及时更换才能保证制动效能不受影响。一般来说，制动摩擦片的使用寿命在 20 000 ～ 60 000 km 之间，不同的驾驶习惯及驾驶环境会导致很大的差别。因此，养成定期检查、及时维护的习惯很重要。

知识准备

一、盘式制动器的类型

盘式制动器的旋转元件是制动盘，它和车轮固装在一起旋转，以其端面为摩擦工作表面。其固定的摩擦元件是制动块、导向支销、轮缸及活塞，它们均被安装于制动盘两侧的钳体上，总称为制动钳。

盘式制动器根据其固定元件的结构形式可分为钳盘式制动器和全盘式制动器。钳盘式制动器散热能力强，热稳定性好，故广泛应用于轿车和轻型货车上。钳盘式制动器按制动钳固定在支架上的结构形式可分为浮钳盘式和定钳盘式两种。

1. 浮钳盘式制动器

浮钳盘式制动器的制动钳是浮动的，可以相对于制动盘轴向移动，如图 6–3–1 所示。

图 6–3–2 所示为浮钳盘式制动器的工作原理。制动钳体通过导向销与车桥相连，可以相对于制动盘轴向移动。制动钳体只在制动盘的内侧设置液压缸，而外侧的制动块则附装在钳体上。

制动时，液压油通过进油口进入制动液压缸，推动活塞及其上的摩擦片向右移动，并压到制动盘上，并使得液压缸连同制动钳体整体沿销钉向左移动，直到制动盘右侧的摩擦片也压到制动盘上夹住制动盘并使其制动。

2. 定钳盘式制动器

定钳盘式制动器的制动钳是固定的，在制动过程中，不会产生相对于制动盘的轴向移动，如图 6–3–3 所示。

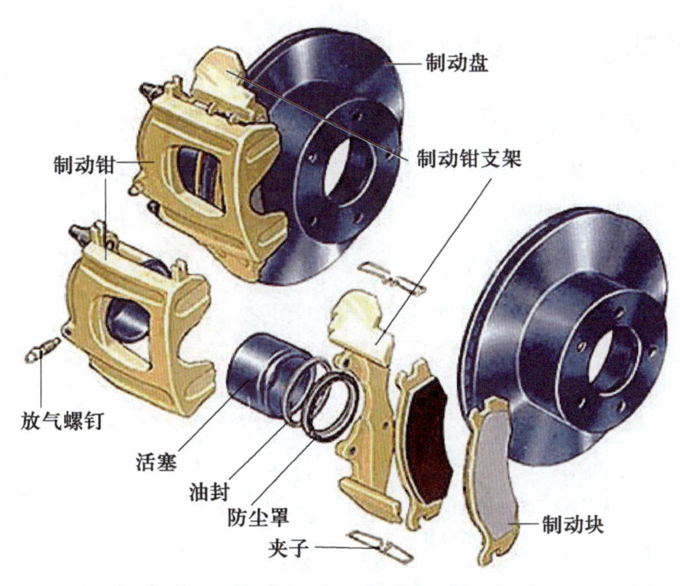

图 6-3-1　浮钳盘式制动器的结构

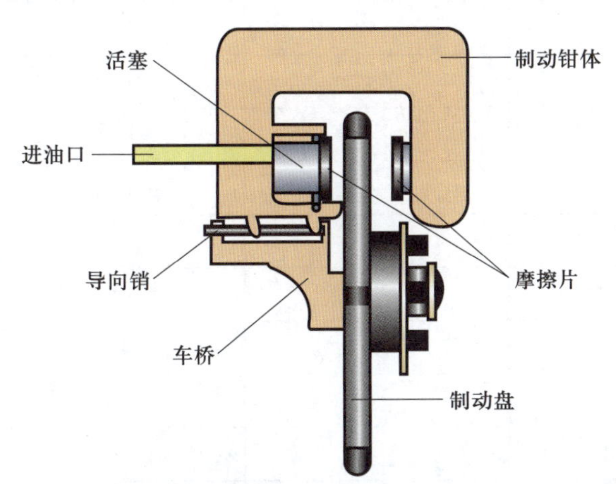

图 6-3-2　浮钳盘式制动器的工作原理

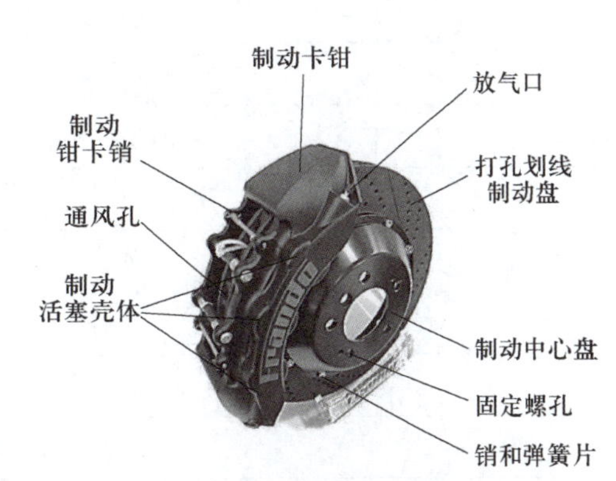

图 6-3-3　定钳盘式制动器的结构

跨置在制动盘上的制动钳体固定安装在车桥上，它不能旋转也不能沿制动盘轴线方向移动，其内的两个活塞分别位于制动盘的两侧，如图 6-3-4 所示。

制动时，制动油液由制动总泵（制动主缸）经进油口进入钳体中两个相通的液压腔中，将两侧的制动片压向与车轮固定连接的制动盘，从而产生制动力。

这种制动器一般只运用于发动机功率较大、动力性强、加速性能高的运动型车辆上，如轿跑车、跑车等。

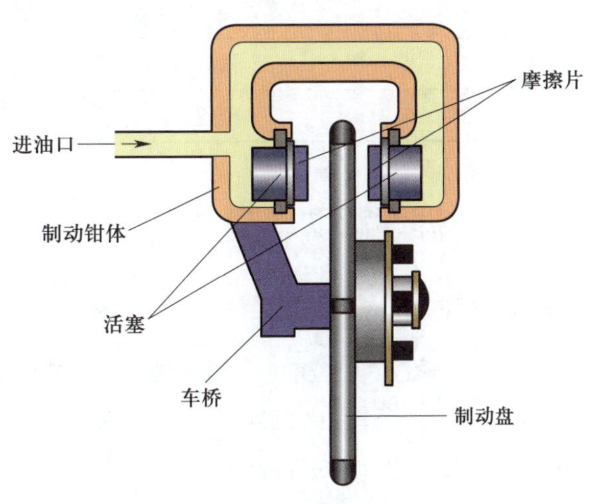

图 6-3-4　定钳盘式制动器的工作原理

二、盘式制动器的日常维护

在汽车日常使用维护时，要及时清理制动钳周围黏附的油污和泥沙，检查制动钳定位导向销是否锈蚀、松动，橡胶衬套是否磨损。如果需要拆卸制动钳，操作时要注意保护好活塞；如果需要清洗制动钳和活塞，只能使用制动液或规定的清洁剂，绝不能使用汽油、煤油等进行清洗，否则会损坏活塞及密封圈。

对于盘式制动器，应当定期检查制动器摩擦块的状态。大多数汽车厂家建议汽车每行驶 20 000 ~ 25 000 km 时检查摩擦块，可以在轮胎换位时一起完成。

任务实施

本任务以通用克鲁兹 1.6MT 轿车为例，进行实训。

工具器材

序号	名称	规格	数量
1	实训车辆	1.6MT	1 辆
2	举升机	剪式	1 台
3	车轮挡块		4 块
4	车辆防护用品		1 套
5	尾气抽排装置		1 台
6	工作台		1 张
7	清洁用抹布		若干
8	常用工具和量具	世达	1 套
9	千分尺		1 个
10	游标卡尺		1 个
11	制动活塞压具	安装工具	1 个
12	预置式扭力扳手	世达，0 ~ 30 N·m	1 个
13	预置式扭力扳手	世达，30 ~ 100 N·m	1 个

一、拆卸制动摩擦片

1. 维护前的准备工作

（1）车辆进入工位前，清理工位卫生，排除障碍物，准备相关的工具、物品、耗材等。

（2）安装、铺设内三件套；将车辆停放在举升机的中央位置，拉紧驻车制动器；将变速器置于空挡，安装好车轮挡块。

2．检查制动总泵储液罐中的制动液液位。如果制动液液位临近 MAX 标记位置，则需要从储液罐中吸出部分制动液，避免在压回制动活塞时制动液溢出。

3．举升车辆。

4．拆下轮胎和车轮总成。

5．拆下制动钳下导销螺栓，如图 6–3–5 所示。

6．不断开液压制动器挠性软管，向上转动制动钳，并用挂钩固定制动钳。

7．将制动摩擦片从制动钳安装托架上拆下，如图 6–3–6 所示。

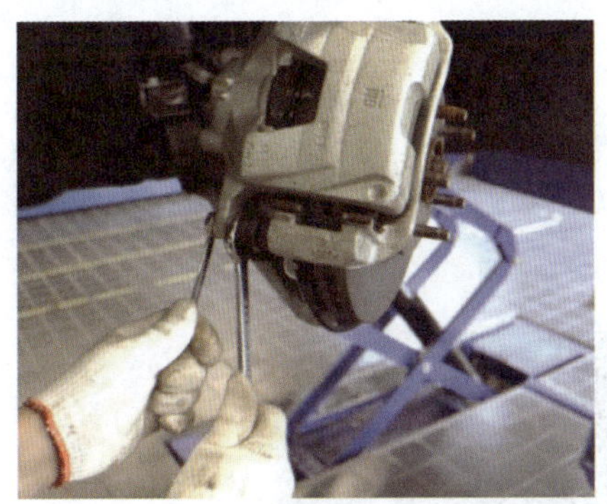

图 6–3–5　拆卸制动钳下导销螺栓

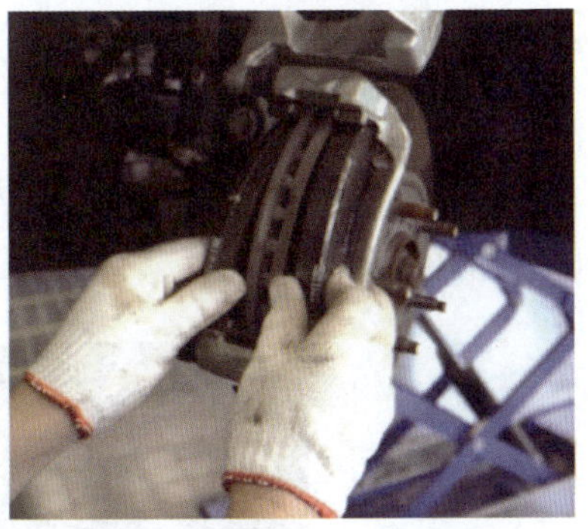

图 6–3–6　拆卸制动摩擦片

8．使用制动活塞压具将制动钳活塞推入制动钳孔中，如图 6–3–7 所示。

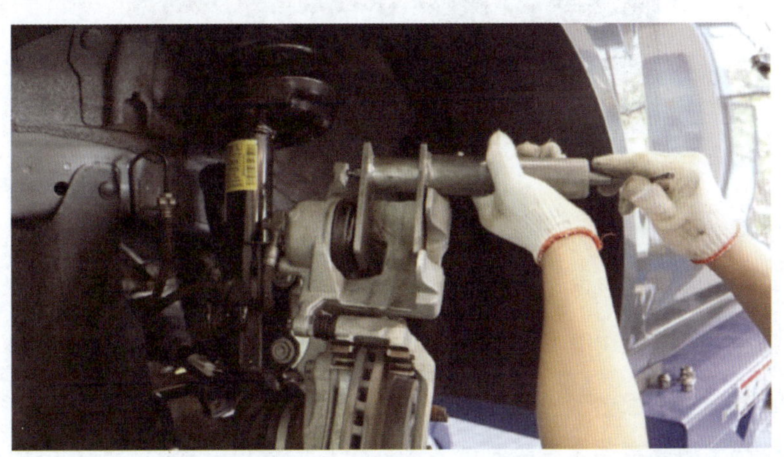

图 6–3–7　压入制动钳活塞

9．将制动摩擦片固定弹簧从制动钳支架上拆下，如图 6–3–8 所示。

10．彻底清理制动钳支架上的制动摩擦片构件接合面处的所有碎屑和腐蚀。

11．检查制动钳导销是否自由移动，并检查导销护套的状况。在支架孔内移动导销，但不能使导销滑动脱离护套，并查看是否有以下状况：

（1）制动钳导销移动受限。

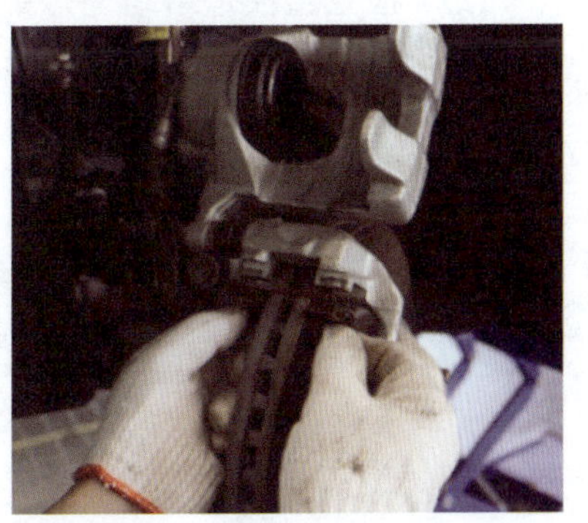

图 6–3–8　拆卸制动片固定弹簧

（2）制动钳支架松动。

（3）制动钳导销卡死或卡滞。

（4）护套开裂或破损。

12．如果发现上述任何状况，需要更换制动钳导销和护套。

二、测量

1. 测量制动盘厚度

（1）清洁制动盘的摩擦面。

（2）使用千分尺测量并记录制动盘边缘 10 mm 处三点位置（角度间隔为 120°）的最小厚度，如图 6–3–9 所示。

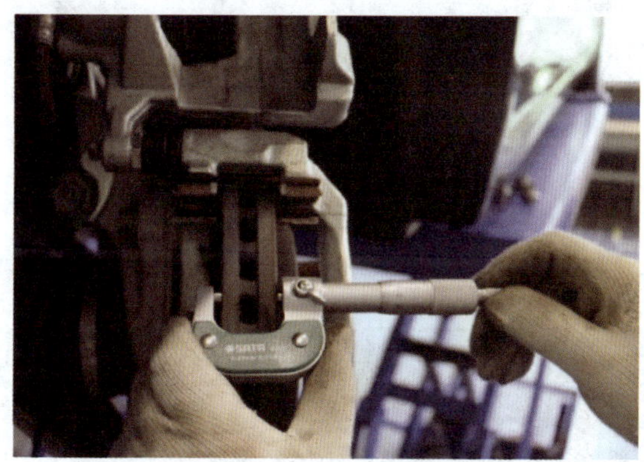

图 6–3–9　测量制动盘厚度

（3）将最小厚度测量值与标准厚度进行比较，磨损极限为 2 mm。

（4）确定制动盘的维修方案。

2. 测量制动摩擦片厚度

（1）检查摩擦表面是否出现过度光滑、发亮、烧蚀或被污物污染的现象。

（2）用游标卡尺测量制动摩擦片三个点或四个点的厚度，磨损极限为 2.0 mm。

（3）检查磨损是否均匀，最大不均匀磨损量为 1.0 mm。

（4）确定制动摩擦片的维修方案。

三、安装制动摩擦片

1．确保制动摩擦片构件接合面处清洁。

2．将制动摩擦片固定弹簧安装至制动钳支架上。在制动片固定件上，涂抹薄薄一层高温硅润滑剂。

注意：装有盘式制动摩擦片的磨损传感器必须安装至制动盘的内侧，且前轮转动时传感器的前边缘面向制动盘或者安装固定在制动摩擦片的顶部。

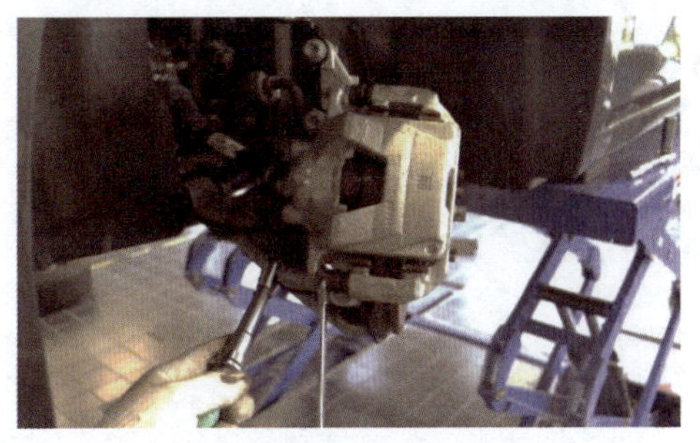

图 6-3-10　安装制动钳导销

3．将制动摩擦片安装至制动钳支架。

4．拆下支架并将制动钳转动到位，越过盘式制动摩擦片至制动钳支架。

5．安装制动钳导销下螺栓，并紧固至 28 N · m，如图 6-3-10 所示。

6．安装轮胎和车轮总成。

7．降下车辆。

8．启动发动机，连续、多次将制动踏板踩到底，直到制动踏板坚实。这将使制动钳活塞和制动摩擦片正确就位。

9．向制动总泵储液罐加注制动液至适当液位。

四、工具场地清洁整理

任务 4　自动变速器油（ATF）的检查与更换

学习目标

1．了解自动变速器油的相关知识。

2．熟悉自动变速器油的维护内容。

3．掌握自动变速器油的检查与更换方法。

任务描述

自动变速器油长期使用后，黏度会变低（变稀），导致润滑性能及密封性能下降、阻力升高、磨损增加，使变速器控制精度下降、换挡精度降低，平顺性、响应速度都会受到影响。自动变速器油变质后，油液的冷却性能和防氧化性能下降，容易产生油温过高等问题，恶性循环，进一步缩短油液和变速器零部件的使用寿命。不同汽车企业对自动变速器油检查及更换的行驶里程或年限略有不同，例如，2013 款朗逸 1.6 L 规定每行驶 60 000 km 更换自动变速器油；2013 款雪佛兰科鲁兹 1.6 L 规定每行驶 80 000 km 更换自动变速器油。

知识准备

一、自动变速器油的作用

自动变速器油（Automatic Transmission Fluid）简称 ATF，是指专用于自动变速器润滑的油液。ATF 对自动变速器的使用性能以及使用寿命有非常重要的影响。

自动变速器油是自动变速器中不可或缺的液体，具体作用如图 6-4-1 所示。

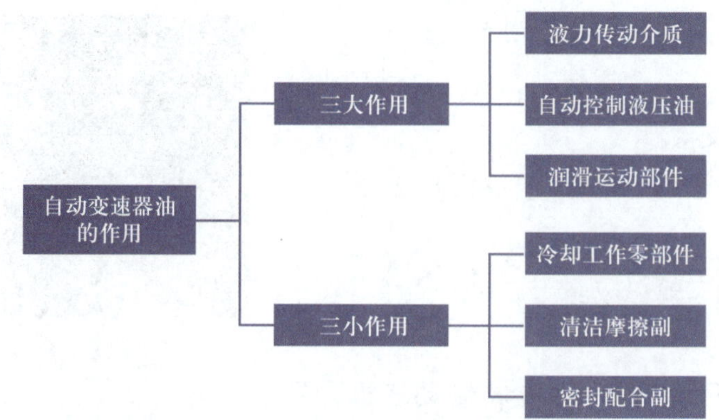

图 6-4-1　自动变速器油的作用

二、自动变速器油的颜色

未使用的自动变速器油的颜色呈红色。如果车辆的使用条件、工况良好，ATF 清澈、杂质稀少，可适当延长更换周期。反之，如果使用条件恶劣，油液黏稠、变黑、有异味（如焦煳味），必须马上更换，否则易造成油耗加大、动力降低，甚至损坏箱体。不同使用状态的自动变速器油的颜色如图 6-4-2 所示。

在实际维修工作中，可以借助自动变速器油的颜色变化进行自动变速器故障的判断，见表 6-4-1。

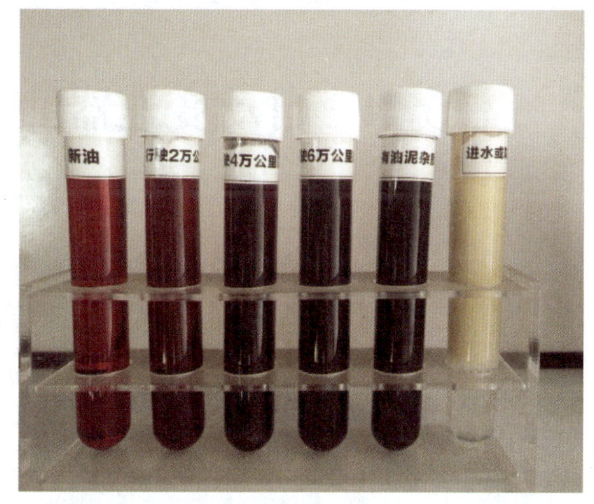

图 6-4-2　不同使用状态的自动变速油的颜色

表 6-4-1　　通过自动变速器油的颜色变化进行故障判断

ATF 的颜色	颜色变化的可能原因	解决办法
粉红色或红色	未污染的 ATF	正常使用
暗褐色、黑色、有烧焦气味	ATF 过热	更换 ATF 和过滤器，并检查变速器
牛奶色	发动机冷却液漏入散热器出口箱中的变速器冷却器	更换 ATF 和发动机冷却液容器
油尺上有气泡	有高压泄漏	检测高压泄漏的出处
油中有暗颗粒	制动带和离合器有磨损	更换制动带和离合器
油中有银白色金属颗粒	金属零件或壳体过度磨损	更换磨损的金属零件或壳体
油尺上有漆或橡胶沉积物	变速器过滤器磨损	更换 ATF 和变速器过滤器

三、自动变速器油的液面高度

自动变速器油的液面高度有明确规定，正确的液面高度对保障自动变速器正常工作至关重要。

当自动变速器内部的液力变矩器、各处油道和油缸均充满油液后，变速器油底壳中的油面高度不应高于行星齿轮变速器旋转零部件的最低位置，同时又必须高出阀体与变速器壳体安装的接合面，如图 6-4-3 所示。

图 6-4-3　自动变速器油液面高度的规定

1. 自动变速器油液面高度的检查方法

常见的液面高度检查方法有：油尺检查法和溢流孔检查法。

（1）油尺检查法

此类自动变速器外部壳体上配备了油位测量的标尺，通过标尺上的刻度标记检查自动变速器油液位高度，如图 6-4-4 所示。

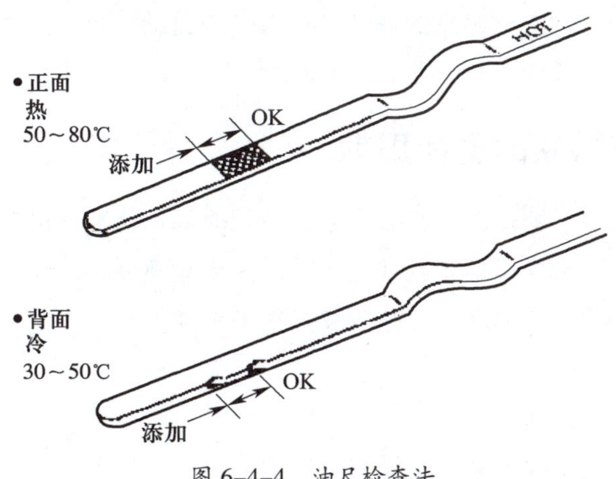

图 6-4-4　油尺检查法

（2）溢流孔检查法

此类自动变速器一般不会在外部壳体上配备标尺，而是通过外部壳体的加油口或油位测量孔、油底壳上的加油口检查自动变速器油液位高度，如图 6-4-5 所示。

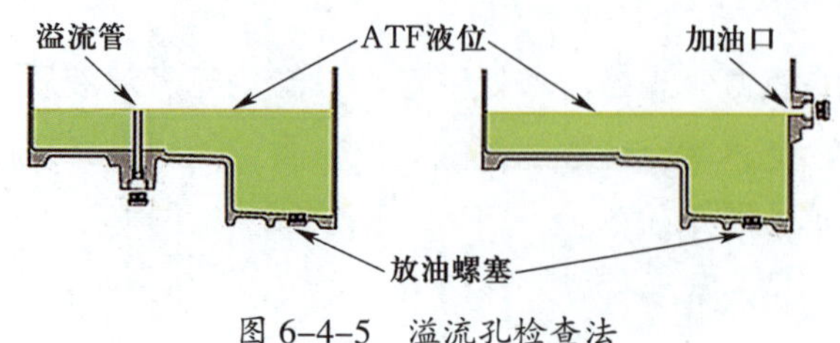

图 6-4-5 溢流孔检查法

2. 自动变速器油液面过低的影响

（1）自动变速器油液面过低，空气从油泵进油口侵入，会发出“嗡嗡”的异响，降低乘坐的舒适性。

（2）若液面过低，油泵吸入空气或油液中渗入空气，会降低液压回路的油压，使各控制滑阀和执行元件动作失准，操纵失灵，引起离合器、制动器打滑。

（3）当液面过低时，由于运动件得不到充分可靠的润滑，就有可能因过热而引发运动件卡滞及过度磨损。

（4）变差的润滑和冷却条件会加速自动变速器油的氧化变质。

3. 自动变速器油液面过高的影响

（1）当液面过高时，会因为机械搅拌而产生大量泡沫，这些泡沫进入液压控制系统，同样会降低液压回路的油压，使各控制滑阀和执行元件动作失准，还会引起离合器、制动器打滑。

（2）如果控制阀体浸没于自动变速器油中，则液压管路中的离合器、制动器的泄油口会被自动变速器油阻塞，施加于离合器、制动器的油压就不能完全释放或释放速度太慢，使离合器、制动器动作迟缓、增大换挡冲击。

（3）在坡路上行驶时，由于过多的油液在油底壳中晃动，可能从加油管往外窜油，容易引起发动机罩下起火。

四、自动变速器油的更换周期

自动变速器油的更换周期是以行驶公里数或使用时间为标准，若在车辆使用手册中同时给出了这两个指标，则哪一项指标先到就先执行。如果车辆使用手册中未标明自动变速器的换油时间，则按照 60 000 ～ 80 000 km 的行驶里程来更换。

任务实施

本任务以通用克鲁兹 1.6AT 轿车为例，进行实训。

工具器材

序号	名称	规格	数量
1	实训车辆	1.6AT	1 辆
2	举升机	剪式	1 台
3	车轮挡块		4 块
4	车辆防护用品		1 套
5	尾气抽排装置		1 台
6	工作台		1 张
7	清洁用抹布		若干
8	常用工具和量具	世达	1 套
9	内六角工具		1 个
10	废油收集桶		1 个
11	ATF 加油设备		1 台
12	量杯		1 个
13	预置式扭力扳手	世达，30 ~ 100 N · m	1 个

一、准备操作

1．车辆进入工位前，清理工位卫生，排除障碍物，准备相关的工具、物品、耗材等。

2．安装、铺设内三件套；将车辆停放在举升机的中央位置，拉紧驻车制动器；将变速器置于空挡，安装好车轮挡块，释放发动机舱盖拉手。

二、检查自动变速器油

1. 检查自动变速器油液面高度

（1）启动发动机并使发动机怠速运行约 5 min，或在可能的情况下，行车几公里，使自动变速器处于正常工作温度。

（2）在踩住制动踏板的同时，将换挡杆拨到各个区段，在每个区段停几秒钟。将换挡杆拨回驻车位置，如图 6–4–6 所示。

（3）举升车辆。

（4）将废油收集桶放在自动变速器下面。

注意：如果自动变速器油温度过高，尚未冷却，禁止拆卸放油螺塞、加油口螺塞。否则，极易导致烫伤。

（5）用内六角工具拆卸加油口螺塞，如图 6–4–7 所示。

注意：此时发动机必须处于怠速工作状态。

图 6-4-6 变速器液面高度检查条件

图 6-4-7 拆卸加油口螺塞

（6）检查液面。

1）如果在拆卸加油口螺塞时，便有自动变速器油从加油口流出，则表示液面过高。需要将多余的油液放干净，直到液面高度到达加油口下沿。

2）需要加注少量油液后，才有自动变速器油从加油口流出，则表示液面高度正常。还是需要将多余的油液放干净，直到液面高度到达加油口下沿。

3）如果在添加一定量油液后，油液仍未从加油口流出，则表示液面高度过低，自动变速器油不满或存在泄漏。检查变速驱动桥是否泄漏。在调整变速驱动桥液面前，先排除泄漏故障。

（7）用内六角工具安装加油口螺塞，拧紧力矩为 45 N · m。

（8）在液面检查程序结束后，用抹布或棉丝将变速驱动桥壳体上的油液擦干净。

2. 检查自动变速器油质

必须在打开加油口螺塞后，未进行任何自动变速器油添加时进行油质检查。

（1）使用吸管从加油口吸出少量自动变速器油（10 ~ 20 mL），放置在透明、干净的量杯中。

（2）观察自动变速器油的颜色。

（3）闻自动变速器油的气味。

（4）观察自动变速器油在量杯内的沉淀物情况。

（5）根据自动变速器油的颜色、气味、污染物三项检查结果，确定该车自动变速器油是否需要更换。自动变速器油油质判断方法见表 6-4-2。

表 6-4-2 自动变速器油油质判断方法

油液状态	正常情况下		污染情况下	
颜色	红色	浅棕色	不清澈	深棕色
气味	无异味	少量异味	轻微焦煳味	较重焦煳味
污染物	无	轻微污染物	污染物和小颗粒	金属或烧损的离合器颗粒
是否需要更换	无须更换	尚可使用	更换	必须更换或维修

三、更换自动变速器油

1．启动发动机至热车后，将发动机熄火。

2．举升车辆。

3．将废油收集桶放在放油螺塞下。

4．用工具拆卸自动变速器放油螺塞，如图 6–4–8 所示。

5．排放旧自动变速器油，使用油液容器接住。

6．在旧自动变速器油排放结束后，按照标准扭矩（45 N・m）拧紧放油螺塞。

7．用内六角工具拆卸加油口螺塞，使用加注设备向自动变速器内加注新油，如图 6–4–9 所示，直到油液从加油口流出后，安装加油口螺塞。

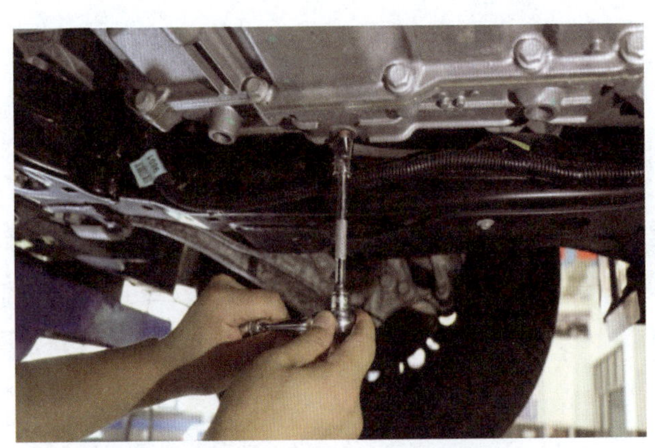

图 6–4–8　拆卸放油螺塞

图 6–4–9　使用加注设备加注新油

8．降下车辆，将车轮悬空。启动发动机，在踩住制动踏板的同时，将换挡杆拨到各个区段，在每个区段停几秒钟。

9．重复步骤 7、步骤 8 的操作 2 ~ 3 次。

注意：为了提高工作效率，可采用两个人配合，一人负责加注，一人负责启动发动机、操作挡位。

10．在 ATF 达到正常工作温度时，再次进行油面高度调节：保持发动机工作，打开加油口螺塞，让多余的 ATF 流出。

11．等到 ATF 不再流出，按照标准扭矩（45 N・m）拧紧加油口螺塞。

12．在液面调整程序结束后，用抹布或棉丝将变速驱动桥壳体上的油液擦干净。

四、工具场地清洁整理

项目七　新车 PDI 检查

如果想要赢得顾客的满意，交车前的检查是非常重要的工作，因为顾客对于新车的期望值是很高的。如果顾客的期望没有被满足，例如，车身有刮痕等将会引起顾客的极度不满，并会严重影响到新车的销售。

任务 1　PDI 检查准备工作

学习目标

1．了解新车交付体系。

2．熟悉新车状态验证的内容。

3．能正确进行车辆的检查和保管。

任务描述

PDI 检查是一项售前检测证明，是新车在交车前必须通过的检查。因为新车从生产厂到达经销商处经历了长途运输和长时间的停放，为了向顾客保证新车的安全性和完整性，PDI 检查必不可少。本任务主要进行保管场所检查、车辆接收检查、保管中定期检查等工作。

知识准备

PDI 是英文 Pre-delivery Inspection（交车前检查）的缩略语，是新车送交顾客之前进行的一种检查。PDI 是交车体系的一部分，该体系包括一系列在新车交货前需要完成的工作，其中大部分项目是由服务部门来完成的。服务部门的责任是正确、迅速地执行 PDI，以便使车辆完美无缺地交到用户手中。

一、交车前检查的目的

新车交车前检查的目的是在新车投入正常使用前及时发现问题，并按新车出厂技术标准进行恢复；同时再次确认各部件技术状态良好，以保证客户所购汽车能正常运行。

新车出厂要经过一定的运输方式到销售企业，通过经销商销售最终到达用户手中，在此期间难免发生一些意外，使汽车遭到损坏。例如，在运输途中可能遇到碰撞、飞石、严寒、风雨等极端恶劣的情况，保管过程中可能遇到高温、蓄电池过度放电等情况。因此，必须进行交车前检查，对新车应加以整备，以恢复出厂时应有的品质。

此外，新车出厂时虽有出厂检验，但也难免疏忽。检查车辆质量及配件的问题，及时反馈给生产厂家，这对生产厂家提高产品质量、与制造厂家进一步密切合作，都将带来好处。

总之，交车前检查是新车在投入运行前的一个重要环节，涉及制造厂、经销商和用户三方的关系，是对新车质量的验证，是消除质量事故隐患的必要措施，也是对购车客户兑现承诺及开展服务工作的开始。

二、新车状态验证

1. 验证车辆状态

车辆由制造厂发往经销商的运输过程中可能出现损伤，车辆在到达经销商处时应对车辆状态进行验证，检查随车资料及物品，以保证车辆状态正常、资料及物品齐全。

2. 车辆状态验证的项目与要求

厂家将新车运至经销商后，首先由销售人员检验车辆运输状况，经验收人员验收后，再编写入库编码，将车辆运输状况及入库编码记录在车辆入库检验单上。

车辆明细资料的查对及随车物品的点检由验收人员负责完成。

车辆手续资料包括货物进口证明书（进口车）、进口车辆随车检验单（进口车）、车辆安全性能检验证书、拓印（车辆铭牌、发动机号、车架号等的拓印）、运单、新车点检单等。随车工具一般包括车主手册、保修手册、备胎、钥匙、工具包、点烟器等。

验收人员对以上项目进行仔细查对与点检，确定有无、是否正确，发现问题在新车入库检验单中记录，并提出处理意见。

任务实施

工具器材

序号	名称	规格	数量
1	实训车辆		1 辆
2	车辆防护用品		1 套
3	工作台		1 张
4	清洁用抹布		若干
5	常用工具和量具	世达	1 套
6	充电机		1 套
7	胎压表		1 个

经销商接车后直至将车辆售出交给用户为止，对车辆的保管负有责任，车辆需按新车保管要求进行管理。

一、保管场所检查

1．将车辆停放在清洁的房间及仓库内，如无室内存放设施，应将车辆用车罩全部罩住。

2．保管场所必须保证以下条件：

（1）车辆应保存在不受工厂烟雾、金属粉屑、酸雨、海风、鸟粪及各种污染液体侵蚀的场所。

（2）保管空间的地面应设有排水设施，并需进行必要的装修。严禁将车辆直接保管于土质地面上。

二、车辆接收检查

（1）车辆外观检查：外部零部件是否发生变形、损伤及颜色变化。电镀部位、成形部位、橡胶件是否变形、损伤等。

（2）随车物品是否缺少。

（3）内装饰有无损伤。

三、保管中定期检查

经销商有责任定期对车辆进行检查。根据各地区气候、自然环境以及管理条件的特点，实施下列检查项目：

1. 外观检查

（1）外部零部件的变形、损伤及颜色变化。

（2）电镀部位、成形部位、橡胶件的变形、损伤等。

2. 性能检查

（1）发动机的起动性能。

（2）制动性能。

（3）机油、冷却液等液量检查。

3. 蓄电池维护

（1）蓄电池正常时→蓄电池应定期充电，使其经常保持额定电压。

（2）电解液变少时→及时补充蓄电池电解液。

（3）蓄电池装在车辆上的保管→应卸下蓄电池负极导线。

4. 轮胎维护

（1）为防止轮胎变形，应使轮胎保持在高气压下（比标准压力高 20% ~ 30%）。

（2）长期保管时，定期使轮胎转动，变换其接触地面的位置。

（3）检查轮胎有无损伤和裂纹。

5. 着色零部件、树脂件的检查

保护好着色零部件及树脂件，防止日光照射引起变形、变色。

6. 发动机内部的防锈保护

使发动机定期转动，并保持数分钟怠速运转。

任务 2　实施 PDI 检查

学习目标

1．了解 PDI 检查的重要性。

2．熟悉 PDI 检查的相关内容。

任务描述

客户购买一辆新的轿车，销售人员要对整个车辆实施交车前的检查。PDI 检查范围很广，越是高档车辆，其自动化程度越高，PDI 检查项目就越多。

知识准备

一、PDI 检查总则

1．对于所有交付客户之前的销售车辆，进行 100% 检查。

2．所有 PDI 检查人员必须经培训并取得资格证书方可上岗。

3．PDI 检查前，车辆必须按照规定的程序进行洗车。

4．为避免天气和光线变化而引起检查结果的变化，PDI 应在规定的场地或类似的亮度条件下进行。场地要求如下：检查应在室内或遮阳棚下进行，室内或棚内灯光强度在车辆腰线处应大于 1 100 Lux。

5．PDI 整个检查流程时间视车辆复杂程度，控制在 20 min 左右。

二、PDI 检查单

售后服务部的维修人员按照 PDI 检查单的内容对车辆进行检查，PDI 检查单如图 7–2–1 和图 7–2–2 所示。

PDI 检查单有助于正确完成检查并防止漏检项目。

PDI 检查单—A

日　　期：________　车型：________　车架号码：________

用户姓名：________　车型代号：________　发动机号码：________

登记编号：________　外装颜色代号：________　变速器号码：________

行驶里程：________　内饰颜色代号：________　钥匙号码：________

对各项检查结果做如下标记：✓＝合格　　× ＝异常

外观与内部检查

☐内部与外部缺陷

☐油漆、电镀部件和车内装饰

☐随车物品、工具、备胎、千斤顶、用户手册、保修手册、随车钥匙、卫星导航操作手册

安装汽车保护件、拆下车轮防尘罩和车身保护膜

打开发动机盖检查

☐发动机盖锁扣及铰链

☐蓄电池电极

☐电解液高度

☐主地线

☐主保险及备用件

☐制动液液位及缺油警告灯（包括 ABS）

☐液压离合器油液位

☐发动机机油液位

☐冷却液液位及质量

☐助力转向油液位

☐自动变速器油液位

☐手动变速器油液位

☐玻璃清洗液液位

☐传动带的松紧状况（助力转向、发电机、压缩机）

☐加速踏板控制拉线

关闭发动机盖操作与控制检查

☐离合器踏板高度与自由行程

☐制动器踏板高度与自由行程

☐加速踏板

☐检查室内保险及备用件

把点火开关转到位置Ⅰ

☐收音机调节

☐音响／CD 机

把点火开关转到位置Ⅱ

☐所有警告灯的检查、ABS、驻车制动器、油压／液位、发电机、制动故障、SRS、AT 挡位显示器

☐ AT 启动保护器

☐卫星导航系统

启动发动机检查

☐蓄电池和起动机的工作及各警告灯显示状况

☐怠速

☐前部与后部清洗器工作

☐前后雨刷器的工作

☐方向指示灯与自动解除

☐危险警告灯

☐侧灯和车牌灯

☐前照灯及远光（远光指示灯）

☐雾灯开关

☐制动灯和倒车灯

☐仪表灯与调光器

☐烟缸及手套箱照明灯

☐喇叭

☐点烟器

☐天窗的操作

☐后窗除雾器与指示灯

☐各种挡位下空调系统性能（制冷、送风量）

☐循环开关

☐电动车窗、主控制板、各车门、分控、自动开关

☐电动及电热后视镜、座椅

☐时钟的设定及检查

关闭发动机检查

☐“未关前照灯”警告声

关闭各灯检查

☐方向盘自锁功能

☐驻车制动拉杆调节

☐方向盘角度调整

☐遮阳板

☐内后视镜

☐中央门锁及遥控装置（警报）

☐室内照明灯（3 个调节位置）

☐眼镜盒

☐阅读照明灯

☐前后座椅安全带／安全带指示灯

☐座椅扶手

☐座椅靠背角度、座椅及枕头调整

☐行李舱盖、尾门的开启

☐行李舱和尾门灯

☐加油盖的开启和燃油牌号

☐后座椅的收放调整

☐行李舱盖、尾门的关闭及锁定

☐手套箱的开启与锁定

☐座椅脚灯

打开所有的车门检查

☐门灯

☐后门儿童锁

☐给锁／铰链加注润滑剂

☐仪表板车门安全警告灯

☐关闭车门检查安装情况

☐一次性闭锁检查

关闭所有车门、尾门、行李舱盖和发动机盖把车辆完全升起检查

☐底部、发动机、制动器与燃油管路是否有泄漏或破损

☐悬架的固定与螺栓

降下汽车检查

☐确认所有车轮螺母扭矩

☐轮胎压力标签

☐轮胎压力（包括备胎）

☐工具与千斤顶

行驶试验检查

☐驾驶性能

☐从内部，悬架及制动器发出的噪声

☐制动器及驻车制动器

☐方向盘自动回正

☐方向盘振动与位置

☐ A/T 挡位变换（升挡、降挡）

☐里程表行程读数及取消

☐巡航控制系统

☐燃油消耗表功能

☐ CVT 工作状况

☐ MT 工作状况

最终检查

☐全自动故障检查

☐冷却风扇

☐怠速／排放

☐燃油、发动机油、冷却液及废气的渗漏

☐热启动性能

☐用 HDS 检测仪检查 ABS 性能

☐制冷剂观测窗

最终准备

☐清洗车辆内外部

☐检查车内包括行李舱是否有水漏入

PDI	销售	车主
对以上项目的正确安装、调试及操作已检查。 特此证明 （盖章） 检查员签字：　　　　日期：	该车辆已完成了所有车检项目，可以交付用户使用。车上的所有必要附件已配备齐全，所有证明文件已正确填写。 特此证明 （盖章） 检查员签字：　　　　日期：	对以上项目已仔细检查，确认该车辆完好无损、用户手册、保修手册、合格证等随车资料齐全。 特此证明 检查员签字：　　　　日期：

图 7-2-1　PDI 检查单—A

PDI 检查单—B

日期：________________　　车架号码：________________

用户姓名：________________　　发动机号码：________________

变速器号码：________________

车型：________________　　钥匙号码：________________

车型代号：________________　　登记编号：________________

PDI 问题检查及其详细情况

在被检查出问题或缺陷的地方划上圆圈。

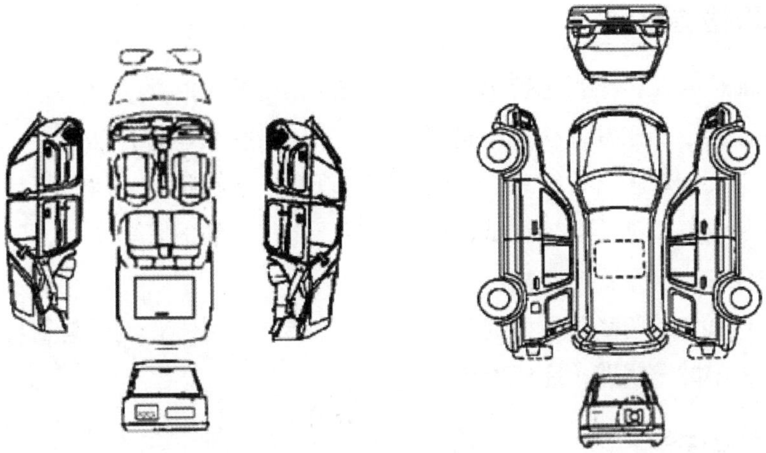

陈述每一个问题或缺陷，并在完成部件更换或修理后立即记录在下面。

1________________ ________　　11________________ ________

2________________ ________　　12________________ ________

3________________ ________　　13________________ ________

4________________ ________　　14________________ ________

5________________ ________　　15________________ ________

6________________ ________　　16________________ ________

7________________ ________　　17________________ ________

8________________ ________　　18________________ ________

9________________ ________　　19________________ ________

10________________ ________　　20________________ ________

检查员：__________ 日期：__________

图 7-2-2　PDI 检查单—B

任务实施

工具器材

序号	名称	规格	数量
1	实训车辆		1 辆
2	举升机	剪式	1 台
3	车轮挡块		4 块
4	车辆防护用品		1 套
5	工作灯		1 台
6	工作台		1 张
7	清洁用抹布		若干
8	常用工具和量具	世达	1 套
9	胎压表		1 个
10	诊断设备		1 套

整个 PDI 检查可分为：动态检查和静态检查两个部分。

一、动态检查

1．根据售前检验单，核对选装单上的有关信息，以及 VIN 的一致性。

2．按压遥控器上的按键，检查车辆解锁、上锁以及行李舱打开功能。

3．车辆通电，待车辆自检结束，启动车辆，观察仪表盘指针、指示灯是否异常。

4．连接诊断设备，进行车辆测试，确保车辆无电气系统故障。

5．系好安全带，检查安全带指示灯是否熄灭。

6．将车开到 PDI 检验场地，同时检查转向盘、转向、悬挂、制动是否异常。

7．停车熄火，拔出钥匙，完成检查。

二、静态检查

为了提高车辆静态检查的工作效率，应按照一定的顺序进行检查。这样既可以提高工作效率，也能够确保检查到位，不缺项、漏项，如图 7-2-3 所示。

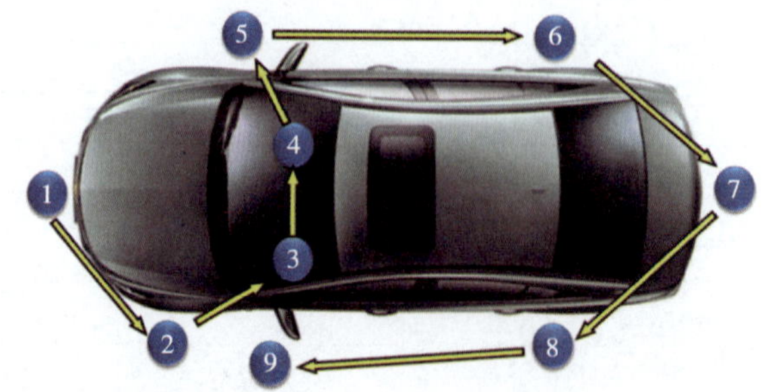

图 7-2-3 静态检查顺序

1. 车辆前部

（1）站在车辆前部，检查发动机舱盖表面状况、车前灯光功能及表面质量等。

（2）打开发动机舱盖。

（3）检查发动机舱，包括蓄电池、标签、液位、旋盖松紧等。

（4）启动发动机。

（5）检查启动状态的发动机舱情况：是否漏液、异响及电子风扇工作情况等。

（6）关闭发动机舱盖。

2. 左前翼叶子板处

（1）检查左前翼子板表面与配合。

（2）检查左前门表面与配合。

（3）检查防擦条表面与配合。

（4）检查后视镜表面与配合。

3. 进入驾驶座

（1）检查天窗功能。

（2）检查刮水器功能。

（3）检查音响功能。

（4）检查空调功能。

（5）检查左前座椅调节功能。

4. 进入副驾驶座

（1）检查右前座椅调节功能。

（2）检查遮阳板等内饰。

（3）检查前风窗玻璃表面。

5. 右前翼子板处

（1）检查右前门表面质量与配合。

（2）检查右后门表面质量与配合。

（3）检查右侧前翼子板表面质量与配合。

（4）检查右侧后翼子板表面质量与配合。

（5）检查油箱盖质量与配合。

6. 车辆右后侧

（1）检查后排座椅。

（2）检查后排相关内饰功能与表面配合。

（3）检查后风窗玻璃。

7. 车辆后侧

（1）检查后风窗加热功能。

（2）检查行李舱开关、行李舱灯、随车工具、备胎等。

（3）检查行李舱盖表面质量。

（4）检查后保险杠表面质量。

（5）检查尾灯功能及表面质量。

8. 车辆左后侧

（1）检查左后门表面质量。

（2）检查左后翼子板表面与配合。

（3）检查后排座椅情况。

9. 绕车检查

（1）检查轮胎的型号。

（2）测量胎压。

（3）检查轮胎是否变形、鼓包。

（4）检查车辆是否漏水。

三、按照检查结果填写 PDI 检查单

将检查结果填入图 7-2-1 和图 7-2-2 中。